화성지역학 연구 제4집

화성지역학연구소 편

화성지역학 연구
제4집

화성지역학연구소 편

한누리미디어

분황 원효성사 오도처 화성

정 찬 모
화성지역학연구소 소장

    화성시민에게 "화성시의 이미지로 제일 먼저 떠오르는 것은 무엇입니까?" 라고 물어봤을 때 정조대왕과 사도세자의 융건릉이라고 대부분 대답하고, 그 다음으로 용주사나 궁평항이라 답한다. 서울과 수도권에서 관광객이 제일 많이 찾는다는 지역인 화성시의 역사적인 볼거리가 이것밖에 보여줄 게 없다는 것일까.

    2000년 경기도박물관의 도서해안지역 종합학술조사와 2006년 『토지박물관 학술조사총서』 제25집의 화성시 문화유적분포지도를 통해 화성시의 문화유산 517개의 소재지를 소개하고 있다. 화성은 규모가 큰 성곽이 22곳, 봉수대가 9곳, 사지 7곳, 선정비 11곳, 충효비 24곳, 노거수 77개 등 많은 문화유산을 보유하고 있는 문화유산의 도시다. 삼국시대 최대 격전지였던 화성 당성은 단순한 성의 역할을 넘어서 해안지역 행정을 관할하는 행정처소 겸 방어용 성곽이었고, 고대 해상교역의 중심지였다. 통일신라시대 '황해 실크로드'의 기점이었다. 당성을 통해 해외문물이 유입되고, 당성을 통해 많은 승려들과 사신들이 왕래한 국제무역항이었다.

    화성지역학연구소는 원효성사의 대각처가 백곡리 백제고분군이라는 확신을 가지고 2015년 8월부터 오늘에 이르기까지 경주 분황사에서 계림령을 거쳐 화성 당성까지의 당은포로를 수차에 걸쳐 답사하였다. 인천항에서 배를 타고, 중국 산동성 연태항에 도착하여 부근 도시 등주에서 공자의 탄생지인 곡부까지 실크로드 답사도 하였다. 매년 정월초에 당성과 고분군 주위의 산에서 기원제를 지내면서 득도처가 밝혀지기를 염원하고 기도하기를 7년여가 되었다. 매주 모여 답사하고 토론하며 3번의 학술발표회를 개최하였고, 관련 있는 학술발표가 있으면 적극적으로 참여하였다.

원효성사가 창건하거나 주석한 전국의 108 군데의 사찰을 2021년 6월 동두천 소요산의 자재암을 시작으로 2023년 2월 인천 용궁사를 마지막으로 1년 8개월 동안 답사하였다. 원효성사의 오도처(悟道處)가 백곡리 대형고분이라는 사실을 자료와 함께 각 사찰의 주지스님들에게 설명하였고, 스님들은 오도처가 화성이라는 사실에 놀라움을 표하였다.

화성지역학연구소는 2020년까지 『화성지역학 연구』 제3집을 발간하였으며, 2021년에는 특집으로 《원효성사의 대각처는 화성에 있다》라는 소책자를 발간하면서 '이제부터 시작이다' 라고 마음가짐을 새롭게 하였다.

이번에 발간하는 『화성지역학 연구』 제4집 '분황 원효성사 오도처 화성'에서는 지금까지 발견된 오도처에 대한 자료에 대한 설명과 불교문화재 전문위원이 제기한 관련 의견서의 오도처 필수 요건 제안에 관해 화성시 마도면 백곡리 대형고분군과 주위의 사찰 및 항구에 대해 자세한 해설을 함으로써 오도처가 화성이라는 점이 여실하게 입증되었다고 본다. 이제 오도처에 대한 소모적인 논란은 종지부를 찍어야 한다.

그간 오도처 자료발굴과 원효성사 성지답사에 함께 한 화성지역학연구소 연구위원들에게 감사를 드린다. 특히 성지답사를 위하여 차량운행과 노정안내에 노고를 아끼지 않은 이경렬 상임위원에게 거듭 감사를 드린다.

2023년 4월

화성지역학연구소 소장 정 찬 모

Contents

Contents

부록 1 　원효 전기 자료의 재검토 _ 정희경

부록 2 　화성 백사지(白寺址)의 조사성과의 성격 검토 _ 황보경

분황 원효성사 오도처 화성

편집부

1. 화성시의 고고학적 · 역사적 환경

1) 고고학적 환경

화성시(華城市)를 포함한 경기 일원은 해안을 끼고 있으면서 넓은 평야지대가 펼쳐져 있어서 일찍이 사람들이 터전을 잡고 생활하기에 적합한 환경조건을 가지고 있다. 화성 일원에는 현재 9개소 정도에서 구석기시대 유물이 발견되었는데, 향후 늘어날 가능성이 있다.

주요 유적으로는 화성 향남읍(鄉南邑) 발안리(發安里)에서 '긁개'가 출토된 것을 필두로 하여 송산면(松山面) 고포리(古浦里) 어섬, 비봉면(飛鳳面) 구포리(鳩浦里), 매송면(梅松面) 원리(院里), 팔탄면(八灘面) 매곡리(梅谷里), 서신면(西新面) 장외리(檣外里), 향남읍(鄉南邑) 동오리(東梧里), 구문천리(求文川里) 등지에서 구석기시대(舊石器時代) 밀개 · 긁개 · 몸돌 · 찍개 등 다양한 석기들이 출토되었다.

구문천리 유적은 토양쐐기 구조가 발달한 고토양층에서 타제석기(打製石

器)가 발견되었는데, 몸돌·찍개·긁개·톱니날석기 등이 출토되었다. 이와 같이 화성지역의 구석기유적은 점차 증가하는 추세로서 인근의 평택이나 오산, 용인지역과 같이 볼 경우 저평한 지형에서 구석기시대인들이 광범위하게 생활해 왔음을 짐작할 수 있다.

신석기시대(新石器時代) 유적으로는 서신면(西新面) 제부리패총(濟扶里貝塚), 송산면(松山面) 지화리(芝花里) 패총(貝塚), 수원 꽃뫼유적, 동탄(東灘) 석우리(石隅里), 동탄산 유적(東灘山遺蹟), 화성 화산리유적(花山里遺蹟), 가재리유적(佳才里遺蹟) 등이 있다.

장안리유적 및 꽃뫼유적에서는 즐문토기편(櫛文土器片), 동학산유적에서는 어골문(魚骨文)과 단사선문(短斜線文)의 즐문토기편 등 여러 유적에서 즐문토기편들이 수습되고 있다. 제부리패총은 제부도 중앙의 산 주변에 위치하는데, 대부분 굴 패각(貝殼)을 중심으로 이루어져 있으며 패각층(貝殼層) 하부에서 목탄층이 발견되었다. 목탄(木炭)이 확인된 부분은 노지(爐址)로 판단되고 있는데, 패각층 내에서 즐문토기편들이 발견되었다. 문양으로는 점렬문(點列文), 어골문(魚骨文), 사선문(斜線文), 격자문(格子文), 조문(爪文) 등이 확인되고 있다.

청동기시대(靑銅器時代) 유적은 크게 생활유적(生活遺蹟)과 분묘유적(墳墓遺蹟)으로 구분할 수 있다.

생활유적(生活遺蹟)으로는 화성 남양동(南陽洞), 금의리(錦衣里), 북양동(北陽洞), 팔탄면 가재리(佳才里), 매송면(梅松面) 동천리(泉川里), 향남(鄕南) 방축리(防築里)·도이리(桃李里), 태안읍(泰安邑) 기안리(旗安里)의 고금산(古琴山), 동탄면(東灘面) 반송리(盤松里), 안녕리(安寧里), 동탄산(東灘山), 반월동(半月洞), 장안리(長安里), 수영리(水營里), 반송리(盤松里), 행장골 등이 있다.

분묘유적(墳墓遺蹟)으로는 태안읍 병점리(餠店里), 송산리(松山里), 봉담읍 수기리(水機里), 정남면 관항리(官項里), 귀래리(歸來里), 제기리(諸岐

里), 향남읍 동오리(東梧里) 지석묘(支石墓)와 동화리(桐化里)에서 조사된 토광묘(土壙墓)가 있다. 이중 병점리 유적에서는 모두 4기의 지석묘가 조사되었는데 3기는 개석식(蓋石式)이고 1기는 탁자식(卓子式)으로 판단된다. 이렇게 개석식과 탁자식이 공존하고 있는 양상은 경기 남부지역의 지석묘 성격을 이해하는 데 상당히 중요한 위치를 차지한다.

화성 일원의 원삼국~삼국시대(原三國~三國時代) 유적은 크게 취락유적, 분묘유적, 생활유적으로 구분된다.

취락유적은 남양동(南陽洞), 반월리(半月里) 속반달이, 고금산(古琴山), 발안리(發安里) 감배산(甘杯山), 석우리(石隅里) 먹실, 봉담 왕림리(旺林里), 마하리(馬霞里), 마하리(馬霞里) 33번지, 반월동(半月洞), 천천리유적(泉川里遺蹟) 등이 있다.

고금산 유적에서는 원삼국시대(原三國時代) 수혈주거지(竪穴住居址) 3기, 고상가옥(高床家屋) 1기, 저장혈(貯藏穴) 1기가 조사되었고, 발안리 유적에서는 경기 서남부지역의 최대 취락유적(聚落遺蹟)으로 수혈주거지 55기와 구(溝) 44기, 굴립주건물지(堀立住建物址) 23기 등이 조사되었다.

분묘유적으로는 백곡리고분군(白谷里古墳群), 마하리고분군(馬霞里古墳群), 화산고분군(花山古墳群), 발안리유적(發安里遺蹟), 석우리(石隅里) 먹실유적(遺蹟), 천천리유적(泉川里遺蹟), 금암동(錦巖洞)유적, 수청동유적(水淸洞遺蹟) 등이 있다. 백곡리고분군에서는 수혈식석곽묘(竪穴式石槨墓)가 다수 확인되었고, 마하리고분군(馬霞里古墳群)에서는 목관묘(木棺墓), 목곽묘(木槨墓), 석곽묘(石槨墓), 석실분(石室墳) 등 다양한 형식의 무덤들이 조사되었다.

화산고분군에서는 삼국시대(三國時代) 석곽묘 2기가 조사되었고, 발안리 유적과 먹실유적에서는 옹관묘(甕棺墓)가 확인되었다. 생활유적으로는 왕림리(旺林里), 당하리(堂下里) I, 가재리(佳才里), 먹실, 장안리(長安里), 행장골, 송산동(松山洞) 등이 있는데, 왕림리유적과 당하리 I 유적에서는 원삼국시대(原三國時代) 후반에서 삼국시대(三國時代) 초에 해당하는 토기 생산과 관련된 것으로 판단되는 수혈구덩이와 공방지(工房址)가 확인되었고 기안리 제철유적에서는 로적(爐蹟), 탄요(炭窯) 등이 제철관련 유구와 송풍관(送風管), 송풍구, 절재(鐵滓) 등의 제철관련 유물들이 확인되었다. 가재리유적에서는 원삼국시대 토기가마와 공방지가 조사되었고 먹실유적에서는 한성백제기의 밭경작 유구와 탄요(炭窯)가 조사되었다. 장안리유적에서는 기안리유적에서와 같이 제철관련 추정 공방지와 제철관련로적(爐蹟) 10여 기가 조사되었다.

통일신라시대 유적으로 화성 남양동유적(南陽洞遺蹟)이 있고, 분묘유적(墳墓遺蹟)으로는 동탄(東灘) 장지리(長芝里遺蹟)가 있다.

유물산포지(遺物散布地)로는 화성 동탄지구(東灘地區)의 반송리(盤松里)에서 통일신라토기편(統一新羅土器片)이 지표 수습되었다. 남양동유적에서는 건물지 1동이 조사되었고, 장지리유적에서는 석곽묘(石槨墓) 27기가 조사되었으며, 출토유물로는 소호(小壺), 대부장경호(臺附長頸壺), 내박자(內拍子), 완(盌), 단경병(短頸甁), 무개고배(無蓋高杯), 파수부발(把手附鉢), 토제잔(土製盞), 원추형철탁(圓錐形鐵鐸), 교구(鉸具), 금동판(金銅·板) 등이 있다.

고려시대 유적으로 반송리(盤松里), 동학산(東鶴山), 구문천리(求文川里), 마하리(馬霞里), 화산동(花山洞), 율전동(栗田洞), 율전동(栗田洞)Ⅱ, 수영리(水營里), 천천리(泉川里), 동탄(東灘) 장지리(長芝里), 송산동(松山洞), 행장골, 가수동(佳水洞), 가장동(佳長洞), 금암동(錦巖洞), 향남 방축리(防築里)·행정리(杏亭里)·도이리(桃李里), 수청동유적(水清洞遺蹟) 등이 있다.

2) 역사적 환경

삼국사기(三國史記)에는 한강유역을 점유하고 있던 토착민에 대한 기록은 전하지 않는다. 다만 중국 사서인 삼국지(三國志)에 "마한오십여국(馬韓五十餘國)"이라는 기사가 전한다. 마한 세력의 구심점이었던 목지국의 위치에 대해서는 알 수 없으나 한강유역설과 금강유역설이 가장 유력하다. 마한의 범위가 한강에서 금강유역에 걸친 중부지방을 중심으로 한 지역임을 감안할 때 조사지역인 향남면 지역은 마한의 지배하에 있었던 것으로 추정된다.

기원 전후에 부여—고구려계 이주민 집단으로 이루어진 온조 세력은 한강 하류지역을 중심으로 백제를 건국하고 마한의 북계에 위치하게 되었다. 백제의 외곽 및 주변으로는 마한의 제소국들이 작은 부족국가를 형성하고 있었다. 당시의 관계는 수평적인 관계로 아직까지 백제가 우위를 점하지 못하고 공존하는 상태였다. 그러나 3세기 중반이 되면 고이왕(234~286)이 등장하면서 하남위례성의 백제국을 중심으로 각지의 소국들을 통합하여 간다. 이 시기의 대외활동에 대해서 중국 사서는 마한으로 기록하고 있으나 실재로는 백제일 가능성이 높다. 당시 백제는 서북쪽의 낙랑, 동북쪽의 말갈족을 방어하면서 한강유역과 금강유역을 거의 차지하여 고대국가로서의 기반을 확립하였다.

백제는 고이왕 때 고대국가 체제를 정비한 후 근초고왕(346~375년)대에 이르러 대외정복사업을 추진하였다. 우선 남쪽으로 마한의 잔존세력을 정복하여 그 영토를 전라남도 남해안까지 확장하였고, 북으로는 고구려의 평양성까지 진입하여 고국원왕을 전사시키기도 하였다.

4세기 중엽 최전성기를 구가한 백제의 영토는 지금의 경기도, 충청도, 전라도 전역과 강원도, 황해도 일부까지를 차지하였다.

그러나 5세기 때 고구려의 장수왕은 남진정책을 통해 백제의 국경을 압박하였다. 결국 475년 한성을 함락시키고 한강유역을 장악함과 동시에 아산, 천안, 충주, 조령까지 영토를 확장하여 화성 일대는 고구려의 수중에 들어가게 되었다. 백제는 한성에서 웅진으로 천도하고 성왕(523~554) 때에 다

시 사비성으로 천도하여 국가체제를 강화한 후 신라 진흥왕과 동맹하여 551
년 한강을 되찾았으나 신라가 동맹을 파기하고 백제를 공격하여 553년 한강
유역을 차지하였다. 즉 6세기 이후 고대국가의 체제를 확립한 신라는 대외
정복사업에 나서 한강유역까지 차지하게 된 것으로 이로써 화성지역은 신
라의 수중에 들어가게 된다(660년).

668년 고구려를 멸망시키고 685년에는 각 지방을 9주 5소경으로 개편한
다. 현재의 화성시 지역은 한산주(漢山州) 46개 현 가운데 하나였으며 한산
주는 지금의 경기도와 황해도의 대부분 지역과 강원도 일부, 충북 일부, 그
리고 평안남도와 충청남도의 일부까지도 포함하는 가장 넓은 주로서 1소경
(1小京, 中原京)과 27개 군에 46개 현을 두었다.

수원은 1271년 도호부가 되고, 1308년 지방행정구역의 개편과 함께 수원
목으로 승격되었으나 1310년 전국의 목을 폐지하면서 다시 부로 격하되었
다. 1384년에는 왜적이 수원 공이향에 침입하였으며 부사 허조가 왜적의 간
첩 3명을 생포하였다는 기록을 통해 향남지구는 수원부의 향으로 편입되어
있었으며 발안천을 따라 왜구가 침략해 들어왔다는 것을 알 수 있다.

수원은 고려가 멸망할 때까지 양광도에 속해 있었으며 7개 현을 거느리고
있었다.

1394년 수도를 한양으로 옮기면서 수원은 양광도의 계수관이 되었다.
1414년 이후에는 수원은 도호가 설치되었고, 판관과 함께 중앙에서 종6품의
교수를 파견하여 종9품의 훈도와 함께 향교에서 교육을 담당하였다. 향남은
조선 초기에 면으로 직촌화하였다. 세조 때는 수원부에 진을 설치하고 판관
을 두었다가 1526년 군으로 강등되었다.

1535년에 다시 도호부로 복귀되었고, 1602년에는 방어사를 겸하였고,
1668년에는 토포사를 겸하였다.

1789년에는 사도세자의 묘를 수원부 주산인 화산으로 옮겨 읍치를 팔달
산 아래로 옮기고 1793년 수원을 화성이라고 명명함과 동시에 유수부로 승

격시켰으며 이듬해부터 '화성성건'을 시작하였다. 이때 수원부는 부내의 행정구역을 개편하였는데 공이향면과 서북면을 합하여 공향면으로 편제하는 등 50면을 40면으로 광역화했다.

1895년 5월 26일 을미개혁 이후 화성유수부가 폐지되어 수원군으로 강등되었으며, 이후 관할 구역도 크게 줄어든다.

일제의 행정구역 개편 결과 수원군은 16개면을 진위군에 넘겨주고, 남양군 17개면 전체와 안산군 3개면, 광주군 2개면을 병합하여 21면으로 편제되었다. 이때 수원군 공향면은 남면과 합쳐져서 향자와 남자로 조합된 지금의 향남읍이 되었다.

1931년 4월 1일에는 수원면이 읍으로 승격되고, 해방후 1949년 8월 15일에는 수원읍이 수원시로 승격되고 외곽의 수원군은 화성군으로 분할된다.

1982년 1월 1일까지 향남면은 자체적으로 5차에 걸쳐 40개리로 개편되었으며 1987년 1월 1일에는 팔탄면 지월리의 2개리를 편입하였고, 다시 7월 1일에는 평리 2개리를 4개리로 분할하여 44개리가 되었다. 2001년 화성군은 시로 승격되었으며 남양면이 남양동으로 개정되고, 태안 · 정남 · 동탄면을 관할하는 동부출장소를 설치하였다. 2003년에는 우정면이 읍으로 승격,

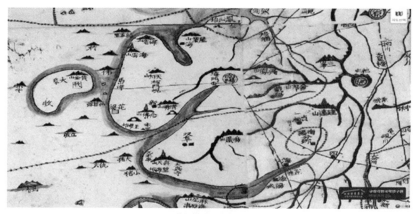

대동여지도 화성시

화성시 1910년 수면상승 20m 모습

2006년에는 태안읍은 진안동 · 병점동 · 반월동 · 기배동 · 화산동으로 분동
되었으며 2007년에는 향남면이 향남읍으로 승격되어 현재의 체제를 이루게
되었다. (참조: 서경문화재연구원 유적조사보고서 제12책)

삼국시대에는 백성들이 주로 성곽주위에 군집하여 생활하고 외부의 침입
에 대비한 결과 문화유적분포에 기록된 문화유산이 성곽주위에 산재하고
있다.

특히, 화성시는 당나라로 가는 대무역항으로 삼국의 쟁탈전이 심했던 지
역으로 성곽이 22곳에 존재하고 있으며 발굴이 진행하지 못하고 있는 지역
이 5곳에 이르고 있다.

화성시의 성곽(산성 · 토성)

1. 수원고읍성(안녕동 산 1 일원)-고려, 조선(기념물 제93호)

2. 운평리성(우정읍 운평리 산 119-2 일원)-삼국

3. 한각리성(우정읍 한각리 344 일원)-삼국

4. 창고산성(우정읍 석천리 산 73-1 일원)-고려~조선

5. 재양현성(비봉면 청요리 산 1 일원)-미상

6. 청원리성(마도면 청원리 228-14 일원) -미상

7. 청명산성(마도면 백곡리 산 184-2)-삼국, 고려, 조선

8. 백곡리토성(마도면 백곡리 산 135)-통일신라, 고려

9. 삼존리성지(송산면 삼존리 산 9-1)-미상

10. 화량진성(송산면 지화리 산 90 일원)-고려~조선(경기기념물 224호)

11. 당성(서신면 상안리 산 32 일원)-삼국~조선(사적 제217호)

12. 용두리성(서신면 용두리 산 164-7 일원)-고려~조선

13. 석산성(서신면 백미리 산 41 일원)-미상

14. 쇠미산성(팔탄면 창곡리 산 26-2 일원)-미상

15. 오두산성(팔탄면 지월리 산 75 일원)-삼국

16. 길성리토성(향남읍 요리 산 23-1 일원)-삼국

17. 소근산성(양감면 신왕리 산 18 일원)-삼국

18. 사창리성(양감면 사창리 산 112-2 일원)-미상

19. 태봉산성(정남면 관항리 산 28-31 일원)-삼국

20. 남양동토성(남양읍 남양리 1633-1)-고려~조선

21. 신경산성(북양동 산 129 일원)-미상

22. 남양장성(남양동토성~서신면 광평리)

화성시 봉수대, 봉화산

제5봉수로는 전라남도 여수의 돌산을 출발하여~진도~해남~영광~공

주~천안~화성~인산~심포~강화~서울의 멱목산 제5봉수대까지 직봉 61개와 간봉 24개로 되어 있었다.

화성시 봉수대

1. 흥천산 봉수: 화산리 산 78-1(봉화산)
2. 봉화산 봉수: 서신면 전곡리 산 93(염불산)
3. 서봉산 봉수 → 건달산 봉수

흥천산(興天山)의 봉화(북서쪽에 있다. 남쪽으로 양성(陽城) 홰대기곶이 〔槐台吉串〕에 응하고, 서쪽으로 남양(南陽) 염불산(念佛山)에 응한다)도 소개되어 있다

2. 원효성사의 오도처(悟道處)는 화성에 있다

자료를 통해 본 원효의 행적

먼저 원효의 주요 행적을 중심으로 자료 출처를 정리해 보면 다음과 같다.

원효성사 족보

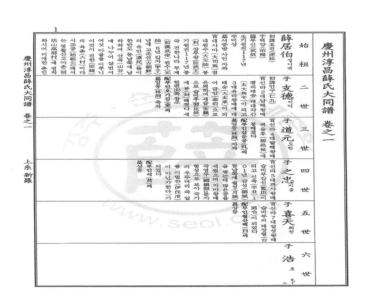

〈표 1〉 원효의 주요 행적과 자료 출처

행적	자료 출처	비고
출생시기	『삼국유사』	617년
출생장소	『고선사 서당화상비』, 『송고승전』, 『삼국유사』	
가계	『고선사 서당화상비』, 『삼국유사』	
출가시기	『송고승전』	
수행		
스승	『삼국유사』	
유학시도	『송고승전』, 『삼국유사』, 『전후소장사리』, 『의상전교』	
오도	『종경록』, 『송고승전』, 『임간록』	
오도장소	『월광사 원랑선사탑비』, 『송고승전』, 『의상전』, 『보원사 법인국사 탑비』	
저술	『고선사 서당화상비』, 『분황사 화쟁국사비』, 『송고승전』, 『삼국유사』	
혼인	『삼국유사』	
후손	『고선사 서당화상비』 『삼국유사』	9人

행적	자료 출처	비고
제자	『고선사 서당화상비』	
대중교화	『고선사 서당화상비』, 『송고승전』, 『삼국유사』	
입적시기	『고선사 서당화상비』	
입적장소	『고선사 서당화상비』	686년

　표 〈1〉에서 볼 수 있듯이, 9세기 초반부터 18세기까지 한국을 비롯해 중국
과 일본의 문헌에서 꾸준히 원효에 대한 기록이 등장하고 있음을 알 수 있
다. 문헌의 성격도 매우 다양하다. 승려들의 전기를 수록한 승전(僧傳), 불교
선종의 기록서인 선서(禪書), 불교 교리 해설서인 장소(章疏), 문집(文集),
지리서(地理書) 등이 있고 곳곳에 원효 관련 내용이 산재되어 있다.

　이 중에서 원효의 전기를 독립 주제로 삼아 싣고 있는 문헌은 988년 찬녕
(贊寧, 919-1002)이 저술한 승전(僧傳) 『송고승전(宋高僧傳)』 권4의 「당 신
라국 황룡사 원효전(唐新羅國黃龍寺元曉傳)」과 1281년경 일연(一然, 1206-
1289)이 저술한 사서(史書) 『삼국유사(三國遺事)』의 「원효불기(元曉不羈)」
2가지가 대표적이라 할 수 있다.

　『송고승전』은 중국의 승려 찬녕이 980년에 태종(太宗)의 칙명을 받아 988
년에 완성한 역대 고승들의 전기이다. 총 30권으로 이루어져 있고 정전(正
傳) 533인, 부견(附見) 130인을 수록하였는데 이들 각각의 특징적인 행적에
따라 10편, 즉 역경(譯經)·의해(義解)·습선(習禪)·명률(明律)·호법(護
法)·감통(感通)·유신(遺身)·독송(讀誦)·흥복(興福)·잡과성덕(雜科聖
德)으로 분류하여 서술하였다. 이 가운데 원효는 두 번째 의해편(義解篇)에
수록되어 있다. 의해(義解)란 경론의 의미에 대해 깊은 이해를 보여준 고승
이라는 뜻이다. 이러한 분류명에서 보여지듯이 『송고승전』 권4에 실린 원효
의 전기도 체계적으로 일대기를 서술한 것이 아니라 『금강삼매경론(金剛三
昧經論)』이라는 뛰어난 논서를 저술한 경위에 초점이 맞추어져 있고 이 내

용이 전체 3분의 2 정도를 차지하고 있다.

『삼국유사』는 고려의 승려 일연이 1281년경에 개인적으로 저술한 역사서이다. 총 5권으로 이루어져 있고 9편, 즉 왕력(王曆)·기이(紀異)·홍법(興法)·탑상(塔像)·의해(義解)·신주(神呪)·감통(感通)·피은(避隱)·효선(孝善)으로 분류하여 고대국가의 연표와 각 국가의 흥망성쇠를 신화·전설 등과 함께 기술하고 신라의 불교수용 과정과 고승들에 대한 설화 등을 실었다. 이 가운데 원효는 다섯 번째 의해편에 수록되어 있다. 다만 의해편이라 하더라도 『송고승전』에서 고승들을 각각의 특성에 따라 분류했던 체재와 달리 『삼국유사』에서는 불교의 고승들에 관한 항목이라는 성격을 가지고 있다. 일연의 편찬 의도가 반영되어 기존의 정사(正史)에 기록되어 있지 않은 내용들, 즉 정사 외에 전해지고 있는 내용들을 위주로 서술되어 있고 원효의 경우도 마찬가지이다. '원효는 얽매이지 않는다[元曉不羈]'라는 제목에서 볼 수 있듯이 『본전(本傳)』이 아닌 『향전(鄕傳)』에 따로 전해지는 원효의 무애행(無碍行)에 초점이 맞추어져 있다.

『송고승전』과 『삼국유사』의 특징은 체계적인 전기 서술이 아니라 찬자의 선택적 내용 선별에 가깝다. 찬자가 서술하고자 하는 목적과 의도하에 전기 내용 중 일부분만 선별되어 수록된 것이다. 그렇지만 원효의 『행장』이 일실되었기 때문에 오늘날 매우 귀중한 자료라 할 수 있다.

후대에 찬술된 승전들은 『송고승전』의 내용을 요약하거나 발췌한 것들로서 내용이 중복된다. 〈표 1〉에 표기했듯이 (10)번과 (12)~(19)의 자료들은 기존에 있던 『송고승전』, 『임간록』, 『삼국유사』에서 인용한 글들이 대부분이다.

이렇게 보면 현존하는 원효의 전기 자료 가운데 기본이 되는 자료는 몇 가지 안된다는 것을 알 수 있다. 가장 오래된 『고선사 서당화상비』를 필두로 하여 원효의 전기를 독립 주제로 삼은 『송고승전』과 『삼국유사』가 있고, 전기류는 아니지만 원효의 깨달음에 대해 가장 오래된 기록인 (3) 연수의 『종경록』, 그리고 비슷한 내용을 싣고 있는 (8) 혜홍의 『임간록』이 있다. 이외에도 원효의 오도처를 기록한 (2)『월광사 원랑선사탑비』, 원효와 의상이 함께 쉬었던 곳을 기록한 (4)『보원사 법인국사탑비』[1]도 중요한 자료라 할 것이다.

출생시기는 『삼국유사』의 기록이 유일하다. "진평왕 39년 대업 13년 정축년[眞平王三十九年 大業十三年丁丑歲也]", 즉 617년이다. 입적시기의 경우는 『고선사 서당화상비』에서 "수공 2년 3월 30일 혈사에서 마치니, 나이 70이었다.[垂拱二年三月卅日終於穴寺春秋七十也]"라 기록되어 있어 686년이었음을 알 수 있다.

3. 문헌 및 비문에 기록된 오도처(悟道處)와 화성

문헌 및 비문에 기록된 오도처로 송나라 승려 찬녕(贊寧)이 쓴 송고승전 (宋高僧傳)의 의상전, 제천 월광사원랑선사대보선광탑비에 쓰어 있는 직산 (稷山)과 서산 보원사법인국사 탄문의 비문에 기록되어 있다.

1) 송고승전 – 당주계(唐州界) 해문(海門)

行至本國海門唐州界. 計求巨艦. 將越滄波.

본국(本國) 해문(海門) 당주계(唐州界)에 이르러, 큰 배를 구해 창파를 건 너려 했다.

본국해문당주계의 해문은 지금 화성시 마도면 해문리이다.

송고승전(宋高僧傳)은 송나라 승려 찬녕(贊寧)이 980년까지 350년간의 고 승 533명의 전기와 130인의 부전의 기록이다.

책의 내용 중 〈의상전〉에 기록된 원효의 오도처가 '본국해문당주계(本國海門唐州界)' 라고 쓰여 있다.

그동안 '본국해문당주계(本國海門唐州界)' 가 어딘가에 대해 다양한 견해가 있었는데, 당주(唐州)가 오늘날 경기도 화성의 당성(唐城) 일대를 가리킨다는 것은 학계에서 이의가 없는 대다수 의견인데, 당주(唐州) 뒤에 "계(界)" 자가 붙어 있어 당주 주변지역을 일컫는 것이라 보기도 한다.

그런데 당주(唐州) 뒤에 계(界)가 붙어있다고 해서 꼭 당주(唐州)의 주변지역을 가리킨다고 볼 수는 없을 것 같다. 지명 뒤에 "계"가 붙는 경우는 중국 찬술의 불교문헌에서 종종 발견되는데, 이러한 중국 찬술 문헌들의 용례로 미루어 보면 당주계(唐州界)라는 용어 또한 지역만을 의미하는 것으로 볼 수 있고, 의상과 원효는 당주(唐州) 지역에 도착했다는 의미로 볼 수 있다. 중국 찬술의 『송고승전』에서 찬녕은 의상과 원효가 당주(唐州)지역에 도착하여 당으로 가는 배편을 알아보고자 했다는 의미로 적은 것이라 생각된다.

해문(海門)이라는 지명을 살펴보면, '바다로 나가는 입구' 로 여겨 바닷가에 있는 지역의 보통명사로 이해하고 있지만, 실제로 '해문리' 라는 고유명사를 가진 마을이 당주계 안에 존재한다. 바로 백제 백곡리 고분군이 있는 산이 마을의 뒷산이기도 하다. 해문(海門)이라는 지명은 조선말기까지 역원(해문역)이 있던 곳으로 역골이란 지명이 남아 있으며, 우리나라 전체 지명 중, 현재까지 유일하게 존속하고 있는 지명이다.

송고승전의 '본국해문당주계' (本國海門唐州界)에서 굳이 '해문' 이라고 지칭한 것으로 보아 이곳 지명을 말하는 것이다.

당성(唐城)은 원래 한강 백제의 토성으로 백제, 고구려, 신라를 거쳐 1,000년 이상 번창했던 한반도 최대의 대당 무역항이 있는 곳이다. 당성에서 가까운 항구는 성의 남서쪽인 상안리의 임포가 있고, 성의 서쪽에는 화량진과 당은포(은수포)가 있었다. 당시 당성은 삼국의 요충지로서 서로 차지하려고

치열하게 전쟁을 치르던 곳이기도 한데 중국과의 교통로로서 중요한 구실을 하였으며, 통일신라에는 이곳에 당성진을 설치해서 청해진과 함께 신라 해군의 근거지로 중요시 되었던 곳이다.

당나라로 출발할 경우에는 알려진 것처럼 북상해서 황해도 서단까지 간 다음에 횡단하는 항로와 직접 횡단하여 산동반도 북쪽의 등주지역이나, 그 아래인 청도만의 여러 항구로 도착하는 항로가 있었다. 직횡단하면 역시 남풍계열 혹은 동풍계열의 바람을 이용하여 산동반도 남단 안쪽의 청도만으로 진입할 수 있다.

화성 당성(당주): 서신면 상안리 산 32 일원(삼국, 조선)

화성시 서신면 상안리 산 32번지에 위치하며 사적 제217호로 지정되어 있다. 남양반도와 서신면, 송산면, 마도면의 경계가 교차되는 중심부 가까이에 있는 해발 165.7m인 구봉산 정상부와 동향한 계곡 및 서남쪽 능선에 성벽이 구축되어 있다. 이곳에서는 북서쪽으로는 화량진성, 북쪽으로 해운산 봉수, 서남쪽으로 염불산봉수, 남쪽으로는 백곡리산성, 청명산성 등 넓은 지역이 한눈에 들어온다. 이 지역은 처음에는 백제의 영역이었다가 한때 고구려의 영토로 당성군이라 하였으며, 신라가 이 지역을 점령하게 되자 당항성이라 하였는데 이곳은 서해를 건너 중국과 교통하는 출입구 역할을 하던 곳이었다. 신라 하대(下代)에는 당성진을 설치하였으며, 신라의 왕도에서 상주와 삼년산성을 거쳐 이곳에 이르는 길을 당은포로(唐恩浦路)라 하였다.

성벽은 쌓은 시기를 달리하는 3중의 성벽으로 구성되어 있다. 그중 가장 먼저 쌓은 성벽은 구봉산의 정상부에서 봉화산으로 뻗는 남서능선을 따라 테뫼식으로 축조된 삼국시대 성벽이다. 둘레는 363m이며, 외벽 높이는 4~5m이고 성벽 위에는 2~3.5m의 회곽도가 조성되어 있다. 최근의 발굴조사에서 북쪽에서 동쪽으로 꺾어지는 부분이 확인되었는데 장방형의 화강편마암 성돌로 쌓아올렸으며 기단 바깥쪽에 보축을 하여 성벽의 안정성을 도모하였다. 성내에서는 6~8세기대의 유물들이 주로 출토되었다.

두 번째 성벽은 이 성벽의 중간부를 관통하여 구봉산 동북쪽 능선을 따라가다가 동남방향의 산복부를 감싸안은 장방향의 포곡식 성벽이다. 지금까지 이 성벽이 내성으로 알려져 왔으나 발굴조사 결과 정상부의 퇴뫼식 산성의 협소함을 극복하기 위하여 통일신라 말기에 새로 쌓은 것으로 추정된다. 이 성벽은 신라 하대의 당성진 설치와 관련이 있는 것으로 추정되는데 성내에서 출토되는 통일신라 말기의 유물들이 이러한 견해를 뒷받침한다. 성벽의 둘레는 1,1487m이며, 판축기법을 이용한 토축성벽으로서, 일부 구간은 석심을 채워 쌓은 수법을 보이기도 한다. 외벽의 높이는 3~4.5m이다.

이 성에는 남문터와 북문터가 정상부 아래 기슭에 있고, 동문터와 수구터는 계곡 쪽에 있다. 수구터의 안쪽에는 지금도 샘이 있어 물이 사철 나오고, 주변에 건물터가 있다. 서벽에 인접한 정상부에는 노목이 우거진 숲이 있는데, 여기에 성황당이 있었다. 이 성황당을 헐고 발굴조사를 한 결과 망해루 터로 추정되는 건물터가 노출되었다. 당성의 진입로 입구에는 당성사적비 와 주차장이 있으며 이곳에서 성내로 진입하면 넓은 평탄대지가 나타난다.

이 외에도 동북쪽 능선과 서북쪽, 서남쪽 능선을 따라가며 작은 외성이 설 치되어 있던 것으로 확인되며, 서남쪽 외성에서는 남양장성이라고 불리는 토루가 연결되어 있으나 쌓은 시기는 정확하게 알 수 없다.

이 성은 지금까지 복합식 산성으로 알려져 있으나 발굴조사 결과 시대를 달리하여 쌓은 것으로 확인되었으며, 삼국시대부터 대중국 항로의 기착지 로서 역사적인 중요성이 매우 큰 유적이다.

2) 제천 월광사 원랑선사 탑비비문-직산(稷山)

稷山寓 □□□□乃神僧元曉成道之 所也習定三月後依廣宗大師大師見

직산(稷山)에 이르러 ……(4자 결 락)에 거처하였는데 이곳은 신승(神 僧) 원효대사(元曉大師)가 도를 깨치 신 곳이었다.

일부 해석: 자인선사는 선사의 품은 뜻을 살펴보고 자신이 가르칠 수 없음 을 알자 이에 달리는 말에 채찍을 가 하듯 격려하여 용과 코끼리와 같은 마 음을 내도록 자극하였다. 이에 선사는 곧 꼭 배우고자 하는 마음을 조용히 간직하고 그윽하고 미묘한 이치를 공 부하고자 하여 직산(稷山)에 이르러

월악산 송계리에 있는 월광사지에서 국립박 물관으로 옮겨놓은 원랑선사대보선광탑비

……(4자 결락)에 거처하였는데 이곳은 신승(神僧) 원효대사(元曉大師)가 도를 깨치신 곳이었다.

직산(樴山)이라는 지명에 대한 소고는 다음과 같다.

당성과 백곡리 고분군이 있는 백곡리 690 일대가 "입피골"로 불린다. 한 학자는 '입'은 설립/입(立)이라는 말과 발음이 같다고 한다. 또한 "피"는 한 자어로 옮길 때는 직(稷)으로 쓰여지며, 이는 곡식을 나타내는 "기장"의 한 자음이다. 입피골의 '입(立)'과 '피(稷)'를 한 음으로 만들어 말뚝직(樴)으로 나타낸 것으로 보이며, 입피골의 위쪽에 위치한 '검산'과 '청명산'에서 따온 '산'과 합쳐 직산(樴山)이라고 이름 지은 것으로 보인다. 다른 학자는 입피골(立皮谷)이 직산(樴山, 문지방직/ 말뚝직과 산은 검산이, 청명산 사이 고을)인데 해문에 출입하는 문지방에 가마나나 마대(皮)를 말뚝으로 조정하여 쌓아서 해문을 통제하는 고을이라는 것이다. 그러나 피직(稷)자는 직산

서산 보원사 법인국사 탄문비

(織山)과 관계없는 표현이다.

천안의 직산(稷山)이란 지명은 〈월광사 원랑선사대보선광탑비〉의 직산(織山)과 한자음이 다를 뿐 아니라 고구려시대에는 사산현(蛇山縣)으로, 신라 경덕왕 16년(757)에 당나라 직제를 본받아 지명을 개칭할 시에도 사산현으로 남아 있었고, 고려 태조23년(940)에 직산이란 지명으로 개칭되었다. 이후 고려 현종9년(1018)에 천안부 속현으로 되어 지금의 직산으로 내려오게 된다. 원랑선사탑비가 기록된 시기(890년)와 천안의 직산이 개칭된 시기(940년)는 50년 차이가 나기 때문에 상호 연관성이 없다고 본다.

김성순 박사(한국전통문화대)에 의하면 백곡리 입피골에서 대대로 살아온 안순학 씨는 "윗대 조상들로부터 원효성사가 입피골에 왔었다는 이야기를 전해 들었다"고 증언했다.

3) 서산 법인국사 탄문 비문—향성산

「大師方欲僧之眞者必訪跡之古者必尋會歸覲日古老相傳鄉城山內有佛寺之墟昔元曉菩薩義想大德倶憩居所」

懇大師旣聞斯聖跡盍詣彼玄基以習善遂芨于其舊墟檻心猿柳意馬于以休足于以齋心經歷數年時號之聖沙彌

"옛 노인들 사이에 전해 오는 말에 따르면, 향성산(鄉城山) 안에 절터가 있는데 옛날 원효보살(元曉菩薩)과 의상대덕(義想大德)이 함께 머무르며 쉬던 곳이라 한다" 하였다. 대사(大師)가 '이미 성적(聖跡)에 대하여 들었으니 내 어찌 그곳 현기(玄基)에 나아가서 수도하지 않으랴' 하고, 마침내 그 구허(舊墟)에 풀집을 짓고, 원숭이 같은 마음을 우리 속에 가두어 놓고, 고삐없는 말과 다름없는 의식은 말뚝에 붙잡아 매고는 여기에 발을 멈추고 마음을 가지런히 하여 수년을 지냈다. 당시 부근 사람들이 성사미(聖沙彌)라

향기실마을 뒷산(鄕城山)

고 일컬었다고 한다.

　성(城) 있는 마을(鄕)에 있는 산, 향성산(鄕城山)은 어디인가!

　원효대사의 오도처로 추정되는 향성산은 화성시 마도면 백곡리 남양장성
안의 "향기실"마을 뒷산, 즉 백제대형고분이 있는 산이다.

　삼국사기 지명을 보면 '지', '기'가 '성(城)'과 대응되고 있음을 보이며,
향기실마을 뒷산은 백곡리 2.3.1호 고분군 발굴터이고 발굴지 서북쪽 능선
이 남양장성(南陽長城)이 지나는 토축의 일부이기 때문이다. 남양장성은 화
성시 서신면 광평리 성밖마을의 북쪽 구릉에서부터 봉화산(염불산)과 당성
(唐城)이 있는 구봉산의 정상부를 지나 송산면 육일리, 마도면 해문리, 금당
리, 석교리 등을 거쳐 지금의 남양읍 남양동토성까지 약 15Km에 걸쳐 남북
을 가르며 동서 방향으로 길게 축조된 장성이다.

　축조된 시기는 통일신라시대 흥덕왕 4년(829)에 당성진(唐城鎭)을 설치하
였다는 점과 관련하여 통일신라시대로 추정하고 있으며, 각봉우리 외부에
는 반원형의 유단과 초생달형의 둔덕을 조성하여 방어시설물로 이용한 것
으로 추측되고, 이 봉우리는 망대(望臺)와 치성(雉城)의 역할을 동시에 가지
고 있었다. 이곳 봉우리의 지명이 '여치산(女雉山)'이라고 불리우는 것도

그와 연관된 것으로 여겨진다.

지명에서 '기'가 '성(城)'과 대응되고 있는 예를 들어 본다면
기(己) > 성(城)
결기(結己) > 결성(結城) - 충남 홍성군 결성면
열기(悅己) > 열성(悅城) - 충남 청양군 정산면

* 정산현(定山縣) - 동국여지승람
【건치연혁】 본래는 백제의 열기현(悅己縣)이었는데 일명 두릉윤성(豆陵
尹城)이라고 했다. 신라 경덕왕(景德王)이 열성(悅城)이라 고쳐 부여군(扶餘
郡)의 속현으로 만들었고,
【군명】 열기(悅己)·두릉윤성(豆陵尹城)·열성(悅城).

신라 경덕왕(757년) 당시의 지명 개칭 때 많은 지명이 바뀌었으나 '향기
실'은 소지명인 관계로 남아 아직까지 그대로 '향기실'로 불리어온다고 본
다. 향기실은 오도처로 유추되는 백곡리고분과 백사(白寺), 백곡리토성(白
谷里土城). 남양장성(南陽長城)이 있는 마을로, 당성으로 가는 유일한 길이
며, 향기실마을 옆의 마을 지명이 '금당리(錦堂里)', '삼존(三尊)', '마도(麻
道)'라고 불리우는 불교지명도 우연이 아니라고 본다.

4. 비문에 쓰여진 대덕화상이 머물렀던 향성산(鄉城山)과 탄문이 수년 동안 수행 정진한 절터는 어디인가!

1) 화성백곡리사지와 백사(마도면 백곡리 산104 일원)

백곡리유적은 화성백곡리사지 유적이 위치한 능선에 접하여 있다. 특별히 백제시대, 통일신라시대, 고려시대 건물지의 징후가 강하게 나타났으며 특히 명문의 존재를 통해 이곳에 '白寺' 라고 하는 사역이 있었음을 알 수 있어 "백곡리사지"로 명명하였다.

면적은 그리 넓지 않지만 전체적으로 3단 정도의 단차를 주고 장방형의 범위 안에 사역이 조성된 것으로 보인다. 남쪽 부분에 건축부재로 보이는 돌들과 함께 다량의 기와가 쌓여 있는데, 이중에는 완형의 토수기와도 섞여 있다. 어떤 기와에는 '白寺', '白寺下家' 라고 양각된 것도 있다. 등면의 기와 문양은 주로 수지문계열이 많은데, 일부 선조문과 집사선문도 보인다. 기와 외에도 다량의 토기편이 보이는데, 연질과 경질이 섞여 있다. 연질토기는 외면에 꺾은 파상문이 시문된 직구호류의 동체편과 세격자타 날문이 시문된 호의 구연부편 등 주로 통일신라기 토기들이 많다. 이외에도 다량의 백제토기편이 채집되고 있다. 채집된 유물들이 대부분 고급품들임을 감안 할때 상당히 중요한 사역이 있었던 것으로 보이지만 관련 문헌기록이 전무한 실정이다. 경작과정에서 이미 일부가 훼손되었다.

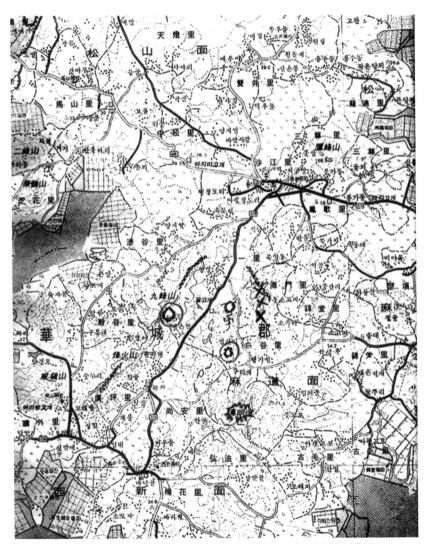

백곡리고분군 부근 역사유적 분포도(백곡리고분 조사연구보고서－정신문화연구원94-1)

2) '백사'의 지리적 위치와 주위 사찰

　백곡리 백사는 한남정맥에서 분리된 태행지맥의 일구간인 남양장성(南陽長城)의 염치고개에서 해망산 갈림길을 지나 삼부실, 성고개, 잔다리, 은장고개에 이르고 솔티고개를 지나 무안산과 다락고개를 지나 청원성이 있었던 청원초교에 이른다.

　이후 이길은 금당리도로에 들어가고 우측은 해문리, 좌측은 백곡리, 우측 금당정미소 도로를 따라 올라가고 500년 된 엄나무공원을 지나 수랫길을 따라가며 우측에는 역원이 있었던 역골이 있고 우측으로 코스코벨리 아파트가 보이는 길로 내려가면 토토원룸이 있고, 왼쪽 도로로 200M 지점에 '백사' 지가 있다.

　태행지맥 능선부근에 사지가 존재하며 이후 태행지맥은 굴고개 터널을 지나 구봉산 당성에 이르며, 당성 아래에는 당은포와 은수포가 존재하고 있었다. 이 도로가 중요한 것은 배를 타지 않고 삼국시대 유일한 당나라 교역항인 당성에 도착하려면 주위가 바닷물인 이 지역의 유일한 도로는 태행지맥으로 보기 때문이다.

　입피골(직산)내의 백사 주위의 환경은 원효의 오도처로 추정되는 백곡리 석실고분군이 아주 가까이에 존재하고 있다. 당성이 있는 구봉산과의 거리가 1.14K, 절명산 장생사는 2.25K, 청명산 홍법사가 2.5K 거리에 있다.

3) 종경록(宗鏡錄)

　『송고승전』이 작성되기 20여 년 전에 저술된 『종경록』에서 비슷한 내용이 등장하고 있었다.

　옛적 동국의 원효법사와 의상법사 두 분이 함께 스승을 찾아 당나라로 왔다가 밤이 되어 황폐한 무덤 속에서 잤다. 원효법사가 갈증으로 물 생각이 났는데 마침 그의 곁에 고여 있는 물이 있어 손으로 움켜 마셨는데 맛이 좋았다. 다음날 보니 그것은 시체가 썩은 물이었다. 그때 마음이 불편하고 그것을 토할 것 같았는데 활연히 크게 깨달았다. 그리고는 말했다. "내 듣건대, 부처님께서는 모든 세계는 오직 마음일 뿐이요, 모든 존재는 오직 인식일 뿐이라고 하셨다. 그렇기에 아름다움과 나쁜 것이 나에게 있을 뿐 진실로 물에 있지 않음을 알겠구나" 마침내 그는 고향으로 돌아가 두루 교화했다.

『종경록』 권11 "如昔有東國元曉法師 義相法師 二人同來唐國尋師 遇夜宿荒 止於塚內 其元曉法師 因渴思漿 遂於坐側 見一泓水 掬飮甚美 及至來日觀見 元是死屍之汁 當時心惡 吐之 豁然大悟 乃曰 我聞佛言 三界唯心 萬法唯識 故知美惡在我 實非水乎 遂却返故園廣弘至敎"

4) 임간록(林間錄)

『송고승전』 이후 120여년 지나 『임간록』이라는 책에도 이와 비슷한 구조의 일화가 등장하고 있다.

당대의 원효는 해동 사람이다. 처음 바다를 건너 중국에 와서 명산의 도인을 찾아 황량한 산길을 홀로 걷다가 밤이 깊어 무덤 사이에서 자게 되었다. 이때 몹시 목이 말라 굴 속에서 손으로 물을 떠 마셨는데 매우 달고 시원하였다. 그러나 새벽녘에 일어나 보니 그것은 다름 아닌 해골 속에 고인 물이었다. 몹시 메스꺼워 토해 버리려고 하다가 문득 크게 깨닫고 탄식하며 말하였다. "마음이 나면 온갖 법이 생기고, 마음이 사라지면 해골과(여래는) 둘이 아니다. 여래께서 모든 세계는 오직 마음이라 하셨는데 어찌 나를 속이는 말이겠는가?" 그리하여 스님은 바로 해동으로 돌아가 『화엄경소』를 써서 원돈교(圓頓敎)를 크게 밝혔다.

『임간록』 권1 "唐僧元曉者 海東人 初航海而至 將訪道名山 獨行荒陂 夜宿

塚間 渴甚 引手掬[8] 水于穴中 得泉甘凉 黎明視之 髑髏也 大惡之 盡欲嘔去 忽猛省 嘆曰 心生則種種法生 心滅則髑髏不二 如來大師曰 三界唯心 豈欺我 哉 遂不復求師 卽日還海東 疏華嚴經 大弘圓頓之敎"

　여기서도 종경록과 비슷한 구조의 일화임을 알 수 있다. 무덤 속에서 잠이 들었다가 밤중에 물을 맛있게 먹었는데 다음날 해골에 고여 있는 시체 썩은 물임을 알게 되고는 토할 것 같은 경험을 하면서 그때 모든 것이 '마음'에서 비롯되는 것임을 깨달았다는 것이다.

5. 불교문화재 전문위원의
원효대사 오도처(悟道處)에 대한 필수 요건과
화성시에 존재하는 유적과 지명

…(중간 생략)… 그렇다면 원효대사 오도처는 최소 **2사람이 이상이 누워서 잘 수 있는 공간이 넓은 고총**이어야 하고, 그 고총은 원효대사와 의상대사가 살았던 시기보다 이전에 조성된 것이어야 한다. 물론 고총이라고 기록하였지만 당대의 여러 정황으로 보아 오도처는 사람이 오래 전에 죽어있는 작은 동굴일 가능성도 있다. 그리고 시간이 흘러 오도처로 전해지는 곳에는 작든 크든 **암자 형태의 작은 절**이 있었던 것은 분명하다. 기본적으로 오도처는 이러한 곳이어야 한다. 또한 오도처는 **바다가 보이는**, 적어도 가까운 곳에 작든 크든 배를 타고 당나라로 나갈 수 있는 **항구가 있는** 곳이다. (○○○ 교수의 원효대사 득도처의 필수 요건)

1) 2사람 이상이 누워서 잘 수 있는 공간－백곡리 백제고분군(조사연구보고서 94-1, 정신문화연구소 화성백곡리고분)

백곡리 백제 한성기(漢城期) 대형 고분군(화성시 마도면 산 91, 산 99, 산

94-1 일원)

　남양반도(南陽半島)의 해안가 가까이에 있는 백곡리 행기실마을 뒤의 해발 90m 내외 야산 정상부 능선과 사면에 분포하고 있으며, 수원에서 서남쪽으로 약 30㎞ 떨어져 있다. 남양만 지역은 삼국시대 이래 해상 교통의 요지로 잘 알려져 있는 곳인데, 서신면 상안리에는 신라가 중국과의 해상 교통을 위한 거점으로서 중시하였다고 하는 당항성(黨項城)이 있다. 이 지역 일대는 해발 100m 내외의 야산이 발달하여 있는 곳으로서 유적의 서쪽에도 해발 250m의 야산이 해안을 병풍처럼 막아주고 있으며, 그 산 정상부에는 토성이 있다.

　이 유적은 1971년도에 마을 주민의 신고로 김원룡이 조사하여 파괴된 무덤 5기를 확인하고, 이 중 1기에서 한성기의 백제토기 4점을 수습 보고하여 처음 알려지게 되었다. 이후 1991년에 정신문화연구원(현 한국학중앙연구원)에서 다시 조사하여 봉분 흔적이 있는 것 12기를 확인하고 6기를 발굴하였는데, 이 중 4기(1 · 2 · 5 · 8호)의 조사 결과가 보고되었다. 12기 중 11기가 능선 정상부를 따라 남-북으로 분포하여 있으며, 1호분 1기만 서편으로 약간 떨어져 마을의 평지를 잘 굽어볼 수 있는 곳에 축조되어 있다.

　이 고분들은 봉토가 얕지만 일정하게 남아 있으며, 하나의 봉토에 1개씩의 돌덧널[石槨]이 축조되어 있다. 봉토의 크기는 1호분이 가장 큰 편으로서 15×10.6m 크기의 타원형에 가까운 평면을 하고 있으며 나머지는 직경 10m 내외에 원형의 평면을 하고 있다. 주로 점질토를 약간 다져 쌓았으며, 1호분의 경우 경사면 아래쪽의 잔존 높이가 3.75m에, 위쪽은 0.25m 정도 된다.

　매장주체부는 무덤구덩이를 0.6~1.0m 깊이로 굴광하고 깬돌[割石]을 이용하여 일정 높이까지 수직으로 쌓은 다음 안으로 좁혀 가면서 쌓아 천장부에 약간 큰돌을 놓아 마무리하였다. 특히 각 벽의 모서리가 서로 이어지면서 둥글게 되어 있고 괴석형의 깬돌을 사용한 것은 논산 표정리 등의 돌덧널무덤과는 다른 점으로서 이른바 '백곡리형석곽'으로 분류된다. 5호분은 2단으로 굴광한 점이 특징이며, 모두 벽의 상부 또는 천장이 봉토 중에 위치하고 있는 반지하식 구조를 하고 있다. 2호는 완전히 파괴되어 구조가 확실치 않으나, 1·5호는 구덩식 돌덧널무덤이며 8호는 동남 단벽이 무질서하게 쌓여 있어 앞트기식돌덧널무덤[橫□式石槨墓]으로 보여진다. 장축방향은 등고선과 거의 직교하는 서북—동남 방향을 하고 있다. 매장주체부의 크기는 길이, 너비, 깊이가 1호분이 3.75×1.3×1.6m, 5호분이 3.6×1.42×0.6m(잔존높이), 8호분이 2.6×1.0×1.26m인데, 이 중 5호분은 동남쪽의 단벽(1.42m)보다 서북쪽 단벽(1.23m)이 짧은 사다리꼴 평면을 하고 있다. 바닥은 자갈과 점토를 다진 다음 그 위에 얇은 편평석을 놓아 널받침[棺臺]과 같은 시설을 만들었다. 내부에 널이나 덧널의 흔적은 남아 있지 않으나, 5호분에서는 14~17㎝ 길이의 긴 널못[棺釘]이 출토되어 나무덧널을 사용하였을 가능성도 있다. 두향(頭向)을 직접 알 수 있는 자료는 거의 없다. 다만 5호분의 나무자루큰칼[木柄大刀], 쇠투겁창[鐵矛]의 위치와 8호분 출토 옥의 위치로 보아 주로 머리를 경사면 위쪽인 서북향으로 놓았던 것으로 보인다.

이 유적은 비록 전체가 조사되지는 않았지만, 유물로 보아 대략 4세기 중·후반~5세기 초 무렵에 걸쳐 조영된 것으로 생각되며 봉토 규모와 껴묻거리 등에서 남양반도 지역의 중심 고분군 가운데 하나로 보아 무리가 없다.

그런데 이 고분군은 한성기 백제토기문화가 직접적으로 반영되고 있으면서, 실용적인 철제 무기와 마구를 위주로 부장되어 있는 점이 주목된다. 이로 보아 백곡리 집단은 한성 백제의 중앙과 긴밀하게 연계되어 있으면서, 서해안의 해상 교통 요지를 장악하고 있던 지역 집단의 실상을 보여주는 것으로 생각된다. 한편 마구류는 기승문화가 이 무렵 백제 지역에 확산된 양상을 잘 보여주고 있다.

白谷里 8號古墳 石室 內壁 築造狀態(西에서)
백곡리 8호고분 석실 내벽 축조상태
자료출처: 화성백곡리고분조사연구보고서 94-1, 정신문화연구소

2) 오도처 근처의 작은 절 – 백곡리 백사(白寺), 장생사
화성백곡리사지와 백사의 지리적 위치(화성시 마도면 백곡리 산 104 일원)

유적현황: 백곡리 유적이 위치한 능선에 접하여 있다. 특별히 백제시대, 통일신라시대, 고려시대 건물지의 징후가 강하게 나타났으며 특히 명문의 존재를 통해 이곳에 '白寺' 라고 하는 사역이 있었음을 알 수 있어 '백곡리 사지' 로 명명하였다.

면적은 그리 넓지 않지만 전체적으로 3단 정도의 단차를 주고 장방형의 범위 안에 사역이 조성된 것으로 보인다. 남쪽 부분에 건축부재로 보이는 돌들과 함께 다량의 기와가 쌓여 있는데, 이중에는 완형의 토수기와도 섞여 있다. 어떤 기와에는 '白寺', '白寺下家' 라고 양각된 것도 있다. 등면의 기와 문양은 주로 수지문계열이 많은데, 일부 선조문과 집사선문도 보인다. 기와 외에도 다량의 토기편이 보이는데, 연질과 경질이 섞여 있다.

연질토기는 외면에 꺾은 파상문이 시문된 직구호류의 동체편과 세격자타 날문이 시문된 호의 구연부편 등 주로 통일신라기 토기들이 많다. 이외에도 다량의 백제토기편이 채집되고 있다. 채집된 유물들이 대부분 고급품들임을 감안할 때 상당히 중요한 사역이 있었던 것으로 보이지만 관련 문헌기록이 전무한 실정이다. 경작과정에서 이미 일부가 훼손되었다.

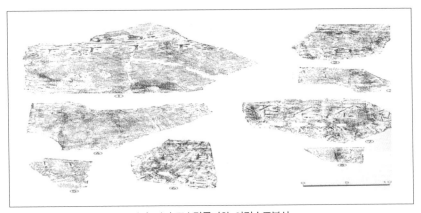

白寺. 白寺下家명문기와. 안면소조불상

장생사(화성시 마도면 백곡리 451-1)

보물 1698호인 장생사 범종(고려 선종 3년 1086년)이 전남 여천에서 발견되었으나, 동국여지승람 9권에 장생사는 경기도 남양(장생사범종은 현재 국립광주박물관에 소장되어 있다) 소재의 절명산에 있다고 기록되어 있다. 현재 장생사는 없어진 화성의 사찰로 터만 남아 있으며, 장생사범종에 대한 학술적 가치를 좀더 연구해야 할 과제이다.

보물 1698호인 장생사 범종(국립 광주박물관 소장)

'백곡리고분', '백사', '장생사'의 지리적 위치

백곡리 백사지(白寺址)—화성시 마도면 백곡리 산 104

백곡리에 산재한 유적 지도

백곡리 백사는 한남정맥에서 분리된 태행지맥의 일구간인 남양의 염치고 개에서 해망산 갈림길을 지나 삼부실, 성고개, 잔다리, 은장고개에 이르고 솔티고개를 지나 무안산과 다락고개를 지나 청원성이 있었던 청원초교에 이른다.

이후 이 길은 금당리도로에 들어가고 우측은 해문리, 좌측은 백곡리, 우측 금당정미소 도로를 따라 올라가고 500년 된 엄나무공원을 지나 수랫길을 따라가며 우측에는 역원이 있었던 역골이 있고, 우측으로 코스코벨리 아파트

백사지 출토 '白寺' 자 명문기와(I형)

백사지 출토 '白寺' 자 명문기와(II형)

백사지 출토 '下家' 자 명문기와(III형)

백사지 출토 '白下' 자 명문기와(IV형)

가 보이는 길로 내려가면 토토원룸이 있고, 왼쪽 도로로 200M 지점에 '백사' 지가 있다.

태행지맥 능선부근에 백사지(白寺地)가 존재하며 이후 태행지맥은 굴고개 터널을 지나 구봉산 당성에 이른다.

다시 태행지맥은 구봉산 갈림봉－127m봉－칠곡리도로－86m봉－60m봉－아지미고개(306번도로)－70m봉－중송리 2차선도로－57m봉－각골마을앞 2차선도로－77m봉－마산리4거리 306번도로－장문마을도로－23m봉－50m봉－삼봉산(105.5m)－2차선도로－승학산(111m)－자화2리 2차선도로－와룡산(108m)－남경두토성에 이른다.

이 도로가 중요한 것은 배를 타지 않고 삼국시대 유일한 당나라 교역항인 당성에 도착하려면 주위가 바닷물인 이 지역의 유일한 도로는 태행지맥으로 보기 때문이다.

3) 가까운 거리에 바다와 포구―당주(당성)의 당은포, 은수포 존재

*BTN불교TV 화엄의꽃 부석사 의상, 원효 편 캡처

　입퍼골(직산)내의 백사 주위의 환경은 원효의 오도처로 추정되는 백곡리 석실고분군이 아주 가까이에 존재하고 있다. 당성이 있는 구봉산과의 거리가 1.14K, 절명산 장생사는 2.25K, 청명산 홍법사가 2.5K 거리에 있다.

원효성사 관련사찰 답사 (2021.6.19~2023.2.15.)

　화성지역학연구소 위원들은 2021년 6월 19일 경기도 동두천 소요산 소재의 자재암 답사를 시작하여 2022년 10월 15일 강원도 인제군 북면 용대리소재의 봉정암 답사로 마무리하였다가 2023년 2월 15일 인천 용궁사 답사를마지막으로 108곳의 원효성사 관련 사찰의 답사를 완료하였다.

　1년 3개월간의 일정으로 답사한 사찰을 간략히 정리하여 소개하면서 『네이버 지식백과』(2009 문화원형백과 원효대사 스토리뱅크, 문화원형 디지털콘텐츠) 『전통사찰총서』 『삼국유사』 『삼국사기』 『송고승전』 등의 원효 관련 서적을 참고하였음도 밝혀둔다.

강원도

• 계조암 _ 강원도 속초시 설악동 170

　계조암(繼祖庵)은 강원도 속초시 설악동에 있는 신흥사의 산내 암자로 신라 때인 652년(진덕여왕 6) 자장율사(慈藏律師)가 창건하였다. 자장율사는이곳의 석굴에 머물면서 652년 향성사(香城寺: 현 신흥사)와 능인암(能仁庵:

현 내원암)을 창건하였는데, 계조암은 신흥사에서 2.3km 북쪽에 있는 설악산 줄기인 천후산밑에 있는 암자로서 신흥사의전신인 향성사를 창립할 때 함께 세워졌다. 동산(東山), 각지(覺知), 봉정(鳳頂)에 이어 원효,의상(義湘) 등 조사(祖師)의 칭

호를 얻을 만한 수많은 승려가 계속해서 수도하던 도량이라 하여 계조암(繼祖庵)이라는 이름이 붙었다.

창건 이후의 역사는 자세히 알 수 없지만, 『신흥사사적기(新興寺事蹟記)』에 다음과 같은 기록이 있다. 조선시대인 1890년(고종 27) 응화(應化)가 삼성각을 세웠으며, 1908년 동암(東庵)이 단청을 하고, 동고가 후불탱화를 조성하였다. 현존하는 당우로는 법당인 석굴과 삼성각, 요사채 등이 있다.

석굴 안에 봉안된 아미타불과 삼성각에 모신 나반존자상은 특히 영험이 큰 것으로 알려져 있어 예로부터 기도객들의 발길이 끊이지 않는다. 석굴 앞에는 문 역할을 하는 쌍룡바위가 있고, 석굴 뒤쪽에는 100여 명이 함께 식사를 할 수 있는 반석이 있어 '식당암(食堂岩)' 이라 부른다. 식당암 머리 부분에는 흔들바위라는 이름으로 널리 알려진 우각석(牛角石)이 있다. 우각석은 원래 두 개였는데, 한 풍수지리가가 불가(佛家)의 영기(靈氣)가 넘쳐 흐름을 시기하여 한 개를 굴려 떨어뜨렸다고 한다.

이 석굴은 목탁바위라 불리는 바위에 자리잡고 있어서 다른 절에서 10년 걸릴 공부도 5년이면 끝낼 수 있다는 이야기가 전해져 내려온다. 이 암자는 처음부터 굴법당으로 창건되었으며, 바위면을 안으로 깎아서 만들었다. 옹기종기 모여 있는 바위 중에서 제일 둥글게 보이는 목탁바위로 현재 이 석굴 암자는 '계조암 극락전' 으로 사용되고 있다.

신흥사로부터 울산바위로 올라가다 보면 설악산 흔들바위가 나오는데 그 옆에 계조암(繼祖庵)이 자리한다. 신라시대에 원효대사가 잠시 수행했다는 이야기가 전해 오지만 원효대사와 관련된 유물은 남아 있지 않다.

• **봉정암** _ 강원도 인제군 북면 용대2리 690(적멸보궁)

봉정암은 제3교구 신흥사의 말사인 백담사의 부속암자이다. 대표적 불교 성지인 오대적멸보궁(五大寂滅寶宮) 가운데 하나로 불교도들의 순례지로서 유명하다. 대청봉 산마루 가까이에 있는데, 해발고도 1,244m 지점에 있어 백담사와 오세암을 거쳐 봉정암에 이르기 위한 산행은 매우 힘겹다. 봉황이 알을 품은 듯한 형국의 산세에 정좌하고 있는 봉정암은 거대한 바위를 중심으로 가섭봉·아난봉·기린봉·할미봉·독성봉·나한봉·산신봉이 감싸고 있다.

현존하는 전당은 법당과 요사뿐이다. 법당 옆 바위 위에는 강원도유형문화재 제31호로 지정된 봉정암 석가사리탑이 있다. 고려시대 양식을 따른 이 오층석탑은 부처의 뇌사리를 봉안하였다고 하여 '불뇌보탑'이라고도 부른다. 다른 사찰의 여느 탑과 달리 기단부가 없고 자연암석을 기단부로 삼아 그 위에 바로 오층의 몸체를 얹었다. 이 자연암석에 연꽃이 조각되어 있는데, 1면에 4엽씩 16엽이 탑을 포개고 있어 부처가 정좌하고 있음을 상징적으로 나타낸다. 맨 위에는 연꽃인 듯한 원뿔형 보주가 높이 솟아 있다.

643년(신라 선덕여왕 12) 자장(慈藏)율사가 중국 당(唐)나라에서 가져온 부처의 진신사리와 금란가사를 봉안하여 창건하였다. 원효·보조 등 여러 고승들이 이곳에서 수도하였으며 677년(문무왕 17) 원효가, 1188년(고려 명

종 18) 지눌이 중건한 것을 비롯하여 6.25한국전쟁 이전까지 7차례에 걸쳐 중건하였다. 6.25전쟁 때 화재로 자칫하면 명맥이 끊어질 뻔하였다.

• 낙산사 _ 강원도 양양군 강현면 전진리 555 오봉산

낙산사(洛山寺)는 강원도 양양군 오봉산(五峯山)에 있는 통일신라시대의 사찰로 1971년 12월 16일 강원도유형문화재 제35호로 지정되었다.

낙산사라는 사찰명은 관음보살이 상주하는 곳으로 알려진 보타낙가산(補陀洛迦山)에서 유래된 것이다. 의상대사(義湘大師)가 관세음보살을 친견하고 동해에 명산인 오봉산에 671년(신라 문무왕 11)에 창건한 사찰이다.

창건설화의 내용을 보면 의상대사가 관음보살을 만나기 위하여 낙산사 동쪽 벼랑에서 27일 동안 기도를 올렸으나 뜻을 이루지 못하여 바다에 투신하려 하였다. 이때 바닷가 굴속에서 희미하게 관음보살이 나타나 여의주와 수정염주(水晶念珠)를 건네주면서, "나의 전신(前身)은 볼 수 없으나 산 위로 수백 걸음 올라가면 두 그루의 대나무가 있을 터이니 그곳으로 가 보라"는 말을 남기고 사라졌는데 그곳이 바로 지금의 원통보전의 자리라고 한다. 858년(헌안왕 2) 범일(梵日)이 중건(重建)한 이후 몇 차례 다시 세웠으나 6.25한국전쟁으로 소실되었다가 1953년에 다시 지어졌다. 3대 관음기도도량 가운데 하나이며, 관동팔경(關東八景)의 하나로 유명하다.

경내에는 조선 세조(世祖) 때 다시 세운 7층석탑을 비롯하여 원통보전(圓通寶殿)과 그것을 에워싸고 있는 담장 및 홍예문(虹霓門) 등이 남아 있다. 원통보전 내부에 안치되어 있는 관세음보살상은 6.25한국전쟁으로 폐허가

된 도량을 복구한 후 이곳으로부터 약 8km 떨어진 설악산 관모봉 영혈사(靈穴寺)에서 옮겨왔다고 한다. 제작 시기는 12세기 초로 추측되는데, 고려시대 문화의 극성기 양식을 나타낸 매우 아름다운 관음상이다.

부속건물로 의상대(義湘臺), 홍련암(紅蓮庵) 등이 있고 이 일대가 사적 제495호로 지정되어 있다. 낙산사에서 소유 및 관리하고 있다. 낙산사는 그 외에도 부처님 진신사리가 출현한 공중사리탑, 보물로 지정된 건칠관음보살좌상, 그리고 동양 최대의 해수관음상, 칠관음과 1500관음을 모신 보타전, 해수관음공중사리비, 의상기념관 등 숱한 성보문화재를 갖추고 있다.

의상기념관에는 의상대사의 진영과 일대기를 재현한 8폭의 불화와 그의 저술의 핵심인 '화엄일승법계도'와 백화도량 발원문을 담은 10폭의 병풍과 각종 서적과 논문을 전시하여 의상대사를 좀 더 가까이 이해할 수 있도록 하였다. 2005년 식목일에 일어난 산불로 낙산사 동종과 원통보전 등 대부분의 전각이 소실되었으나 건칠관세음보살과 후불탱화, 전국제일 기도도량 홍련암은 무사하였다. 국립문화재연구소가 발굴작업에 착수, 각 시대별(통일신라, 고려, 조선) 토기, 청자, 백자, 기와, 철편, 상평통보 등 유물이 다량 출토되었고, 공중사리탑에서 부처님 진신사리 1과, 사리합, 보자기 등 총 39점의 국보급 유물이 발견되었다. 현재 민·관 등의 협조를 통해 새롭게 복원되었다.

• 홍련암 _ 강원도 양양군 강현면 전진리 낙산

홍련암(紅蓮庵)은 낙산사 부속암자로 1984년 6월 2일 강원도문화재자료 제36호로 지정되었다. 676년(신라 문무왕 16) 한국 화엄종의 개조인 의상

(義湘)이 창건하였으며, 관음굴(觀音窟)이라고도 한다.

그 유래와 관련된 다음과 같은 설화가 전해 온다.

신라 문무왕 12년 의상대사가 입산을 하는 도중에 돌다리 위에서 색깔이 파란 이상한 새를 보고 이를 쫓아갔다. 그러자 새는 석굴 속으로 들어가 자취를 감추고 보이지 않았다. 의상대사는 더욱 이상하게 여기고 석굴 앞바다 가운데 있는 바위 위에 나체로 정좌하여 지성으로 기도를 드렸다. 그렇게 7일 7야를 보내자 깊은 바다 속에서 홍련(붉은 빛깔의 연꽃)이 솟아오르고 그 속에서 관음보살이 나타났다. 의상대사가 마음속에 품고 있던 소원을 기원하니 만사가 뜻대로 성취되어 무상대도를 얻었으므로 이곳에 홍련암이라는 이름의 암자를 지었다고 한다.

낙산사 해수관음공중사리탑 비명에 1619년(광해군 12)에 중건했다는 기록이 있으나 지금의 법당은 1869년(고종 6)에 중건된 것이다. 전설에서 새가 들어갔다는 석굴 위에 건립되어 '보타굴(寶陀窟)' 이라는 현판이 걸려 있으며, 법당 안에는 높이 52.5㎝의 조그만 관음보살좌상(觀音菩薩坐像)을 모셔 놓고 있다. 그밖에 제작연대가 불기(佛紀) 2984년 유(酉) 2월 23일로 되어 있는 탱화(幀畵) 등 6점이 있다. 이들은 모두 근대에 제작된 것들이다.

법당 입구에는 최근에 조성한 석등(石燈)이 좌우로 2기가 있고, 홍련암 입구에 요사(寮舍) 1동과 관음보살입상이 있다. 이 관음보살입상의 감로병 물줄기는 원효대사가 영혈사 영천에

서 이곳으로 물줄기를 끌어 온 것이라고 한다. 그런데 그 옆에 낙산사 홍련암 감로수 안내 비석과 함께 작은 샘이 있는데, 그 내용을 보면 "『삼국유사』에 보면 신라의 원효대사가 낙산사를 참배하기 위해 오다가 보니 흰 옷을 입은 여인이 논에

서 벼를 베고 있었는데 대사가 그 벼를 달라고 하자 여인은 벼가 익지 않았
다고 대답했다. 대사가 다시 길을 가다가 이번에는 냇가에서 생리대를 빨고
있는 한 여인을 만나 물을 청했는데 여인은 빨래를 빨던 더러운 물을 떠주
었다. 원효대사가 그 물을 버리자 이때 소나무 위에서 파랑새 한 마리가 '제
호(醍醐: 분별을 벗어난 최고의 진리)를 마다한 스님은 가지 마십시오' 하
고는 숨어버렸다. 원효대사가 돌아보니 그 여인은 없어지고 짚신 한 짝이
관음상 앞에 있었다. 비로소 원효대사는 앞에서 만났던 그 여인이 관음보살
의 진신임을 깨달았다"고 한다.

이와 같은 기록을 보고 그 우물을 오봉산 정상 너머에서 찾아내어 우성건
설 최승진 거사의 시주를 받아 이 자리와 낙산사 원통보전 앞에 흘러넘치게
하였다.(1994년 12월, 조각 김광열 글, 글씨 도선)라고 되어 있어 빨래하던
우물터의 물을 감로수로 보고 있다.

홍련암은 깎아지른 듯한 절벽 위에 세운 대표적인 관음성지로 참배객들
의 발길이 끊이지 않고 있다.

· **영혈사** _ 강원도 양양군 양양읍 회일리 323 설악산
영혈사(靈穴寺)는 강원도 양양군 양양읍 화일리 323 설악산(雪嶽山)에 위
치한 신흥사의 말사로, 689년(신라 신문왕 9) 원효대사가 창건하였다. 원효
대사는 687년 설악산에 일출암(日出庵)을 세웠으며, 2년 후 청련암(青蓮庵)

과 함께 이 절을 세웠다고 전한다.
그러나 원효대사는 686년에 입적하
였으므로 절을 세운 뒤 창건주로 모
신 것으로 추정된다. 원효대사가 입
적했다고 하는 혈사(穴寺)를 사찰
측에서는 영혈사라고 말하고 있다.
이 절에는 특히 약수가 유명해서 이

에 얽힌 설화가 전한다.

원효대사가 이 절을 창건하고 의상(義湘)이 머물고 있는 낙산사 홍련암을 방문하였다. 그곳에 물이 매우 귀한 것을 보고 지팡이로 영혈사의 샘물 줄기 중 일부를 낙산사 쪽으로 돌렸다. 이후 영혈사 샘물의 양이 3분의 1로 줄었고 낙산사에는 물이 풍부해졌다고 한다.

영혈사는 1688년(조선 숙종 14) 불에 탄 것을 1690년 취원(聚遠)이 중건했는데, 이 때 법당 서쪽에 영천(靈泉)이 있어서 절 이름을 영천사(靈泉寺)로 바꾸었다. 1716년 학천(鶴天)이 학소암(鶴巢庵)을 세우고, 1764년에는 묘각(妙覺)이 백학암(白鶴庵)을 세운 뒤 전성기를 맞았다. 1887년(고종 24) 지화(知和)와 도윤(道允)이 중수하고 절 이름을 본래의 이름인 영혈사로 바꾸었으며, 1900년 김우경(金禹卿)이 산신각을 중수하고, 1903년 보훈(普訓)이 칠성계(七星契)를 조직하여 사세를 확장하였다. 6.25한국전쟁을 치렀지만 전각들의 손실 없이 오늘에 이른다.

건물로는 극락보전과 관음전·지장전·산신각·칠성각·요사 등이 있다. 이 중 극락보전은 정면 3칸, 측면 3칸의 팔작지붕 건물로 내부에 관세음보살좌상이 모셔져 있다. 이 보살상은 1950년 이후에 새로 만든 것이고 본래 있던 것은 현재 낙산사 원통보전 내에 있다. 보살상 뒤로는 조선 후기에 조성된 극락회상도와 1958년에 제작된 신중탱화·칠성탱화가 걸려 있으며, 원효성사 진영이 봉안되어 있다.

지장전은 6.25전쟁 때 설악산지구 전투에서 숨겨간 호국영령들의 위패를 모셔 둔 건물이다. 해마다 석가탄신일에 인근 부대의 국군들이 참여하여 호국영령 천도재를 연다. 칠성각에는 원효대사와 의상스님이 무덤 속에 있는 장면과 원효대사가 해골을 들고 있는 내용의 벽화가 있다. 유물로는 조선후기에 세워진 부도 3기가 전한다. 사찰 앞에 관음연못지가 있으며, 이곳은 모두 근래에 사찰을 정비하였다. 영혈사 들어가는 입구에 '통일기원일붕선시비(統一祈願一鵬禪詩碑)'가 세워져 있고, 원통전의 주련은 홍련암 주련과 같다. 원효대사가 이 곳의 물길을 돌려 낙산사 홍련암에 보냈던 인연인가 싶다. 관세음보살을 찬탄하는 주련에 내용은 다음과 같다.

白衣觀音無說說　백의관음은 말없이 설법하시네
南巡童子不聞聞　남순동자는 들은 바 없이 듣노라
瓶上綠陽三際夏　감로수 병에 푸른 버들 삼세(과거, 현재, 미래)의 여름이요
巖前翠竹十方春　바위 앞 대나무 시방세계의 봄이로다.

• 수타사 _ 강원도 홍천군 동면 덕치리 9 공작산

수타사(壽陀寺)는 강원도 홍천군 동면(東面) 덕치리 공작산(孔雀山)에 있는 사찰로 조계종 제4교구 본사인 월정사의 말사이다. 신라 성덕왕 7년인 708년에 원효대사가 창건하였는데, 당시 이름은 일월사(日月寺)였고 위치도 지금보다 조금 떨어져 있는 우적산(牛跡山) 아래였다고 한다. 그런데 원효스님은 686년에 입적하였으므로, 창건자 또는 창건연대 중 한 가지는 잘못 전해졌을 가능성이 있다.

창건 이후 영서지방의 명찰로 손꼽혀 왔던 수타사는 조선시대 중기에 새로운 전기를 맞았다. 1568년(선조 2) 확실한 이유는 제대로 알 수 없지만 절 전체를 우적산에서 지금의 공작산으로 옮긴 것이다. 새로 옮긴 곳은 풍수이론으로 말할 때 공작포란지지(孔雀抱卵之地)라는 명당으로, 주위는 동용공작(東聳孔雀)·서치우적(西馳牛迹)·남횡비룡(南橫飛龍)·북류용담(北流龍潭)으로 표현되는 자리다. 그리고 절 이름도 일월사에서 수타사(水墮寺)로 바꾸었다.

그러나 1592년에 일어난 임진왜란으로 완전히 불타 버렸고, 40여 년 동안 폐허로 남아 있었다. 그러다가 1636년(인조 14) 공잠(工岑) 스님이 중창을 시작하여 법당을 다시 지었다. 그리고 그 뒤를 이어 1644년 학준(學俊) 스님이 선당(禪堂)을 지었으며, 1650년(효종 1) 도전(道佺) 스님이 정문(正門)을 세웠으며, 1658년 승해(勝海)·정명(正明) 스님이 흥회루(興懷樓)를 지음으

로써 지금과 같은 모습을 갖추게 되었다.

1670년(현종 11)에는 정지(正持)·정상(正尙)·천읍(天揖)이 대종(大鐘)을 주조하여 봉안하였고, 1674년에는 법륜(法倫)이 천왕문인 봉황문(鳳凰門)을 세웠으며, 1676년(숙종 2)에 여담(汝湛)이 사천왕상을 조성하였다. 그 뒤로도 1683년까지 불사가 계속되어 청련당(靑蓮堂)·향적전(香積殿)·백련당(白蓮堂)·송월당(送月堂) 등의 당우들도 차례로 중건되어 옛 모습이 재현되었다.

현재의 이름인 '수타사(壽陀寺)'로 바꾼 것은 1811년(순조 11)의 일로서, '수타(水墮)'라는 이름이 좋지 못하다고 하여 아미타불의 무량한 수명을 상징하는 이름으로 바꾸었다고 한다. 그 뒤 1861년(철종 12) 윤치(潤治) 스님이 중수하였으며, 1878년(고종 15)에는 동선당(東禪堂), 곧 지금의 심우산방을 다시 세우고 칠성각도 새로 지었다.

최근에 와서는 1976년 심우산방을 중수하였고, 1977년 삼성각을 새로 지었으며, 1992년 관음전을 새로 지어 오늘에 이른다. 현존하는 건물로는 대적광전(大寂光殿)을 비롯하여 삼성각·봉황문·홍회루·심우산방·요사채 등이 있다. 이 가운데 대적광전(강원유형문화재 17)은 수타사의 중심 법당으로 내부 장식이 정교하고 아름답다.

심우산방 옆에는 강원도 보호수 제166호로 지정된 수령 5백년의 주목(朱木) 한 그루가 있다. 이 주목은 1568년에 사찰 이전을 관장하던 노스님이 짚고 다니던 지팡이를 땅에 꽂은 것이 자라난 것이라고 하며, 나무에 스님의 얼이 깃들어 있어 귀신이나 잡귀로부터 수타사를 지킨다는 설화가 있다. 주요유물로는 보물 제745호로 지정된 『월인석보－月印釋譜』와 고려 후기에 조성된 삼층석탑(강원문화재자료 11), 홍우당부도(紅藕堂浮屠; 강원문화재

자료 15) 등이 있다. 삼층석탑은 수타사 100m 근방에 있는데, 창건 당시인 일월사(日月寺) 때에 조성된 것으로 일층은 탑신부 옥개석은 모두 남아 있으나 이층과 삼층의 탑신부는 소실되어 옥개석만 남아 있다.

• 봉복사 _ 강원도 횡성군 청일면 신대리 덕고산

봉복사(鳳腹寺)는 강원도 횡성군 청일면 신대리 138번지 덕고산(현재 태기산)에 위치한 월정사의 말사로, 횡성군에 있는 현존 사찰 중에서 가장 역사가 오래되고 유서가 깊은 사찰이다. 현지 사찰 안내에는 647년(신라 선덕여왕 16년)에 자장율사가 덕고산(德高山) 신대리에 창건하고 삼상(三像)을 조성하여 봉안한 뒤에 오층석탑을 조성하고 봉복사(鳳腹寺)라 하였다. 652년(진덕여왕 6년)에 낙수대(落水臺), 천진암(天眞庵) 등의 암자를 지었고, 669년(문무왕 9년)에 화재로 소실된 것을 671년(문무왕 11년)에 원효대사가 중건하고, 이때 사찰의 이름은 봉복사(奉福寺)였다. 1034년(고려 덕종 3년)에는 도솔암(兜率庵), 낙수암(落水庵)이 소실되었으나 이후 1747년(조선 영조 23년)에 서곡선사(瑞谷禪師)가 중건하였다.

이 절에서 30m쯤 떨어진 곳에 삼층석탑이 있는데, 본래 자장이 그곳에 절을 세우려고 했으나 밤마다 마귀들이 목재를 훔쳐가서 현재의 위치로 옮겨 절을 세웠다고 한다. 또 석탑이 있는 곳이 본래의 절터였으나 669년(문무왕 9) 불이 나자 671년 원효대사가 현재의 위치로 옮겼다고도 한다. 원효대사

도 처음에는 석탑 근처에 절을 중창하려 하였으나 마귀들이 방해하여 절을 옮겼다고 전한다.

한때는 승려가 100명이 넘었으며 낙수대 · 천진암 · 반야암 · 해운암 등 산내 암자만도 9개나 되었다. 구한말에는 의병들이 머물면서 일본

군과 싸우던 곳이기도 하다. 1901년 화재로 다시금 손실된 것을 1907년 취운(翠雲)이 중건하여 봉복사(鳳腹寺)로 바꾸었다. 그런데 『동국여지승람』을 비롯하여 『범우고(梵宇攷)』, 『가람고(伽藍考)』 등에 한결같이 '봉복사(奉福寺)'로 표기되어 있어 이때의 중창이전, 적어도 조선시대에는 절 이름이 '봉복사(奉福寺)'였음을 알 수 있다. 1950년 6.25한국전쟁 때 다시 불에 탄 것을 중창하여 오늘에 이른다.

이 사찰의 대웅전은 2008년에 중창하였으며, 정면 3칸 측면 3칸으로 석가모니불, 관음, 지장보살을 모시고 있다. 그 좌측에 삼성각과 요사채가 있으며, 모두 근래에 중창한 것이다. 입구에 국사당이 있고, 유물로는 자장이 세운 삼층석탑이 있으며, 이 탑은 현재 강원도 유형문화재 제60호로 지정되었다. 총 높이는 5m이다. 신라 석탑의 양식을 이어받았으나 지붕돌받침이 5단과 4단으로 일정하지 않다. 하층 기단과 기초부에 까는 받침돌인 지대석은 같은 돌이며, 상층 기단 면석에 버팀기둥이 없는 점 등을 종합하여 볼 때, 고려 중기의 석탑으로 추정된다. 석탑 남쪽으로는 축대가 있고 주변에는 많은 기와 조각이 흩어져 있어서, 탑 주변이 봉복사 터였을 것으로 추정한다. 현재 삼층석탑은 '우리마을쉼터' 안쪽으로 들어가면 인삼밭 내에 있어 관리가 부실하다.

그 밖에 사찰 입구의 부도군에는 7기의 부도와 비석 1기가 놓여 있는데, 모두 조선 후기의 부도이다. 이 중 서곡당의 부도는 홍천군 수타사에도 있어서 당시 이 지역의 불교 교류에 대한 자료로 중요성을 가지고 있다.

서울시

• 학림사 _ 서울특별시 노원구 상계1동 산 1번지 수락산

학림사(鶴林寺)는 신라 문무왕 때인 671년에 원효대사가 창건하고, 고려 공민왕 때 나옹(懶翁, 1320~1376) 화상이 중창하여 기도와 수행처로 그 혜

명(慧命)을 이어오다가 조선 선조 때인 1597년 정유병화로 소실된 것을 인조 때인 1624년에 무공(無空) 화상이 중수하였다.

1780년(정조 4년) 최백(催伯)과 궤징(軌澄) 스님, 1830년(순조 30년)에는 주담화상, 1880년(고종 17년)에는 영상(營想), 경선(經敾) 스님이 중수하였다. 1918년에는 금운(錦雲) 화상이 중건하였고, 이후 6.25한국전쟁으로 피폐된 사찰을 도원(道元), 덕오(德悟) 두 스님이 중창하여 현재에 이르고 있다.

학림사는 서울 수락산(水落山) 남쪽 도솔봉에서 귀임봉으로 이어지는 7부 능선에 있다. 경내는 오랜 역사를 대변하듯 심장부의 보호수인 노송(老松)을 중심으로 고목의 느티나무 숲이 에워싸고 있고, 정면으로 보이는 맞은편 불암산은 부처님이 누워계신 형상을 하고 있다. 도량의 좌측으로는 계곡의 물이 청량하고, 경내지는 학이 알을 품은 듯이 아늑하고 편안하다. 이를 학포지란(鶴抱之卵)의 지세라고 하는데 학림사(鶴林寺)라는 사찰 명칭도 여기서 유래되었다.

석조약사여래좌상이 있는 약사전은 경내지 밖에 나지막한 담장에 둘러싸여 있다. 약사전을 지나 사찰입구에는 곧게 뻗은 백여 개의 계단과 해탈문이 있는데, 여기에선 보현, 문수동자상이 내방객을 맞이한다. 청학루를 지나면 대웅전이 있고, 오백나한전과 선불장(승방)이 있다. 대웅전 뒤로는 석조미륵입상과 삼성각이 있다. 석탑2기와 석등 외에도 상궁부도 2기가 있어, 조선왕조의 자복사찰(資福寺刹)이었음을 짐작케 한다.

• 삼천사 _ 서울특별시 은평구 진관외동 산 34번지

북한산의 비로봉과 노적봉을 병풍처럼 뒤에 두르고 응봉능선과 의상능선 아래로 흐르는 삼천사 계곡에 위치해 있는 삼천사는 661년(문무왕 1) 원효(元曉)대사가 창건하였다. 『동국여지승람』과 『북한지(北漢誌)』에 따르면 3,000여 명이 수도할 정도로 번창했고, 사찰 이름도 이 숫자에서 유래한 것이라 한다. 임진왜란 때는 승병들의 집결지로 활용되기도 하였다. 임진왜란 중에 소실되었으나 뒷날 이 절의 암자가 있던 마애여래 길상터에 진영화상이 중창하였다. 1970년대 현재의 주지 평산 성운화상이 부임하여 30여 년의 중흥 불사를 통해 대웅보전, 산령각, 천태각, 연수원 등의 전각과 종형사리탑, 관음보살상, 5층 석탑 등을 조성하였다.

1994년에는 사회복지법인 인덕원을 설립하여 노인복지와 어린이보육 그리고 지역복지에 힘쓰고 있는 서울 은평구의 대표사찰이다. 삼천사 마애여래입상(보물 제657호)은 삼천사 경내 대웅전의 위쪽으로 30m 지점 계곡의 병풍바위에 새겨져 있다. 불상의 어깨 좌우에 큰 사각형의 구멍이 있는 것으로 보아 마애불 앞에 목조가구가 있었던 것으로 보인다. 통일신라시대 양식의 불상으로 전체 높이는 3.02m, 불상 높이는 2.6m에 달한다. 얼굴과 윗몸은 돋을새김을 하였으나 하반신과 광배 그리고 대좌는 볼록한 선새김으로 마치 강한 선묘화(線描畵) 같은 느낌을 준다. 종형사리탑은 가로 3.1m, 세로 3.1m의 4각 대석 위에 놓여 있다.

무진년 4월, 평산 성운화상이 미얀마를 성지순례할 때 마하시사사나 사원에서 아판디타 대승정(大僧正)으로부터 전수받은 부처님 사리 3

과를 88올림픽의 성공 기원을 담아 종 모양의 돌탑[石鐘塔] 속에 봉안하였다. 대웅보전 위쪽 계단을 오르면 마애불전 앞에 위치해 있다.

사찰에서 2km 위쪽에 위치한 옛 삼천사 터에는 대형 석조(石槽)와 동종(銅鐘), 연화대좌(蓮花臺座), 석탑기단석(石塔基壇石), 석종형부도(石鐘形浮屠), 대지국사(大智國師) 법경(法鏡)의 비명(碑銘)이 남아 있는데, 그 중 동종은 보물로 지정받아 현재 국립박물관에 전시되어 있다.

경기도

• 원효사 _ 경기도 의정부 호원동 산 92번지

경기도 의정부 호원동의 원효사(元曉寺)는 봉선사 말사로 도봉산과 사패산 중간의 회룡능선에 위치하고 있다. 맑은 계곡과 함께 도봉산의 여러 암봉들이 마치 병풍처럼 감싸 안고 있는 곳이다. 선덕여왕 때(632~647년)에 원효대사가 이곳의 석굴에서 수행하였다고 전한다. 원효대사가 수행하였던 석굴은 현재 나한전에 해당한다.

『봉선사본말사약지』에 의하면 우일스님이 경내에 있는 석굴을 발견하여 이곳에서 수행하면서 원효사를 중창하였다고 한다. 1954년 절터에서 불기(佛器)와 깨진 그릇, 수저, 기왓장, 숭령중보(崇寧重寶) 등의 유물이 출토되

었다. 숭녕중보는 송(宋) 휘종 숭녕 연간(1102~1106년)에 주조된 동전이다. 사적(寺蹟)이 남아 있지 않아 자세한 연혁은 전해지지 않는다.

1956년 이래 중창불사로 현재는 대웅전과 미륵전, 관음전, 나한전 등의 전각과 비구니 스님들의 수행처로 사용되는 '송라선원(松羅禪

院)' 이 있다. 송라선원 우측편에 원효대사 동상과 소형의 7층석탑이 세워져 있다. 원효대사 동상이 젊고 훤칠한 원효대사의 모습으로 조성되어 있다. 대웅전 우측 위에는 석굴이 있는데, 지금은 나한전으로 되어 있고, 안에 석가불상과 1954년 재개창시에 발견된 것이라는 16나한상을 봉안하였다. 그 위쪽으로 삼성각, 미륵불을 모신 석실이 있다.

• 원효암 _ 경기도 고양시 덕양구 북한동 518번지

북한산국립공원 주차장에서 또는 북한산 아래서 원효봉을 이루는 산을 올려다보면 부처님이 앉아게신 모습이 보인다. 그 위로 원효봉의 봉우리는 닷집처럼 지붕을 이루었고, 아래쪽으로 치마바위는 좌대를 형성하였다. 치마바위는 원래 원효암의 여산신의 치마였는데 이것으로 자리를 만들어 부처님께 공양하여 연화좌(蓮華座)를 이루었다고 한다. 연화좌는 불·보살이 앉는 연꽃모양의 대좌(臺座)로 연화대(蓮華臺)라고도 부른다. 연꽃은 진흙 속에 나서도 그것에 물들지 않는 덕이 있으므로, 불·보살의 앉는 자리를 가리킨다. 그 오른편 상단에 원효암이 있다.

원효암은 661년 신라의 고승 원효대사가 수행한 곳에 세운 암자이다. 1713년(숙종 39) 북한산성을 축성하고 산성 수비를 위해 승대장(僧大將) 성능(性能)에 의해 12칸(間) 규모의 암자로 중창하였다. 6.25한국전쟁 때 부분 소실된 것을 1955년 월해(月海) 스님이 중건하였다.

전각으로는 대웅전, 산신각, 승방이 전부인 조그마한 암자이다. 그러나 원효스님이 수행터로 관련 이야기가 곳곳에 배어 있다. 사찰에 들어서는 입구의 문각 옆으로 바로 대웅전이 붙어 있고, 바위능선 사이 길게 형성된 절개지를 따라 산신각

까지 길이 이어진다. 이곳은 위아래로 바위능선이 가파르게 이어지는 틈새 공간이어서 비록 낭떠러지이지만 앉아서 좌선할 만한 자리가 여럿 눈에 띈다. 대웅전 상단에는 석가모니불상 양옆으로 보현, 문수 양대 보살상이 있고, 그 양옆 기둥에는 비로자나불과 노사나불을 주련으로 써 붙여 놓았다.

대웅전 한켠에는 원효대사 진영이 있다. 화면을 구성하는 진영의 색채와 존영은 낯설지만 펴놓은 경책의 글자는 이미 텅 비어 있고, 염주를 잡고 있는 모습에는 여유로운 미소가 풍긴다. 대웅전 양옆 벽면에는 척판구중의 설화를 그린 벽화와 버드나무 가지를 꽂은 정병과 파랑새가 함께 그려진 관세음보살 벽화가 있다.

대웅전에서 산신각으로 이어지는 암벽에는 원효대사가 지팡이로 뚫었다는 약수물이 나온다. 그 물이 맑고 달다. 산신각 내부에는 바위가 있는데 원효대사가 앉아 수행하던 바위라고 한다. 그 바위벽에 여산신, 그리고 대숲의 호랑이와 소나무를 그려 놓았다. 산신은 대개 할아버지의 모습으로 그려지는데 이곳은 특이하게 여산신이 모셔져 있다.

연신내에서 송추로 이어지는 39번 국도 중간, 북한산 주차장으로 이어지는 백운길이 있고, 백운길을 지나 100여 m 직진하면 신둔2로가 나온다. 신둔2로에 진입하여 170여 m 골목으로 들어가면 2층 건물의 원효암 포교원이 나온다. 여기서 원효봉까지는 북한산성을 따라 도보로 40여 분에서 1시간 가량 산행해야 한다. 북한산성 길을 따라 원효봉으로 올라가는 8부 능선의 등산길 옆에 있다. 북한산의 주요 등반코스에서 떨어져 있고, 태고종 사찰로 아직 전통사찰에 등재되어 있지 않아 잘 알려져 있지 않다.

• **흥국사** _ 경기도 고양시 덕양구 지축동 한미산(노고산)

흥국사(興國寺)는 한미산(漢美山) 동남쪽 기슭에 자리한 조계사 말사로 661년(문무왕 원년)에 원효대사가 창건하였다.

창건설화에 보면, "원효대사가 북한산 원효암에서 수행하던 중이었다. 북서쪽에서 상서로운 기운이 일어나는 것을 보고 산을 내려와 지금의 흥국사 자리에 이르게 되었다. 이곳에서 석조 약사여래 부처님을 발견한 원효대사는 인연도량이라 생각하여 본전에 약사여래상을 모셨다. '상서로운 빛이 일어난 곳이라 앞으로 많은 성인들이 배출될 것이다' 라고 하여 절 이름을 흥성암(興聖庵)이라 하였고, 이것이 오늘의 흥국사의 창건인 것이다"고 전한다.

1929년 귀산사문 정호(龜山沙門 鼎鎬)스님이 기록한 「한미산흥국사만일회비기(漢美山興國寺萬日會碑記)」에도 원효대사와 관련된 사찰연혁이 전해 온다. 비문 내용을 통해 흥국사의 주요 연혁을 확인할 수 있다.

신라 문무왕 원년(661)에 해동 화엄초조(華嚴初祖)인 원효대사께서 양주(梁州, 지금의 경남 양산지역) 천성산(千聖山)으로부터 와서 북한산에 머물며 몇 곳의 사찰을 지었다고 한다. 북한산성 서쪽에 있는 원효대(元曉臺)가 그 첫째요, 노고산 흥서암이 그 다음이며, 약사불 석상도 또한 같은 시기에 조각한 것으로 1360년이 지난 지금도 엄연히 존재하고 있다. 암자를 절로 바꾸어 흥국(興國)이란 호를 내린 것은 조선 영조 때의 일이며, 산 이름을 한미(漢美)로 바꾼 것은 노고(老姑)의 뜻을 옮긴 것으로 별다른 뜻은 없다.

영조는 생모인 숙빈 최씨의 묘인 소녕원에 다녀오던 길에 흥국사에 들렀다가 직접 지은 시를 편액으로 하사하고, 숙빈 최씨의 원찰로 삼았다. 영조의 방문 이후 흥국사로 개칭되었으며, 산의 이름도 노고산(老姑山)에서 한미산(漢美山)으로 바

꿰었다. 그 후 왕실의 원찰(願刹)로 삼아 약사전을 중창하고 미타전을 신축하여 왕실의 안녕과 국태민안을 기원하였다.

1785년(정조 9년)에는 남북양산성(南北兩山城) 승도대장도총(僧都大獎都擽)인 법헌(法軒)스님 등이 중창하였고, 1867년(고종 4년) 화주 곽명스님이 약사전을, 1876년(고종 13년)에는 화주 설허스님이 칠성각을 중건하였으며, 1902년 나한전과 산신각을 창건하였다.

주요 문화재로는 고양군흥국사극락구품도(경기도유형문화재 제143호), 고양흥국사괘불(경기도유형문화재 제189호), 고양흥국사목조아미타여래좌상(경기도문화재자료 제104호), 흥국사약사전(경기도문화재자료 제57호), 흥국사나한전(향토문화재 제34호) 등이 있다.

흥국사는 창건 이래 많은 고승대덕의 수행처였으며, 특히 병고에 시달리는 수많은 중생들이 약사부처님의 가피를 입어 병고로부터 벗어났다 하여 지금도 참배객의 발길이 끊이지 않는 유명한 약사여래 기도처로서 자연경관이 수려하다.

• 상운사 _ 경기도 고양시 북한동 북한산

상운사(祥雲寺)는 경기도 고양시 북한동 북한산에 있는 조계사의 말사이다. 신라 때 원효대사가 삼천사(三千寺)와 함께 창건하였다고 전하고 있는데, 이 지역 일대에 전해지는 구전 자료에 의하면 원효대사가 당나라 유학

을 포기하고 다시 돌아오는 길에 북한산에서 잠시 수행을 하였다고 전한다.

조선 중기 이후 승병들이 머물렀던 절이며, 1722년(조선 경종 2) 승병장 회수(懷秀)가 중창하면서 절 이름을 노적사(露積寺)로 바꾼 것

을 1813년(순조 13) 승병장 태월(太月)과 지청(智廳)이 중건하면서 현재의 이름으로 바꾸었다. 1864년(고종 1) 긍홍(亘弘)이 극락전을 중건하고, 1898년 한암(漢庵)이 큰방을 중건하였으며, 1912년 주지 법연(法延)과 덕산(德山)이 법당을 중수하였다.

6.25한국전쟁 이후에 폐허가 된 것을 명선(明爀) 화상이 중창하였고 이후 1980년대에 법당을 중건하고 요사채를 다시 세워 오늘에 이른다. 건물로는 대웅전과 천불전·약사굴·범종각·요사채 2동이 있고, 유물로는 고려 중기에 제작된 석탑과 석등 부재가 남아 있다. 그 중 석탑은 기단부와 1층 탑신만 전한다. 절 뒤에는 원효대사가 좌선하였다는 바위가 있다.

상운사의 창건과 관련된 내용은 몇 가지 자료에 수록되어 있는데, 먼저 『봉은본말사지(奉恩本末寺誌)』에는, "상운사의 원래 이름은 노적사(露積寺)이며, 조선 경종(景宗) 2년인 임인년(壬寅年, 1722)에 승병장 회수(懷秀)가 창건하였다. 건물이 총 133칸이나 되는 거찰이었으며 영조(英祖) 21년 무렵 상운사로 개칭하였다"라고 기록되어 있다.

「상운사극락전중창기」에도 태월지총스님이 1813년(순조 13)에 극락전 중창을 기념하면서 지은 것으로 거기에 절이 1722년 회수스님에 의해 창건된 것임을 밝히고 있다. 1745년 성능(聖能)스님이 편찬한 북한산성 지리지인 『북한지-北漢誌』의 상운암 조에 "상운암은 영취봉 아래에 있다. 133칸의 규모이며 승(僧) 회수(懷秀)가 창건하였다"라는 내용이 실려 있다.

• **묘적사** _ 경기도 남양주군 와부읍 월문리 묘적산

묘적사(妙寂寺)는 경기도 남양주시 와부읍 묘적산(妙寂山)에 있는 봉선사의 말사로 신라 문무왕(재위 661~681) 때 원효대사가 창건하였다고 하지만 이를 뒷받침할 만한 아무런 기록이나 유물이 없는 상태이다. 고려 때의 연혁은 전하지 않는다. 세종 때 학열(學悅)이 중창하였고, 1486년(성종 17) 편찬된 『신증동국여지승람(新增東國興地勝覽)』 권 11 「양주목(楊州牧)」 「불

우조(佛宇條)」 기록 가운데의 '묘적사재묘적산유김수온기(妙寂寺在妙寂山有金守溫記)' 라는 간접적인 기록을 통하여서만 조선시대 세조(世祖) 당시에 이 절이 존재하고 있었다는 사실을 알 수 있다. 일설에 따르면 이 절은 국왕 직속의 비밀요원들이 군사훈련을 하던 곳으로 국왕이 필요한 사람을 뽑아 승려로 출가하게 한 뒤 이곳에 머물게 하였다.

임진왜란 때는 유정(惟政)이 승군을 훈련하는 장소로 쓰였으며, 임진왜란과 병자호란이 끝난 뒤에는 승려들이 무과(武科) 시험을 준비하는 훈련장으로 쓰였다고 한다. 특히 절 앞 동쪽 공터에서 화살촉이 자주 발굴되어 이곳이 당시 활터였음을 추정하게 한다.

그러나 조선 중기에는 경내에 민간인의 무덤이 들어설 정도로 폐사가 되었다고 한다. 김교헌(金敎憲)이 쓴 『묘적사산신각창건기』에 따르면, 1895년(고종 32)까지는 폐사로 남아 있었다. 1895년에 규오(圭旿)가 산신각을 중건하고, 예로부터 전래되어온 산왕신상(山王神像)을 모셨다. 1969년 화재로 전각이 불에 탔고, 1971년 자신(慈信)이 요사채를 중건하였다.

건물로는 대웅전과 석굴암·산령각·승방·요사채 2동이 있다. 대웅전

안에는 관세음보살상을 비롯하여 후불탱화와 산신·칠성탱화가 모셔져 있다. 유물로는 남양주시 향토유적 제1호로 지정된 팔각칠층석탑이 유명하다. 이 탑은 월정사 팔각구층석탑·수종사(水鐘寺) 오층석탑과 양식이 비슷하여 조선 초에 세

워진 것으로 추정된다. 3층과 4층 사이의 체감률이 부자연스럽고 절에서 동쪽으로 30m 가량 되는 곳에 탑재가 많이 남아 있는 것을 보면 본래 7층은 아니고 대략 11층이었을 것으로 보인다.

대웅전 좌측편으로 20m 지점에 산령각과 함께 석굴암이 있는데, 이 석굴은 나한전이며 근래에 조성한 인공석굴로 경주 석굴암 본존불을 모방하여 조성하였고, 후불벽에는 반원의 형태로 16개의 감실을 만들어 그 속에 16나한상이 봉안되어 있다. 종무소 좌측에 템플스테이를 하는 건물 요사채와 연지가 있으며, 우측에는 마하선원이 있다. 묘적사 명물로는 팔각칠층석탑 외에 보호수로 지정된 찰피나무(보리수)가 있다.

• **자재암** _ 경기도 동두천시 상봉암동 산 1 소요산

654년(무열왕 1) 원효대사가 창건하여 자재암이라고 했다.

원효대사가 요석공주와 세속의 인연을 맺은 뒤 이곳에 초막을 짓고 수행에 정진하고 있을 때 관세음보살이 변신한 아름다운 여인이 유혹을 하였다. 설법으로 유혹을 물리친 원효대사는 이내 그 여인이 관세음보살이었음을 깨닫고 더욱 수행에 정진하는 한편 관세음보살을 친견하고 자재무애의 수행을 쌓았다는 뜻에서 절을 짓고 자재암이라 했다고 전한다.

자재암 연혁에는 원효대사가 645년(신라 선덕여왕 14년) 쯤 창건한 절로 적혀 있으나, 요석공주를 만난 시점 등을 고려할 때, 657년(태종무열왕 4년)경이었을 것으로 여겨진다.

소요산에는 자재암 외에도 원효대굴, 원효바위, 공주봉 등 원효대사의 흔적이 곳곳에 남아 있다. 소요산 입구에서 계곡을 따라 800m쯤 올라가면 층암절벽 사이로 쏟아지는 원효폭포를 만나게 된다. 원효대

사가 폭포 오른쪽 석등에 앉아 고행수도를 했다는 전설이 전해진다.

원효폭포 부근에는 향토유적 제8호이자 유서 깊은 암자인 자재암이 자리하고 있다. 자재암의 나한전은 원효스님이 수행한 곳으로 알려져 있다. 나한전 바위틈에서 나오는 옥련샘물은 석간수로 일 년 내내 가뭄이 들어도 마르지 않는데 원효스님이 처음으로 마신 샘이라 하여 원효샘이라 한다.

주봉에서 공주봉으로 가는 길은 암릉 코스로 곳곳에 전망대가 있다. 절 근처에는 원효대사와 요석공주의 전설이 얽힌 요석궁지와 조선 태조의 행궁(行宮)터가 있다. 요석궁지는 요석공주가 설총을 키웠다는 곳인데 그 위치는 자재암 부근의 하백운대 부근으로 보인다. 또한 수락산 홍국사(興國寺)의 승려이던 제암(濟庵)과 자재암의 주지인 원공(元空)이 서로 다른 꿈을 꾸고 우연히 만나 절을 중창했다는 영험담도 전한다.

고려시대 974년(광종 25) 각규(覺圭)가 태조의 명으로 중건하여 소요사로 바꾸고, 1153년(의종 7) 화재로 소실된 것을 이듬해 각령(覺玲)이 대웅전과 요사채만을 복구하여 명맥만 이어왔다. 조선시대에 들어와 1872년(고종 9) 원공(元空)과 제암(濟庵)이 퇴락한 이 절 44칸을 모두 중창하고 영원사(靈源寺)라 하였다. 이때 영산전 · 만월보전(滿月寶殿) · 독성각 · 산신각 · 별원(別院) 등의 건물이 있었지만 1907년 화재로 만월보전을 제외하고 모두 소실되었다. 1909년 성파(性坡)와 제암이 다시 중창하고 절 이름을 자재암으로 고쳤다. 6.25한국전쟁 때 다시 소실되어 1961년 진정(眞精)이 대웅전을, 1968년 성각(性覺)이 요사채를, 1977년에는 삼성각을, 1982년에는 일주문을 각각 지었다.

현존하는 건물로는 대웅전 · 삼성각 · 나한전 · 일주문 · 백운암 · 요사채 · 속리교(俗離橋)가 있는데 전부 1961년 이후의 중창 때 세운 것이다. 경내 및 주위에는 1980년에 세운 속리교와 세심교가 있다. 1909년 중창 때 그린 불화도 많이 남아 있었는데 6.25한국전쟁 중에 대부분 소실되었고, 1914년 무렵에 그린 칠성탱화만 가장 오래된 작품으로 삼성각에 봉안되어 있다.

그밖에 추담대종사 사리탑 및 탑비가 절 입구에 있고, 1985년에 세운 소요산 자재암 나한전불사기가 나한전 앞에 있다. 유물은『반야바라밀다심경약소－金剛般若波羅蜜多心經略疏』(보물 1211) 언해본 등이 있다.

• 사자암터 _ 경기도 동두천시 상봉암동 산 1 소요산

654년(무열왕 1) 경 자재암 부근에 위치한 사자암지라는 절터는 원효대사가 창건하고 기거했을 가능성이 높다. 그리고 그 근처에 사자암지뿐만 아니라 요석공주가 아들 설총을 데리고 와서 머물렀다는 요석공주 궁지와 소요사지, 현암지, 원효사지 등이 있었다고 한다.

소요산은 경기도 동두천시와 포천시 신북면의 경계에 있는 산이다. 높이는 536m이고, 주봉(主峰)은 의상대(義湘臺)이다. 서울특별시에서 북쪽으로 44km, 동두천 시청에서 동북쪽으로 약 5km 지점에 있다.

소요산은 규모가 크지는 않지만 산세가 수려하고 아름다워서 경기의 소금강(小金剛)이라고도 한다. 974년(고려 광종 25) 소요산이라 부르게 되었고, 중대암(中臺庵), 소운암(小雲庵), 소요암, 영원사(靈源寺) 등의 사찰과 암자가 있었다고 한다. 1981년 국민관광지로 지정되었다. 자재암은 봉선사(奉先寺)의 말사(末寺)로서 원효대사가 수행 도중 관세음보살과 친견하고 자재무애의 수행을 쌓았다고 하는 데서 그 이름이 유래하였다.

소요산에는 청량폭포(淸凉瀑布)와 원효폭포가 있는데, 이 지대를 하백운대(下白雲臺, 500m)라고 한다. 그 오른쪽에 원효대(元曉臺)가 솟아 있고 원효대사가 수도한 곳이라고 전하는 옥로봉(玉露峰)을 넘어 북동쪽으로 나한대(羅漢臺, 510m), 의상대, 비룡폭포가 나온다. 또 원효대에서 약

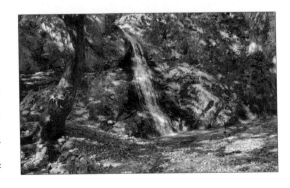

30m쯤 되는 절벽 위를 상(上)백운대라고 하며 그 밑으로 선녀탕(仙女湯)을 볼 수 있다. 자연석굴인 나한전과 산중턱의 금송굴도 유명하다. 산 입구에는 구한말에 독립 만세운동을 이끌었던 홍덕문의 추모비가 있다.

• 요석공주별궁지 _ 경기도 동두천시 상봉암동 산 1 소요산

657년(무열왕 4) 경 요석공주별궁지는 요석공주가 원효대사가 수도하던 소요산에서 아들 설총과 함께 기거했던 터이다. 자재암 못미처 계곡 옆에 있다. 신라 제29대 태종무열왕의 차녀인 요석공주(瑤石公主)는 원효대사와 인연을 맺어 설총(薛聰)을 낳았다고 한다.

요석공주는 소요산에 초막을 짓고 수행하던 원효대사를 따라와 수행처 근처에 별궁을 짓고 설총과 함께 기거하며 아침저녁으로 원효대사가 있는 곳을 향해 절을 올렸다고 하는데 경기도 동두천시 상봉암동의 소요산(逍遙山, 587m) 관리사무소(매표소) 동쪽 약 20m 지점에 한자로 요석공주별궁지라고 쓰인 작은 표지석이 세워져 있다.

그러나 표지석이 있는 자리가 정확한 별궁지는 아니다. 『조선지지(朝鮮地誌)』에는 '바위골짜기 평평한 터에 두 군데의 옛 궁터가 있다. 예로부터 전해 오기를 요석공주의 궁터라 한다' 는 기록이 있고, 미수 허목(許穆, 1595~1682)이 쓴 『소요산기』에는 '요석공주 궁지는 원효폭포에서 서북쪽 80장에

있다' 라고 되어 있다.

공주봉은 경기도 동두천시 소요산에 속한 봉우리 중의 하나이다. 높이는 526m로 소요산(586m)의 한 봉우리이다. 원효대사가 요석공주(瑤石公主)를 위해 봉우리 이름을 공주봉이라고 지었다는 전설이 전해진다.

• **망해암** _ 경기도 안양시 동안구 비산동 산 19번지

원효대사가 창건한 망해암(望海庵)은 안양 시내가 한눈에 내려다보이는 관악산 줄기의 야트막한 산 정상에 있다. 용주사의 말사로 655년(신라 문무왕 5)에 원효대사가 처음으로 미륵불을 봉안하고 '망해암'이라고 이름 붙였다고 한다. 삼막사, 염불암, 평택 수도사와 함께 경기도의 대표적인 원효관련 사찰이다.

1407년(태종 7)에 왕명을 받아 중수하였고, 1803년(순조 3)에 홍대비가 중건하였으며, 1863년(철종 14)에 대연화상이 다시 중수하였다. 이후 6.25한국전쟁으로 완전히 폐사되었던 것을 승려 유청봉이 용화전, 삼성각, 요사채 등을 재건하고 사적비를 세우는 등 사찰을 새롭게 정비하였다.

산 정상의 좁은 대지와 절벽을 이용하여 건물들이 배치되어 있는데, 중심 건물인 용화전에는 1479년(성종 10)에 조성한 높이 3m 규모의 석조미륵불을 봉안하고 있다. 석조미륵불은 보개를 쓰고 있으며 도톰한 입과 코, 긴 귓불, U자형 옷자락선이 세밀하게 표현되어 있어 고려초 불상으로 추정된다.

망해암에 전하는 설화에 조선 세종 때 삼남에서 한성으로 가는 곡물수송선이 풍랑을 만나 배가 뒤집히려 할 때 스님 한 분이 나타나 배를 안정시켰는데, 거처를 물으니, 관악산 망해암이라고 하였다. 그 후 망해암을 찾아가니, 불상의 상호가 풍랑에서 생명을 구해준 스님과 똑같았다. 이후 세종대왕은 매년 공양미 한 섬씩 공양을 올렸다고 전한다.

망해암에서 안양시를 향해 내려다보면 일몰 경치가 아름다우며, 망해암의 위쪽에는 전망대가 있어서 바다처럼 펼쳐지는 안양시의 전경을 한눈에 조망할 수 있다.

• **염불사** _ 경기도 안양시 만안구 석수동 241-52번지

염불사(念佛寺)는 관악산 줄기인 경기도 안양시 삼성산(三聖山)의 웅장하고 가파른 암벽 아래에 자리하고 있는 용주사(龍珠寺) 말사(末寺)로 연주암, 삼막사와 함께 관악산의 3대 사찰로 꼽힌다. 926년 고려 태조가 후백제를 공격하기 위하여 삼성산을 지나갈 때 좌선 삼매에 든 능정대사의 법력에 탄복하여 안흥사를 창건하도록 명하였는데 이것이 염불사의 전신이라고도 한다.

또한 원효(元曉), 의상(義湘), 윤필(尹弼) 등 3인이 창건하였고 이들이 염불을 하던 곳이어서 염불암이라고 불렀다는 설도 있다. 현재의 사찰 건물은 1910년 이후에 지어졌으며, 6.25한국전쟁을 겪으면서 퇴락한 것을 1956년 중수하였다. 영조(재위 1724~1776) 때 간행된 『가람고』에 염불암의 존재를 확인할 수 있는 기록이 나오지만 당시 사찰 상황에 대해서는 알 수 없으며, 염불사의 부도에 적힌 기록을 통해 18세기 후반에서 19세기 초까지 매우 번성했음을 알 수 있다.

1904년과 1927년에 중수한 기록이 있으며, 1930년에 세심루, 1932년에 산신각을 신축하였다. 1956년 대웅전과 산신각을 중수하고 요사를 지었으며,

1969년에 미륵불을 세웠다. 1992년 대웅전을 크게 중창하고, 2000년에는 나한전을 신축하였다. 기암절벽이 병풍처럼 두르고 있어 풍광이 뛰어난 염불암은 현재 대웅전, 나한전, 염불전, 영산전, 칠성각, 독성각, 범종각 등의 전각으로 이루어져

있고 부도(3기), 미륵불, 오층사리 탑, 삼층석탑, 염불암공덕비 및 사 적비, 지장보살상, 용왕상, 포대화 상상 등이 조성되어 있다.

정면 5칸·측면 3칸 규모의 대웅 전 내부 불단에는 석가모니불을 주 불로 하여 문수보살과 보현보살이 협시된 삼존불이 모셔져 있고, 불단 상부에 화려한 닫집이 달려 있다. 오른 쪽 벽면에는 신중단, 왼쪽 벽면에는 영단을 만들었다. 나한전은 정면 3칸· 측면 3칸 규모로 석가모니불을 중앙에, 좌우에 협시보살을 모셨고, 불단 좌 우에 500나한상을 모셨는데 16나한은 천장에 가까운 최상단에 배치되어 있 다. 대웅전 왼편에 자리 잡고 있는 염불전은 정면 3칸·측면 3칸 규모로 칸 살이가 매우 넓어 규모가 꽤 크다. 염불전 왼편 담장 너머에 서 있는 3기의 부도는 1810년과 1816년 조성한 것으로 돌기둥 형상을 하고 있다.

• **삼막사** _ 경기도 안양시 만안구 석수동 241-54번지

삼막사(三幕寺)는 경기도 안양시 석수1동 관악산에 자리한 용주사(龍珠 寺)의 말사로 677년(문무왕 17) 원효(元曉), 의상(義湘), 윤필(尹弼) 등이 막 사를 치고 짓고 수도를 한 것이 이 절의 기원이다. 그래서 절은 삼막사(三幕

寺), 산 이름은 삼성산(三聖山)이라 하였다고
한다. 중국 소주의 삼막사와 닮아서 삼막사라
부른다고도 한다.

신라 말에 도선(道詵)이 중건하고 관음사(觀音寺)라 불렸는데, 고려 태조
가 중수하고 다시 삼막사로 고쳤다. 고려 충목왕 4년(1348) 나옹, 지공이 와
서 선풍을 드날렸다. 조선 전기에는 무학(無學)이 한양 천도(漢陽遷都)에 즈
음하여 절을 중수하고 국운이 융성하기를 빌었다고 한다. 도선은 동쪽 불암
사, 서쪽 진관사, 북쪽 승가사, 남쪽 삼막사를 '한양비보사찰'로 건립하였
다. 조선시대부터는 '한양 남쪽에는 삼막사가 으뜸이다'(南曰三幕)이라 하
여 남서울의 수찰(首刹)로서 서울 주변 4대 명찰의 하나로 꼽혔다. 현재 당
우(堂宇)는 대웅전, 명부전, 망해루(望海樓), 대방(大房), 요사채, 칠성각 등
이 있다.

사찰 영험기에 1958년 어느 어부 어머니가 관세음기도로 어부 박씨가 풍
랑에서 구조된 일화가 있는데, 그는 바다 한가운데서 널빤지에 의지하고 있
을 때 놋쇠그릇 흰 쌀밥이 나타나 먹고 기력을 차려서 무사히 돌아왔다.

평소 어머니가 늘 삼막사 관세음보살님께 기도한 공덕으로 아들이 무사
히 살아 돌아온 것이다. 아들이 삼막사에 참배를 하러 갔는데, 바다 한가운
데에서 굶주림에 허덕일 때 흰 쌀밥이 담겨 자신의 생명을 구해준 놋쇠그릇

이 바로 삼막사 불전에 사시공양 때 부처님께 마지공양을 올리던 불기였다는 설화가 전한다. 관세음신앙 설화와 관련된 바위와 연못이 주변에 있다.

• 신륵사 _ 경기도 여주군 북내면 천송리 282 봉미산

진평왕(眞平王) 때 원효대사가 창건하였다고 하나 확실한 근거는 없지만 다음과 같은 설화가 전해진다. 어느 날 원효대사의 꿈에 흰 옷을 입은 노인이 나타나 지금의 절터에 있던 연못을 가리키며 신성한 가람이 들어설 곳이라고 일러준 후 사라졌다. 그 말에 따라 연못을 메워 절을 지으려 하였으나 뜻대로 잘 되지 않았다. 이에 원효대사가 7일 동안 기도를 올리고 정성을 드리니 9마리의 용이 그 연못에서 나와 하늘로 승천한 후에야 그곳에 절을 지을 수 있게 되었다.

고려 말인 1376년(우왕 2) 나옹(懶翁) 혜근(惠勤)이 머물렀던 곳으로 유명한데, 200여 칸에 달하는 대찰이었다고 하며, 1472년(조선 성종 3)에는 영릉 원찰(英陵願刹)로 삼아 보은사(報恩寺)라고 불렀다. 신륵사로 부르게 된 유래는 몇 가지 설이 전해지고 있다. 그 하나는 "미륵(혜근을 가리킴)이, 또는 혜근이 신기한 굴레로 용마(龍馬)를 막았다"는 것이고, 다른 하나는 "고려 고종 때 건넛마을에서 용마가 나타나 걷잡을 수 없이 사나우므로 사람들이 붙잡을 수가 없었는데, 이 때 인당대사(印塘大師)가 나서서 고삐를 잡자 말이 순해졌으므로, 신력(神力)으로 말을 제압하였다 하여 절 이름을 신륵사라고 했다"는 것이다. 고려 때에는 벽절[甓寺]이라 불려지기도 하였는데, 이는 경내의 동대(東臺) 위에 있는 다층전탑(多層塼塔)을 벽돌로 쌓은 데서 유래한 것이다.

이 절의 중요문화재로는 보물 제

180호인 조사당(祖師堂), 보물 제225호인 다층석탑, 보물 제226호인 다층전탑, 보물 제228호인 보제존자석종(普濟尊者石鐘), 보물 제229호인 보제존자 석종비(普濟尊者石鐘碑), 보물 제230호인 대장각기비(大藏閣記碑), 보물 제231호인 석등이 있으며, 유형문화재로는 주법당인 극락보전(極樂寶殿)과 그 이외의 부속건물로 구룡루(九龍樓), 명부전(冥府殿), 시왕전(十王殿), 산신당, 육각정 등이 있다. 조사당에는 무학, 지공, 나옹이 진영이 봉안되어 있다. 강월헌(江月軒)이라는 정자도 있다.

절 앞으로는 남한강이 흐르고, 강가에는 황포돛배나루터가 있다. 강 건너에는 강변유원지와 여주상리, 매룡리고분군이 있다.

• **수도사** _ 경기도 평택군 포승면 원정리 85-3 봉화산(烽火山)

수도사는 661년(문무왕 1) 원효대사가 해골물을 마시고 득도한 곳이다. 『삼국유사』에 따르면 원효대사가 의상(義湘)과 함께 당나라로 유학을 떠나던 중 이 근처 바위굴에서 하루를 머물게 되었다. 원효대사는 밤에 목이 말라 주변을 더듬어 보니 바가지에 물이 들어있는 것 같아서 시원하게 마셨

다. 그러나 다음날 일어나 물을 마시던 바가지가 해골인 것을 보고는 구토를 하고 말았다. 이에 원효대사는 모든 것이 마음에 있음을 깨닫고 당나라 유학을 포기하였다. 대웅전 법당 안에 원효대사가 해골물을 먹는 탱화가 있다. 그 외 원효 관련 유

적은 찾아볼 수 없다. 852년(신라 문성왕 14) 염거(廉巨)가 창건하였는데 염거가 창건하기 전에도 작은 암자가 있었을 것으로 추정된다.

창건 이후 사세가 크게 번창하였으나 도적이 들끓어 노략질이 심하고 승려까지 납치하는 일이 발생하여 절이 비게 되었으며 산사태까지 나서 폐사가 되기도 하였다. 이후 조선 중기까지의 연혁이 전하지 않아 자세한 역사는 알 수 없다. 1592년(조선 선조 25) 임진왜란 때 불에 탄 것을 곧 복원하였고, 1911년 불에 타 폐사로 남아 있던 것을 1960년 영석(永錫)이 중창하였다. 1965년부터 정암(靜庵)이 중수하여 오늘에 이른다.

현존하는 건물로는 대웅보전과 산신각, 삼성각, 요사채 등이 있고 대웅전 북쪽에 정토선원이 있다. 유물로는 염거의 부도로 추정되는 사리탑이 전하며, 절 주위에는 탑재와 석물이 흩어져 있다. 1998년 경내에 불탑을 세웠다. '한국전통사찰음식문화연구소'가 있어서 채소밭이 많다. '산신각'은 전각 없이 조각으로 표현되어 있다. 초가집 조왕단이 있고, 바로 군부대와 접하고 있다.

인천광역시

• **용궁사** _ 인천광역시 중구 운남로 199-1 (운남동)

용궁사는 지금부터 1,350여 년 전인 서시 670년(문무왕 10)에 원효대사가 창건한 절로서 당시에는 산이름을 백운산, 절이름을 백운사(白雲寺)라 하였다고 전하며 일명 구담사(瞿曇寺)라고도 한다. 1854년(철종 5) 흥선대원군이 중창하고 10년 동안 칩거하였다고 전해지며, 1864년에 아들(고종)이 왕위에 오르자 흥선대원군은 절을 옛터에 옮겨 짓고, 구담사에서 용궁사(龍宮寺)로 이름을 바꾸었다고 한다.

일설에는 영종도 중산 월촌에 사는 윤공이란 어부가 꿈을 꾼 뒤 바다에서 작은 옥불을 어망으로 끌어올려 이 절에 봉안했다는 전설에 따라 붙여진 이

름이라고도 한다. 현재 대원군이 중건한 관음전과 대원군의 친필 현판이 걸려 있는 대방, 그리고 칠성각과 용황각 등의 객사가 남아 있다.

경내의 관음전(觀音殿)은 맞배지붕, 홑처마 건물로서 옥석(玉石)으로 된 관음상이 봉안되어 있으나 일제강점기 때 도난당하고 현재는 후불탱화를 배경으로 한 관음상이 걸려 있으며 건물 전면에는 해강(海岡) 김규진이 쓴 4개의 주련(住聯)이 걸려 있다. 절 입구에는 둘레가 5.63m, 수령 1,000년이 넘는 느티나무 고목 두 그루가 서 있다. 용궁사로 향하는 오솔길은 사색의 숲이다. 햇빛 한 점 들어올 틈 없이 빽빽이 들어선 나무 숲길을 한 15분쯤 걸어가면 그림을 그린 듯이 산 중턱에 사찰이 안겨 있다.

인천 용궁사 수월관음도(水月觀音圖)는 1880년에 축연(竺演)과 종현(宗現)이 조성한 수월관음도이다. 인천광역시 중구 운남동 소재 용궁사 관음전 안에 후불화로 봉안되어 있다. 2016년 2월 24일 인천광역시의 유형문화재 제76호로 지정되었다. 화폭의 규모는 세로135.5cm, 가로 174.3cm으로 3폭의 비단을 이어서 만들었는데, 가운데 화폭은 1002.2cm, 향좌폭 29.3cm, 향우폭 33.5cm로 가운데 화폭이 유난히 넓다.

• 태고사 _ 충청남도 금산군 진산면 행정리 산 29번지

  태고사는 해발고도 878m의 대둔산에 있는 사찰이다. 신문왕 때 원효대사
가 창건하였다. 원효대사가 꼽은 12승지의 하나이다. 원효대사께서 처음 터
를 잡고 가사와 장삼을 수하시고, "세세생생 도인이 끊이지 않으리라" 하시
며 춤을 추셨다고 한다. 태고사 위쪽 봉우리에는 낙선대, 원효대, 의상대의
이름이 붙어 있다.

  낙선대 아래 평평한 바위 봉우리가 원효대로 여기서 춤추셨다고도 하며,
그 아래쪽 바위 봉우리는 의상대라 한다. 대둔산의 봉우리들이 병풍처럼 청
기와로 장엄된 고색창연한 전각들을 감싸고 있으며, 탁 트인 전망도 빼어나
다. 만해 한용운(韓龍雲)도 "대둔산 태고사를 보지 않고 천하의 승지를 논하
지 말라"고 한 바 있다. 태고사에는 원효대사 이래로 태고보우스님과 서산
대사의 법손 진묵대사 등 많은 고승대덕들이 거쳐 갔다. 지장전에는 조사스
님들 진영이 있는데, 좌로부터 보리 달마 이래, 원효, 의상, 태고보우, 진묵
조사, 수월당 관음대선사, 묵언당 대선사 등이다. 지장전 옆에는 중심전각
법당이 있고, 그 옆으로 극락보전과 관음전이 있다. 태고사에서 백 미터 가
량 떨어진 입구에는 기암이 자리하고 있는데 문처럼 생겼다 하여 '석문(石
門)'이라 한다. 바위에는 우암 송시열이 이곳에서 공부할 때 쓴 '석문(石
門)' 글씨가 새겨져 있다.

  주변에는 금산 인삼약초시장, 인
삼종합전시관, 보석사, 남이자연휴
양림, 서대산, 육백고지전승탑, 백
령성지, 칠백의총, 12폭포, 대둔산,
대둔산온천, 적벽강, 양산8경, 유성
온천 등의 관광지가 있다.

- **원효암** _ 충청남도 금산군 남이면 하금리 산 2번지

충청남도 금산군 소재의 진악산(進樂山, 해발 732m)은 주능선에 기암괴봉이 많고 숲이 무성하다. 진악산 최고봉인 관앙불봉(觀仰佛峰) 남쪽에 원효암이 있는데 좌우로 산등성이가 암자를 감싸고 있다. 절 앞의 개울물은 폭포처럼 20m의 높이의 절벽으로 흘러 내려간다. 절 앞쪽은 가파른 경사로여서 통행이 어려워 예전에는 사찰의 오른쪽 위편으로 이어진 산길을 따라 산 아래까지 3시간 정도 걸어서 다녔다고 한다.

최근에 군청에서 등산로를 정비하면서 폭포 옆으로 산에 오를 수 있는 나

무계단을 설치하였다. 여기서 이어지는 외길 콘크리트 포장로는 1884년에 생긴 진악로에 이어지고, 진악로는 남쪽으로 고촌마을을 지나 635번 지방도에 이어진다. 북쪽으로는 보티소류지를 지나 양지리와 아인리를 거쳐 금산우체국까지 이어진다.

원효암은 원효대사가 창건하였다는 설과 조구(祖丘)대사가 창건했다는 설이 있다. 조구대사가 누구인지는 분명치 않다. 신라 헌강왕 때에 조구대사는 금산군 보석사(寶石寺)의 의선각(毅禪閣)을 지었다. 또 조선 초기 태조 때에 국사인 조구대사가 있었다. 나라의 스승이라 불리우는 국사(國師)는 신라와 고려시대에 국가나 임금의 사표(師表)가 되는 고승(高僧)에게 부여된 호칭으로, 조선 초기 태조 때(1394) 조구대사에게 숭봉례(崇封禮)를 행한 것이 마지막 기록이다. 원효암은 현재 관음종 사찰이나 예전에는 보석사 말사였다. 따라서 헌강왕 때의 조구대사 창건설이 유력하다고 보기도 한다.

그러나 원효대사 창건설도 설득력이 있다. 암자 인근에 인공으로 판 토굴을 원효굴이라 부르고, 밭으로 쓰고 있는 곳을 윤필대라 하며, 큰 바위 밑을

의상대라 부르고 있는 데다 주변경관을 포함한 사찰의 위치나 접근성 등이 원효, 의상, 윤필이 함께 다니며 창건한 것으로 전해지는 여타의 원효대사 창건 수행사찰들과 동일한 특징을 보인다. 아울러 이곳 의상대에도 의상스님께서 하늘의 공양을 받으셨다는 천공설화가 전하고 있다.

옛 대웅전 건물은 낙봉대인(樂峰大仁) 스님에 의해 중수되었던 것인데, 너무 낡아서 헐고 현 주지스님이 새로 중건하였다. 10여 년 전 당시에 나온 상량문의 사본을 남기고, 원본 및 새 기록은 함께 신축법당에 보존하였다. 그 때 나온 현판과 기록 판문이 유물로 남아 있다.

• 용담사 _ 충청남도 아산시 평촌리 산 2-11번지

용담사는 태고종 사찰이다. 신라 애장왕(788~809) 때 원효대사가 창건하였다고 하지만 원효(617~686)대사는 7세기 인물이므로 후대에 창건주로 모신 것으로 추정된다. 고려 광종(재위 949~975) 때 혜명(慧明)이 중창하였다. 이후의 연혁은 전해지지 않는다. 경내에는 은은한 미소로 내방객을 반기는 석조약사여래입상(石造藥師如來立像)이 있다. 보물 제536호인 아산시 평촌리 석조약사여래입상의 머리는 나발에 육계(肉髻)가 있으며, 양쪽 귀는 길게 늘어져 있고, 이마에 백호(白毫)가 양각되어 있다. 법의는 몸을 모두 감싼 형태로 좌우대칭으로 옷주름을 규칙적인 무늬로 양각하였다.

화강암 부재를 최대한 활용하면서도 사실적으로 표현한 것으로 볼 때 통일신라시대 혹은 고려 초기에 조성된 것으로 보인다. 전체 높이 4m, 머리 길이 1m, 어깨 너비 1.4m, 가슴 너비 80cm이다. 남아 있는 약사여래입상 중에 조형미가 가장 뛰어나다고 알려져 있다.

약단지를 오른손으로 감싸고 왼

손에 받치고 서있는 모습이어서 약사여래입상이라 칭하는데, 약사여래는 약사유리광여래(藥師瑠璃光如來), 또는 대의왕불(大醫王佛)로, 동방정유리세계(東方淨琉璃世界)의 부처님이다. 약사여래는 과거에 12대원을 발하여 이 세계 중생의 질병을 치료하고 수명을 연장하며, 재화(災禍)를 소멸시켜 의복·음식 등을 만족케 하고, 또 부처의 행을 닦아 무상보리(無上菩提)를 증득하게 한다. 큰 연화 위에 있으면서 왼손에 약병을 들고 오른손으로 시무외인(施無畏印)을 맺거나 또는 오른손을 들고 왼손을 내리는 등의 모습으로 많이 표현된다.

절 뒤편 오른쪽으로는 소나무 숲이 울창하여 숲속 걷기 명상 등에 적합할 것으로 보인다. 현판도 달지 않은 법당에는 조선 후기의 것으로 보이는 탱화들이 있고, 입구에는 낡은 요사채가 있다.

• 수덕사 _ 충청남도 예산군 덕산면 수덕사안길 79 덕숭산

수덕사의 창건에 관한 정확한 문헌 기록은 현재 남아 있지 않으나 학계에서는 대체적으로 위덕왕(威德王, 554~597) 재위시에 창건된 것으로 추정하고 있다. 백제의 숭제(崇濟) 스님이 창건하고 나옹 선사가 중창하였다고 전하기도 하며, 혹은 백제 법왕 원년(599)에 지명(知命)법사가 수도 사비성 북부에 창건하고 원효대사가 중수했다고도 한다.

수덕사가 백제의 고찰이었음은 경내 옛 절터에서 발견된 백제 와당이나 삼국유사의 기록을 통해서도 알 수 있다. 백제의 승려 혜현(惠現, ?~627)은 원효보다 다소 앞선 시대의 사람으로서 수덕사에 머물며 법화경(法華經)을 암송하며 삼론(三論)을 함께 공부하였는데, 사방의 먼 곳에서도 그 품격을 흠모하여 그의 법문을 들으려 오는 이들이 많았다고 전해진다. 따라서 원효

당시에 수덕사가 큰 사찰로 이미 존재하고 있었던 것은 분명하다.

원효대사의 수덕사 중수설에 대해 뚜렷한 기록은 없으나 삼국통일 이후 그는 실제로 백제지역을 다니며 많은 사찰들을 방문하였기에 수덕사에 오지 않았을 까닭도 없다. 더욱이 수덕사의 창건주로 추정되기도 하는 지명스님은 백제와 신라의 교류에 일조한 바가 있다. 백제 무왕이 임금 되기 전 서동(薯童) 시절에 신라 진평왕의 셋째 공주 선화(善化)를 꼬여 백제에 데리고 와서 살면서 마를 캐다가 땅에서 많은 황금도 얻게 되었다.

당시 서동을 도와 그 황금을 하루 밤새 신라왕궁으로 보내고, 또 용화산 밑에 있는 큰 연못을 하룻밤 사이에 산을 허물어 메우고는 미륵사를 지었다는 스님이 바로 지명법사다. 따라서 원효대사의 중건설은 그 진위 여부를 떠나 수덕사가 통일 이후에도 백제와 신라 지역을 잇는 대표적인 사찰이었다는 것을 반증하는 설로 보는 것이 타당할 것이다.

문헌에 나타난 백제 사찰로는 흥륜사(興輪寺), 왕흥사(王興寺), 칠악사(漆岳寺), 수덕사(修德寺), 사자사(師子寺), 미륵사(彌勒寺), 제석정사(帝釋精寺) 등 12개 사찰이 전하지만 수덕사만이 유일하게 오늘날까지 그 명맥을 유지하고 있다. 근현대에 들어서 경허(鏡虛)스님을 비롯해, 만공(滿空), 수월, 금오(金烏), 벽초(碧超), 대의(大義), 청담(靑潭)스님 등이 주석하였던 선(禪)의 중흥지이며, 현재 조계종 5대총림(해인사, 통도사, 송광사, 수덕사, 백양사)의 하나로 자리매김하고 있다.

수덕사 대웅전(국보 49호)은 고려 충렬왕 34년(1308)에 지은 건물로 주심포 양식의 맞배지붕으로, 고려 우왕 2년(1376)때 다시 지은 팔작지붕에 주심포 양식의 부석사 무량수전(국보 18호)보다도 고풍스럽다.

수덕사 대웅전은 석축 위에 전면은 큰 기둥을 사용하여 간결하면서도 널찍한 3칸으로 처리하고, 옆면은 촘촘한 4칸으로 지붕의 각을 높여 간결하면서도 위용 있게 느껴진다.

고려 공민왕 12년(1363)때에 지붕을 크게 수리하였던 봉정사 극락전(국보 15호)도 동일한 맞배지붕의 정면 3칸, 옆면 4칸 구조를 가지고 있다. 봉정사 극락전의 경우 옆면 4칸을 나누는 기둥들이 직접 지붕을 받치는 구조이나, 수덕사 대웅전의 경우에는 대들보를 통해 지붕을 받치므로 건물이 더 웅장하고 지붕선이 한결 부드럽다. 우리나라에서 가장 오래된 목조건물의 하나이다. 수덕사에는 관음신앙과 관련된 창건설화도 전해 온다.

옛날 홍주마을에 사는 수덕이란 도령이 있었다. 수덕은 훌륭한 가문의 도령이었는데, 어느 날 사냥을 나갔다가 사냥터의 먼발치에서 낭자를 보고 사랑에 빠지게 된다. 집에 돌아와 곧 상사병에 걸린 도령은 수소문한 결과 그 낭자가 건넛마을에 혼자 사는 덕숭낭자라는 것을 알게 되어 청혼을 했으나 여러 번 거절당한다. 수덕도령의 끈질긴 청혼으로 마침내 덕숭낭자는 자신의 집 근처에 절을 하나 지어 줄 것을 조건으로 청혼을 허락하였다.

수덕도령은 기쁜 마음으로 절을 짓기 시작하였다. 그러나 탐욕스런 마음을 버리지 못했기 때문에 절을 완성하는 순간 불이 나서 소실되었다. 다시 목욕재계하고 예배 후 절을 지었으나 이따금 떠오르는 낭자의 생각 때문에 다시 불이 일어 완성하지 못했다. 세 번째는 오로지 부처님만을 생각하며 절을 다 지었다.

그 후 낭자는 어쩔 수 없이 결혼을 했으나 수덕도령이 손을 대지 못하게 했다. 하지만 이를 참지 못한 수덕도령이 덕숭낭자를 강제로 끌어안는 순간

뇌성벽력이 일면서 낭자는 어디론가 가버리고 낭자의 한 쪽 버선만이 쥐어져 있었다. 그리고 그 자리는 바위로 변하고 옆에는 버선모양의 하얀 꽃이 피어 있었다. 이 꽃을 버선꽃이라 한다. 낭자는 관음보살의 화신이었으며 이후 수덕사는 수덕도령의 이름을 따고 산은 덕숭낭자의 이름을 따서 덕숭산이라 하여 덕숭산 수덕사라 하였다는 전설이다.

• 은석사 _ 충청남도 천안시 동남구 북면 은지리 1-6번지

천안 은석산 아래 위치한 은석사는 원효대사가 창건한 사찰로서 근세에는 경허스님, 만공스님이 토굴 수행하던 곳이다. 은석사는 해발고도 455m 은석산 기슭에 있다. 내비게이션이나 지도상에 길이 표시되어 있지 않을 때는 찾기 어렵다.

사찰로 가는 길은 두 가지 방법이 있다. 기존의 길은 은석골까지 차량으로 이동 후, 은석골에서부터는 어사 박문수 묘로 올라가는 산길을 따라 도보로 방문하는 것이다. 은석골까지 차량이동은 병천삼거리에서 천안 방면으로 21국도를 타고, 북면 상동리 중앙아파트 지나자마자 우회전하여 북쪽으로 500m, 이어지는 오른쪽 길을 따라 1km 정도 가면 된다. 은석골에서 도보로 25분 가량 골짜기 산길을 1.5km 정도 오르면 은석사가 나온다.

최근에 생긴 길은 사찰의 왼편 산자락을 돌아 들어가는 임도(林道)를 따라가는 것이다. 천안 병천순대타운에서 병천삼거리 지나 한국기술교육대학 제1캠퍼스 앞에서 우회전하여 가암 마을회관길 끝에 이르면 '은석사' 표지판이 나온다. 여기서부터 임도로 이어진 길을 따라간다. 산능선을 타고 왼쪽으로 크게 돌듯 꼬불꼬불 북쪽을 향해 비포장도로를 3km정도 올라가면 은석사가 나온다.

현재 은석사는 진용스님이 주지로 부임하여, 오래되어 무너지기 직전인 옛 대웅전 건물을 해체하고, 옆에 대웅전을 새로 중창하면서 도량이 많이 정비되었다. 경내에는 보호수로 지정된 높이 17m의 550년 된 팽나무가 있고, 샘물은 맑고 달다. 유물로는 천안은석사 목조여래좌상(유형문화재 제179호)과 후불탱화로 아미타극락도(문화재자료 제392호)가 있다. 목조여래좌상은 높이 135cm, 폭 28cm로 오른손은 손등을 위로 하고 무릎에, 왼손은 중지와 약지를 모아 무릎 위에 두고 있으며, 오른쪽 어깨 위로 둥글게 걸친 우견편단식 법의와 옷주름이 표현되어 있다.

불두는 방형으로 다소 큰 편이다. 아미타극락도에는 설법하는 모습인 전법륜상 부처님과 10대 제자와 8대보살 및 사천왕을 양쪽으로 균등히 배치하고, 광배로부터 이어지는 선으로 간결하게 배경을 처리하였다. 이는 조선 철종 때인 1861년 제작되어 태화산 마곡사 부용암에 있던 것을 옮겨온 것이라 한다.

은석사 경내지 상당수는 고령박씨 문중소유로 되어 있다. 은석사 가람 위의 은석산에는 충헌 박문수의 묘가 있는 까닭이다. 박문수(朴文秀, 1691~1756)는 조선 영조 때의 공신으로 군정과 세정에 밝았으며, 다방면으로 백성을 구제하는 데 힘썼다. 몇 가지 예로 함경도에 수해가 나서 백성을 구하도록 진휼사(재해대책본부장)으로 파견되었을 때, 조정의 허락이나 나중에 생길 말썽에 전전긍긍하지 않고 우선 경상도의 양곡을 실어다 함경도의 이재민를 구했던 적이 있다. 호조판서로 있을 때는 국가재정과 왕실재정이 혼용되는 것을 구분하고, 궁중의 경비를 일정한 원칙에 따라 지출하도록 하였다. 이른바 예산회계제도의 효시다. 그는 임금에게도 직언을 서슴지 않아서 조정대신들은 그를 직간공(直諫公)이라 부르기도 하였다. 특히 암행어사로 많은 일화를 남겨 어사 박문수로 유명하다. 은석사에서 350m 산길을 오르면 만날 수 있다. 묘의 높이 2.3m, 둘레 12m. 묘 앞에는 무신석(武臣石) 두 개와 상석(床石)이 있고, 오른쪽 정면에는 순조 때(1816) 세워진 묘비가 있다. 시호는 충헌(忠憲)이다.

박문수는 관련 설화가 많다. 그 중 하나를 소개한다. 박문수라는 이름을 들으면 이내 문수보살(文殊菩薩)이 연상되는데 이는 탄생설화와 관련이 있다. 늦게까지 자식이 없던 부친 영은군(靈恩君) 박항한(朴恒漢)은 100일 동안 매일 스님을 모셔와 공양(식사대접)을 올리길 발원하였다. 날마다 거리에 나가 스님을 모셔오던 하인이 100일째 되는 날에는 혼자 돌아왔다.

이유를 물으니 어느 스님을 만나긴 하였지만 문둥병 환자여서 그냥 왔다는 것이다. 박 어사의 아버지는 "스님을 모셔오라고 했지 누가 문둥병 여부를 살펴보라고 했느냐?" 꾸짖고는, 그 스님을 모셔와 정성껏 공양을 올렸다. 아무 말 없이 공양을 드신 스님은 고름을 흘리며 밖으로 나갔는데, 대문을 넘어서자 이내 고름은 연꽃으로 변하고 스님은 문수보살로 변하여 하늘로 사라졌다. 이렇게 부부는 문수보살을 친견하고 아들을 얻었다고 하여 '박문수'로 이름을 지었다 한다. 이 밖에 장원급제와 관련한 칠장사 나한전 설화 등의 이야기도 유명하다.

• 영랑사 _ 충청남도 당진시 고대면 진관로 142-52번지

충청남도 당진시에 위치한 영랑사는 대한불교조계종 제7교구 본사인 수덕사(修德寺)의 말사이다.

영랑사 창건과 관련하여 세 가지 설이 있는데, 하나는 영랑공주가 의상대사를 만나 원효대사의 오도(悟道) 이야기를 듣고 크게 감명하여 불법이 융성해지기를 바라는 마음에서 원효대사 오도처에 664년(문무왕 4) 아도화상에게 부탁하여 영랑사를 창건하였다고 한다. 신라 때 지명 당진현(唐津縣)

을 보면 당나라당(唐)자에 나루진 (津)으로 수도 경주에서 당나라로 가는 나루터가 현재 당진시의 지명 이라는 것이다.

두 번째는 690년경 의상대사가 원효대사의 오도처에 원효대사 열 반 후 대사님을 기리며 창건하였다 는 설이고, 세 번째는 고려 개국 공신 복지겸 장군의 딸인 복영랑이 만년에 중병에 걸린 아버지 복지겸 장군의 쾌유를 발원하여 원효대사의 오도장소 로 추정하며 940년경(고려 태조 23) 이 땅에 절을 지었다는 설이다.

영랑이란 절 이름은 시주자의 이름에 금강경의 '여몽환포영'의 뜻을 빌 어 그림자와 같고 물거품과 같다는 제행무상의 이치를 담고 있다. 그 후 원 효대사의 일심화회사상(모든 교리를 체인 일심으로 통섭하고 방편인 용으 로 다양하게 펼쳐진 교리와 수행법은 서로 화합하여 어울려 어긋나지 않고 공존한다는 것)과 무애보살행(사회에 이런 사상을 직접 실현하여 평등 속에 차별의 화합, 공존을 구현)을 지극히 공경한 대각국사 의천에 의해 1091년

(고려 선종 8)에 중창된 것으로 전해져 영랑사는 원효대사와 관련이 깊다고 한다.

문화재로는 충남도문화재 제15호인 대웅전과 문화재자료 제221호인 동종이 있다. 또한 고려시 대에 유행했던 청탑의 기단부와 복발 일부가 발 견되어 역사성을 증명하고 있다.

세종 때 제작된 팔도지리지를 근간으로 작성된 신증동국여지승람(1530년)에 기록된 당진현의 사찰 중 현존하는 유일한 사찰로서 1760년에 간 행된 여지도서에도 현의 서쪽 십리 영파산에 있

다고 기록하였다. 조선지지자료에는 상대면 관동(현 진관리)에 영랑사가 있다고 기록되어 있고, 1750년에 제작된 해동지도에도 영파산과 영랑사 위치가 표기되어 있다.

근래 발견된 지붕 막새기와의 명문 '강희 17년 무오년'의 내용이 1678년에 대웅전 중창을 설명하고 있다.

충청북도

• 현암사 _ 충청북도 청원군 현도면 하석리 39-1번지

대청호변 도로에서 200m 수직으로 깎아지른 듯한 절벽을 철계단, 돌계단으로 올라간다. 사찰에 다다르면 대청호가 바로 눈앞에 절경으로 펼쳐진다. 대개의 절터는 산허리에 자리 잡아 좌우로 산이 아늑하게 감싸주는 것이 일반적인데, 이 절은 산등선 바위에 매달려 있는 듯 혹은 구룡산 산등선에 말안장처럼 놓여 있는 듯하다. 법주사 말사인 현암사는 407년 백제 전지왕 때 고구려 청원선경(淸遠仙境) 대사가 창건하였고, 665년 원효대사가 중창하였다.

고구려의 청원선경 대사가 마땅한 수행처를 찾아 눈이 쌓인 산길을 걷는데 노루 한 마리가 엎드려 자고 있다가 청원스님을 보고 반갑다는 듯이 세 번 조아리더니 산으로 달아나는 것이다. 가만히 보니 노루가 누웠던 자리에는 눈이 녹아 쌓여있지 않고, 맑은 샘(靈泉水)이 나오고 있었다. 이렇게 적정한 절터를 발견한 스님은 사찰을 건립하고자 발원하였던 달솔 해충(達率解忠)의 청을 받아들여 사찰을 창건하니 바로 지금의 현암사이다. 사찰이 위치한 산의 아홉

줄기가 강물에 뻗어 있다 하여 구룡산(九龍山)이라 이름하였고, 절벽에 매달려 있는 암자라 하여 현암(懸岩)이라 불렀다고 한다. 청원선사가 이곳에서 수행하실 때에는 하늘의 공양(天供)을 받았다고 한다.

원효스님이 이 절을 중창할 때에 "천여 년 후에 세 개의 호수가 조성되어 구룡산 발치에 청룡이 꿈틀거리는 모양의 큰 호수가 만들어진다. 그러면 임금왕자[王字] 모양의 지형이 나타나면서 국왕이 머물게 되고, 이곳은 국토의 중심이 되어 부처님의 가르침을 널리 전하게 된다"고 예견하였다. 오늘날 대청댐이 있는 곳을 미호(迷湖), 대청호 보조댐이 있는 곳을 용호(龍湖), 청남대에 있는 곳을 황호(潢湖)라 하는데, 실제로 대청호에 잠겨 있는 산봉우리들이 겹쳐 왕(王)자 모양으로 보인다.

고려시대에는 화진(華眞)법사가 머물렀는데, 폭설로 먹을 것이 떨어지자 바위틈에서 쌀이 나왔다고 한다. 조선시대에는 시환(是幻)대사가 중창하였다. 1928년에는 김상익(金相益)과 동인(東寅), 1978년에 종현(宗玄)이 중창하였고, 1986년에 도공(道空)스님이 주지로 부임한 이래 대대적인 불사를 진행하여 현재에 이르렀다. 『신증동국여지승람』과 『여지도서』 그리고 『충청도읍지』 등에는 견불사 또는 견불암(見佛庵)으로 나온다. 『문의읍지』에는 현사로도 기록되어 있으며, 현지에서는 다람쥐가 나무에 매달려 있는 듯한 모습과 같다고 '다람절'이라 부르기도 한다.

대청댐 본댐의 대전쪽 전망대에 있는 봉우리를 향로봉이라 하는데 여기에도 설화가 있다. 임진왜란 때 명군 이여송(李如松)이 진군하다 구룡산의 정기를 끊고자 쇠말뚝을 박으려 하자, 절 앞에서 돌연 천둥번개가 친다. 구룡산이 노한 것이라 겁을 먹은 이여송은 향을 피우고 군사들의 무사 귀향을 빌었다. 향을 핀 곳이 바로 향로봉이다. 이후 중국사신이 조정에 내왕하여 이여송이 이야기한 현암사를 아는가 하고 물으며 다시 찾고자 한다고 하였다. 이항복이 조정 뜰에서 사신을 몇 바퀴를 돌게 하고는 손으로 허공에 큰 원을 그리며, 이심전심의 선(禪)의 경지에서만 찾을 수 있다고 답변하였다. 이에 사신이 감복하여 그냥 돌아갔다고 한다.

주요 유물로는 대웅전 옆 용화전 안의 미륵석불좌상이 있다. 창건주인 선경대사가 자연석에 조각했다고도 한다. 두상이 크고 이목구비가 뚜렷할 뿐만 아니라 법의는 선각하였으며, 양손을 모아 결가부좌하고 있는 모습이다. 높이 110cm이다. 또 절 위쪽에는 오층석탑이 있는데, 이는 절의 석탑 그림자가 호수를 비추면 오래도록 국운이 융성한다는 설이 있어 1990년 대청호를 바라보는 자리에 오층석탑을 세우게 되었다고 한다.

• 창룡사 _ 충청북도 충주시 직동 367-1 금봉산

문무왕(재위 661∼681) 때 원효대사가 창건하였다. 원효대사가 충주를 지나던 중 한 객주에 머물면서 꿈을 꾸었는데, 푸른 용이 여의주를 물고 희롱하는 것을 보고 하염없이 쫓아가니 목이 매우 탔다. 주위를 두리번거리다가 아름다운 여자를 보았는데 그녀가 표주박에 물을 떠주면서, "이곳이 참 좋지요"라고 했다.

그런데 물맛이 꿀처럼 달았다. 곧 꿈을 깬 원효대사는 그녀가 관세음보살인 줄 알고 신비로움에 꿈에 본 그 곳을 찾아 나섰는데 지금의 절터에 이르러 꿈과 똑같음을 보고는 절을 지어 부처님을 모시고 창룡사(蒼龍寺)라고 하였다. 창건 시기는 문무왕 5년(665년)일 가능성이 크다. 왜 나하면 근처의 충북 청원의 현암사

(懸巖寺)를 665년에 원효대사가 중
창했기 때문이다.

　고려 공민왕(재위 1351~1374) 때
혜근(惠勤)이 중건하였고, 조선 선
조(재위 1567~1608) 때 휴정(休靜)
이 중수하여 큰 절의 모습을 갖추었
다. 1870년(고종 7) 목사 조병로(趙
秉老)가 수비청(守備廳)을 세우기 위해 전각을 철거해 절이 축소되면서 거
의 폐사가 되었다.

　1904년 신도 박(朴)씨가 법당을 신축하였으며, 1913년 후불탱화를 봉안하
고 불상을 개금하였다. 1929년에는 주지 김추월(金秋月)이 수비청을 뜯어
지현동에 대원사(大圓寺)를 지었다. 1951년 주지 동인(東寅)이 중건하였고,
1975년 주지 도관(道觀)이 중창하였다. 1993년 정도(靜道)가 대웅전을 해체
하고 극락전을 지어 오늘에 이른다.

　현존 건물로는 극락보전과 산신각, 요사 등이 있다. 이중 주법당인 극락보
전은 정면 3칸, 측면 3칸의 팔작지붕 건물로, 내부에 아미타불과 관세음보
살, 대세지보살을 봉안하였는데, 현재 20년 정도 되었다. 산신각은 정면 2
칸, 측면 1칸의 건물로, 내부에 독성도와 산신도를 봉안하고 있다. 유물로
관세음보살좌상과 청석탑, 범종이 전해진다. 이중 관세음보살좌상은 1730
년(영조 6)에 조성된 것으로 높이 98cm, 어깨너비 47cm의 크기이며, 속리산
법주사에서 옮겨온 것이다.

　이외에도 옛 대웅전에 불상이 여러 개 있었는데, 이중 아미타불상은 대원
사로 옮겼으나 나머지는 행방을 알 수 없다. 청석탑은 옥개석을 9층으로 쌓
은 것으로, 높이가 97cm에 이른다. 범종은 일제강점기에 조성된 것으로, 높
이 63cm, 입지름 38cm의 소형 동종이다. 이밖에도 월악산 신륵사(神勒寺)
에서 조성한 후불탱화 등 5종의 탱화가 전해진다.

• 개암사 _ 전라북도 부안군 상서면 감교리 714번지

선운사 말사인 개암사는 전라북도 변산반도의 능가산(楞伽山)에 위치한 고찰이다. 634년 백제의 왕사(王師) 묘련(妙蓮)스님이 창건하였다. 676년에 원효대사와 의상대사가 머물면서 중수하였다고 한다. 1096년 원감국사(圓鑑國師)가 중창하였고, 이때에 많은 이들에게『능가경(大乘楞伽經)』을 강설하였다. 이후 개암사 뒷산을 능가산이라 부르게 되었다.

능가산 정상은 크고 위용 있는 바위 봉우리가 둘로 나뉘어 열려 있는 형상으로 울금바위, 혹은 개암(開巖)이라 부른다. 우금(禹金)바위, 우진암(禹陣巖), 위금암(位金巖)이라 부르기도 한다.

개암이라는 이름의 유래는 두 가지 설이 있다. 하나는 변한의 문왕이 진한과 마한의 난을 피하여 이곳에 도성을 쌓을 때 동쪽을 묘암(妙巖), 서쪽을 개암(開巖)이라 불렀던 것에서 유래한다는 것이다. 다른 하나는 서유기의 손오공이 딱딱한 돌바위에서 나오듯이 단단한 미망과 번뇌의 속박을 풀고 깨침이 열리는 곳이라 하여 개암이라 부른다는 것이다.

능가산 정상부의 울금바위를 중심으로 개암사 저수지까지 능선 아래로 다듬은 돌과 자연석으로 쌓은 3km 산성이 있다. 우금산성 또는 우진산성, 위금산성, 마연성(馬延城) 혹은 주류산성(周留山城)이라 부른다. 삼국통일기에 백제부흥군이 이곳 주류성에서 마지막까지 항전하였다. 전쟁 이후 원효대사는 사복 등과 함께 이곳에 와서 백제유민들의 아픔을 달랬다. 울금바위 왼편 봉우리 아래에는 백제부흥군이 머물던 넓은 바위굴을 복신굴이라 부르며, 오른편 봉우

리에는 원효대사가 머물렀던 바위굴을 원효방이라 부른다.

　개암사 「별기(別記)」(1979년 대웅전 불상 복장에 들어있던 기록) 등에 의하면, 백제의 사비성이 함락된 660년경, 무왕의 후손인 복신(福信)이 개암사를 창건한 묘련의 제자인 도침, 백제의 왕자 풍창(豊璋)과 함께 백제부흥군을 조직하여 항전하였다. 왜병 수만과 4백여 척의 전함도 와서 함께 도왔다. 왜병은 백강의 오른쪽 언덕에 산을 뒤로 하고 진을 치고 있었다. 신라의 문무왕은 김유신 등 28명의 장수로 하여금 주류성을 치고, 당나라 수군의 유인궤(劉仁軌), 두상(杜爽)과 부여융(扶餘隆, 의자왕의 아들로 문무왕 때 웅진도독이 되어 백제의 옛 땅을 통치함) 등은 대군과 군량을 싣고 와 합공하였다. 나당연합군은 백강 입구의 기벌포에서 네 차례 싸워 왜선 4백여 척을 불태운다. 이에 주류산성 안에 남아 있던 부흥군 내부에서 분열이 일어나 복신이 도침을 살해하고, 왕자 풍창은 복신을 죽이니 성은 이내 함락되었다(663년)고 전한다.

　개암사 진입로에는 느티나무와 단풍나무가 절 앞을 흘러 개암제 저수지로 이어지는 계곡을 따라 펼쳐진다. 절 입구의 불이교(不二橋)를 건너면 양쪽으로 차밭이 펼쳐져 있고, 돌로 단단히 산성처럼 쌓은 축대 사이의 계단으로 올라가면 멀리 위용 있는 울금바위의 두 봉우리가 쌍봉낙타의 등처럼 눈앞에 보인다. 계단을 올라서 넓은 경내지에 들어서면 능가산 자락이 포근하게 감싸고 있는 단아하면서도 위용 있는 천년고찰의 전각들이 펼쳐져 탄

성이 절로 나온다.

　주요 전각으로는 대웅보전, 관음전, 지장전, 응진전 등이 있다. 대웅보전은 1636년(인조 14) 계호(戒浩) 스님이 중건한 것으로 외부에 단청이 없어 더욱 고색창연하다. 육각으로 맞물리게 하여 둥글게 조각한 문

창살에 감탄하다가 고개를 들어보니 처마 아래 지붕을 받치는 공포(栱包)가 연잎과 줄기처럼 세심하게 이어지고 그 위로 이어진 연꽃 봉오리 장식이 아름답다. 법당 안을 들어가니 석가세존과 보현, 문수 양대 협시보살께서 미소 짓는다. 대웅전 부처님 상호를 우러러 바라보다 주변을 둘러보니 고풍스러운 단청으로 장엄된 천정과 대들보 사이에 용들이 여의주를 물고 고개를 내밀고 있다. 단청무늬와 대들보의 용장식에 생동감이 넘친다.

관음전에는 해상용왕, 남순동자가 관세음보살 좌우를 협시하고, 지장전에는 석조 지장보살상과 작은 지장보살상들이 천불전처럼 모셔져 있다. 응진전에는 1677년(숙종 3)에 조성된 16나한상이 모셔져 있다. 세존께서 열반에 드신 이후에도 이 분들은 열반에 들지 않고 붓다의 가르침이 세간에 오래도록 머물도록 부촉받은 분들이다. 관음전 뒤편 돌담 너머로 소나무숲과 차밭이 보인다. 개암사죽염전래관에서 보급하는 개암죽염(開巖竹鹽)도 유명하다.

634년 묘련창건. 원효대사와 의상대사가 676년경 중수했다고 전한다.

• 원효방 _ 전라북도 부안군 상서면 감교리 울금바위

부안군 변산의 개암사 뒷산인 능가산 정상부 울금바위 오른쪽에 있다. 능가산 정상부에는 울금바위라고 불리는 두 쌍의 거대한 바위봉우리가 있는데, 봉우리 아래로 복신의 백제부흥군이 마지막까지 항전하던 주류산성이 있는 곳이다. 원효대사는 사복 등과 이곳에 와서 백제유민들의 아픔을 달랬다고 하며, 원효대사가 머무르던 바위굴인 원효방에는 다천(茶泉, 乳泉)의 설화가 남아 『동국이상국집』 등에 전해 온다.

복신굴과 베틀굴은 개암사에서 보았을 때 왼편 바위 봉우리 아래에 있고, 원효방은 오른편 바위 봉우리에 있다. 개암사 뒤 등산로를 따라 30분 가량 올라가면 능가산 정상 조금 못 미처 우금산성 안내표지판이 나온다. 여기서 왼쪽으로 이어진 등산로를 따라 몇 걸음 내딛으면 바위 봉우리 아래에 비를 피할 수 있는 널따란 공터와 수십 명이 들어갈 수 있는 굴실이 나온다. 바로 삼국통일기에 백제부흥군이 마지막까지 항전한 곳이라 알려진 복신굴이다. 길을 따라 봉우리 뒤편으로 좀 더 돌아가면 조그만 공터와 사람 한 명 들어갈 크기의 작은 굴실이 나온다. 옷감을 짓던 곳이라 하여 베틀굴이다. 복신굴이나 베틀굴과 달리 원효방은 접근하기가 매우 어렵다.

원효방은 우금산성 안내표지판에서 오른쪽으로 올라가 바위모퉁이 길을 따라가야 하는데, 이 길은 협소하고 앞으로 나아갈수록 아래쪽으로는 경사가 심해진다. 막다른 바위 모퉁이에 도착하면 아래로는 낭떠러지인데, 바로 그 막다른 바위 모퉁이 너머에 원효방이 있다. 벼랑길이어서 보기만 해도 다리가 후들거린다. 바위에 몸을 바짝 붙이고 겨우 발 하나를 디딜만한 절벽길을 게걸음으로 조심스럽게 움직여 모퉁이를 도니 가려져 보이지 않던 바위굴실이 나온다. 원효방이다.

원효방에 들어서면 시원하게 펼쳐진 풍경이 새롭다. 서너 평 남짓한 굴실과 한 평 남짓한 굴실이 나란히 있다. 큰 굴실에는 불상(佛像)이 놓여있던 자리가 있고, 바짝 말라 있는 굴실 안 한쪽 구석에는 바위틈에서 스며 나온 물

이 겨우 한 모금 고여 있다. 이것이
예전에 다천(茶泉) 혹은 유천(乳泉)
으로 불리었던 샘의 흔적이겠거니
생각하니 신기하다.

원효스님이 여기에 계실 때 사포
(蛇包)가 차를 달여 원효대사에게
드리려 하였으나 샘물이 없어 딱하
던 중, 물이 바위틈에서 갑자기 솟아났는데 맛이 매우 달아 젖과 같으므로
늘 차를 달였다 한다. 여기 '차(茶)를 달였다'는 기록은 한국 다도의 원형으
로 여겨져 차인(茶人)들에게도 널리 숭앙되고 있다. 고려시대 이규보는 이
곳에 와서 시(詩)로 이렇게 찬탄하였다.

循山度危梯　　산을 돌아 위태로운 사다리 올라
疊足行線路　　발을 포개어 실 같은 길 가니
上有百仞巓　　위에 있는 백 길의 산마루를
曉聖曾結宇　　일찍이 원효성사께서 지붕으로 삼았네
靈蹤杳何處　　존엄한 자취 어디에 있는지 아득하고
遺影留鵝素　　남겨진 진영만이 비단에 머물러 있구나
茶泉貯寒玉　　다천에 맑고 깨끗한 물 괴었으니
酌飮味如乳　　마시매 그 맛 젖과 같구려
此地舊無水　　이곳에 옛날에는 물이 나오지 않아
釋子難棲住　　스님들이 살아갈 수 없었다는데
曉公一來寄　　원효대사가 한 번 와서 산 뒤에는
甘液湧巖寶　　바위 구멍에서 단물이 솟아났네
吾師繼高蹤　　우리 선사가 높은 도를 이어받아
短葛此來寓　　짧은 갈초 입고 이곳에 사네

環顧八尺房	돌아보건대 팔 척쯤 되는 방에
惟有一雙屨	한 쌍의 신발이 있을 뿐이구나
亦無侍居者	시중드는 자도 없으니
獨坐度朝暮	홀로 앉아 세월을 보내누나
小性復生世	소성이 다시 세상에 태어난다면
敢不拜僂傴	감히 굽혀 절하지 않겠는가

• 화암사 _ 전라북도 완주군 경천면 가천리 1078번지

원효대사와 의상대사가 함께 수행하였고, 설총이 공부하던 곳이라 전한다. 사찰로 창건된 것은 694년 진성여왕 때 일교국사에 의해서라 한다. 1425년(세종 7) 해총(海聰)스님이 중창하였다. 임진왜란 때 많은 건물이 소실되었다. 절 뒤편에서 보는 경치는 매우 푸근하고 양명하다. 사찰의 뒤편의 모습이 소박한 민가로 느껴지며, 둘레에는 돌담이 고즈넉이 둘러싸여 있다. 근처에는 시원한 대숲이 울창하며, 산들이 부드럽게 감싸 안고 있다. 사찰 아래로는 험한 급경사 계곡이 이어져 왕래가 불편하였으나 최근에는 화암사 계곡 쪽으로 계단을 설치하여 이 길을 통하여 주로 내왕한다.

주요 전각으로는 중심전각인 극락전(極樂殿, 국보 316호)과 적묵당(寂默堂), 철영재(啜英齋), 우화루(雨花樓, 보물 662호)가 있다. 극락전 안에는 관세음보살상을 모셨고, 전통적인 탱화기법을 그대로 따르고 있는 고승들의

진영 7폭을 보존하고 있다. 우화루는 하앙구조의 처마로 유명하다. '하앙(下昻)'이란 일종의 겹서까래로 처마길이를 길게 뺄 수 있도록 고안한 건축 부재이다. 그간에 중국과 일본에서만 발견되고 우리나라에서는 고려시대의 청동탑 모형 등

에서만 확인될 뿐이어서, 일본학자들은 한국을 거치지 않고 중국에서 일본으로 하앙법이 직수입되었다고 주장하기도 하였다. 이러한 주장과 정면으로 배치되는 증거가 바로 화암사 극락전인 셈이다. 1970년대까지 대중에 알려지지 않은 감춰진 사찰로 있었다.

• 경복사터 _ 전라북도 완주군 구이면 평촌리 1

보덕(普德)화상이 평양의 반룡산(盤龍山) 연복사(延福寺)에 있던 방장(方丈)을 완산주로 옮겨와 세운 절이 경복사(景福寺)이다. 고승이 거처하는 건물을 방장이라 부르는데, 이를 신통력으로 하늘에 날려 옮겨왔다고 하여 비래방장(飛來方丈)이라 한다. 이 때를 『삼국유사』에는 650년(英徽元年 庚戌) 6월이었다고 하고, 『동국이상국집』에는 667년(乾封2年 丁卯) 3월이라 전한다. 고구려가 망한 것은 668년의 일이다.

비래방장의 자세한 이야기는 이렇다. 연개소문이 642년 고구려의 영류왕을 죽인 뒤 보장왕을 즉위시키고서 왕에게 건의하여 도교를 수입하였다. 당나라에서 온 도사들을 나라 안의 유명한 산천을 돌아다니며 진압하였다. 예를 들어 초승달

모양(新月城)이던 옛 평양성의 지세를 보름달 모양(滿月城)으로 만들거나 옛 임금들이 말을 타고 하늘에 올라 상제를 뵈었다는 바위인 영석(靈石)을 파서 깨뜨리곤 하였다. 또 명승지의 땅에 구멍을 깊이 파고 쇠붙이들을 모아 녹여 부었다.

이를 지켜보던 보덕화상은 치우친 도교(左道敎)가 정(正)에 짝을 지으니 나라가 위태로워질 것이라 걱정하여 여러 번 간언했으나 왕은 듣지 않았다. 하루는 제자들에게 묻기를, "이 나라 고구려는 반드시 오래가지 못할 것이

다. 피난을 해야 하겠는데 어느 곳이 좋을까?" 하였다. 제자 명덕(明德)이 말하길, "완산주의 고대산이 편안히 머물만한 땅이라 합니다"고 대답하였다. 완산주(完山州)는 지금의 전주이며, 고대산(孤大山)은 지금의 고달산(高達山) 혹은 고덕산(高德山)이다.

아침에 일어나 보니 절은 이미 남쪽으로 1천여 리 날아와 옮겨져 있었다. 제자인 명덕이 둘러보고 말하기를, "이 산이 비록 기절(奇絶)하기는 하나 샘물이 없다. 내가 만일 스승이 옮겨올 줄 알았더라면 반드시 옛 산에 있는 샘물까지 옮겨왔을 것이다" 하고 아쉬워했다. 이 말을 들은 보덕화상이 지팡이를 두드리니 물이 풍부하게 나오게 되었다고 한다.

이후 경복사는 열반종의 대표사찰로 수많은 학승이 모여 공부하는 곳이 되었다. 원효대사와 의상스님도 경복사에 와서 보덕화상에게서 열반경 등을 공부하였고, 원효대사는 보덕에게 『열반경』을 배우고 『열반경종요』란 저서를 남겼다. 이 때에 보덕의 제자들은 완산주에 많은 사찰들을 건립하였는데, 금동사(金洞寺), 진구사(珍丘寺), 대승사(大乘寺), 대원사(大原寺), 유마사(維摩寺), 중대사(中臺寺), 개원사(開原寺), 연구사(燕口寺) 등이 유명하였다. 경복사는 조선시대인 1424년(세종 6) 선교 양종으로 통폐합될 때에도 36본사 중의 하나였으며, 승려 70명에 전지 50결(최소 15만 평)이 넘는 큰 가람이었으나 현재는 터만 남아있다.

현재 남아 있는 절터는 전라북도 기념물 제108호로 지정되어 있는데, 구이면 화원마을과 상하보마을을 잇는 해발고도 603m의 고덕산(高德山) 서쪽 기슭이다. 삼국시대의 것으로 보이는 유물이 많이 출토되어, 17개소의 건물지와 석등 대좌의 유구 등이 확인되었고, 650년에 창건되었다는 기와 조각의 명문이 발견되었다고 한다. 경복사지 안내판이 있는 곳은 밭과 무덤으로 변해 있고, 근처에 작은 폐가(廢家) 한 채가 있다. 이 건물의 일부 부재는 경복사터에서 나온 것으로 추정된다. 그러나 안내판이나 폐가의 위치는 조선시대까지 대가람이었던 사찰의 중심터라고 보기 어렵고, 그보다 위쪽인 고덕산자락 아래에 있었을 것으로 보인다. 이를 뒷받침하려는 듯 석재 등의 건축부재가 곳곳에 남아 눈에 띈다.

고려시대 대각국사 의천은 고대산 경복사의 비래방장에 모셔진 보덕성사 진영을 참배하며 기록을 남겼다.

涅槃方等敎	열반경과 방등경의 가르침,
傳授自吾師	우리 스님으로부터 전하여졌네.
兩聖橫經日	원효 의상 두 성인이 이 책을 펴고 배울 때,
高僧獨步時	보덕성사가 홀로 걸으셨던 시절이라.
從緣任南北	인연 따라 몸은 남북에 맡겼지만,
在道絶迎隨	도에 있어서는 맞이하고 따라줄 이가 끊어졌네.
可惜飛房後	애석하다! 방장실을 날리신 뒤에,
東明故國危	동명성왕 옛나라가 위태로왔네.

• 영월암 _ 전라북도 장수군 산서면 봉서리 520-1번지

달이 오래 비치는 절이라 하여 영월암(映月庵)이라 부른다. 근처에 삼한시대 이래 내려온 사찰 토굴터가 있어 원효대사가 한철 겨울을 지내면서 수행하였다고 한다. 옛 토굴터는 현재 농지 등으로 전용되어 구체적인 위치와 흔적을 찾기 어렵다.

높고 시야가 탁 트인 산성(山城)에 자리 잡고 있는 영월암의 달이 뜨는 경치는 장수의 아름다운 10가지 경치 중 하나로 알려져 있다. 경내지 위쪽에 성은정사(城隱精舍)라는 전각이 있는데, 조선시대 이래로 때때로 문인들의 쉼터로 쓰이기도 하였다. 근처에 거령산성 성곽이 있다. 군량미를 보관하던

'사창'이 있던 곳이다.

사찰지는 조선시대 이래로 지방 문중의 소유가 되어 과거에는 경내지의 은행나무 열매조차 거두어 가기도 하였으나 현재는 사찰에 최대한 배려하고 협조하고 있다고 한다. 원효대사와 수행한 토굴에 대해 주지스님께 여쭈어 보니, '구멍절'이란 뜻으로 혈사(穴寺)라 부르는데, 영혈사, 성혈사, 동혈사 등 세 곳이 유명하여 이를 삼혈사(三穴寺)라 한다는 이야기를 들었다고 한다.

중창 불사는 불교부인회 강미타심 보살과 지역 신도 등이 시주를 모아, 1952년 석주(石柱), 석정(石鼎) 스님 등과 당시 불교중앙총무원교정이었던 만암종헌(曼庵宗憲), 불교중앙총무원장 이종욱(李鍾郁), 불교혁신회장 백성욱(白性郁, 1897~1981), 불교전북교육원장 정봉모(鄭奉謨) 스님 등이 직간접적으로 참여하였다고 하며, 1987년 대웅전을 중건하였다. 제월당(요사채)은 1992년과 2004년에 대지(大智)스님이 지었다.

• **팔성사** _ 전라북도 장수군 장수읍 용계리 1267번지 팔공산

백제 무왕(600~641)때 해감(解橄)이 창건하였다. 신증동국여지승람에 의하면, 운점사(雲岾寺)는 성적산(聖迹山)에 있었다. 신라 진평왕(眞平王)이 중수하였으니 원효(元曉)스님의 도량이었다. 남북쪽에 만향점(萬香岾)이 있는데, 원효대사와 의상(義湘)이 이곳에서 강법(講法)할 때에 향기가 퍼져 나와 붙인 이름이다. 세종(世宗) 때에 성주(省珠)스님이 다시 중수하였다. 의상(義湘)이 중건한 팔공암(八功庵)도 성적산에 있었다고 전한다.

전라도의 팔공산 이름의 유래에도 몇 가지 설화가 전해 온다.

하나는 척판구중 이야기와 관련이 있는데, 원효대사가 던진 척판으로 목

숨을 구한 당나라의 천명 대중이 천성산에 와서 모두 득도하였을 때, 이들 천명의 뒷바라지를 하던 8명은 미처 공부를 마치지 못하였다. 이들은 원효대사를 따라 이곳에 와서 수행하여 득도하였고, 여기서 8명의 성인이 나왔기에 팔성사라 부르게 되었다는 것이다.

다른 하나는 해감스님이 절을 창건하였을 때에 그의 제자 7인도 함께 따라와서 각자 암자를 하나씩 짓고 수행하였던 것에 유래한다는 것이다. 또 팔공암(八公巖)이 있어 팔공산이라 한다는 설도 있다. 팔공산의 옛 이름인 성적산(聖迹寺)이란 이름도 성인의 자취가 있는 산이란 뜻이다.

현재 팔성사는 금산사 말사로 전라도 팔공산(八公山) 팔성사(八聖寺)라고 한다. 1969년 입법당 1동만 남아 있던 절에 혜전 노스님과 현재 주지스님인 법륜스님이 주석하며 1974년 대웅전을 새로 짓고, 1991년에는 인법당 자리에 극락전을 중창하고, 성적선원(聖迹禪院)을 지었다. 운점루(雲岾樓) 위쪽 소나무 숲 사이에는 청향대(靑香臺)가 있으며, 물이 흘러나오는 샘 옆에는 유심정(流心亭)이 있다. 현재 템플스테이용 설법전을 새로 짓고 있다. 스님 말씀이 처음 팔성사를 중건할 당시에는 운점사라는 옛 절이름이나 만향점의 설화를 알지 못했다고 한다. 전각들의 이름을 짓고 난 이후에 우연히 이야기를 듣고 새삼 놀랐다고 한다.

• 고림사 _ 전라북도 진안군 진안읍 군상리 1161번지 부귀산(富貴山)

672년(문무왕 12) 원효대사가 창건하였다. 사찰 주변에는 원효대사가 좌선을 하던 좌선대(坐禪臺)가 남아 있다. 원효대사 좌선대는 절과 매우 가까이 있으며 바위덩어리로서 위에 평평한 곳이 있다. 전하는 바에 따르면, 원효대사는 삼국통일의 대업이 원만히 이루어지기를 소망하여 주로 안(安)자가 붙은 곳에서 수도하였다고 하며, 전라북도 부안군의 변산과 진안군의 이 사찰이 잘 알려져 있다.

창건 이후의 연혁은 전하지 않는다. 단지 고려 때에는 상림사 또는 운림사

(雲林寺)라고 불렀다고 한다. 조선시대에 들어와 절 주위에 수백 년 자란 고목들이 울창한 숲을 이루고 있어서 고림사(古林寺)라 하였다.

1928년 불에 타 없어진 것을 1932년에 중건하였다. 이 때 불길 속에서 건져낸 관세음보살상이 유일한 유물이며 현재 법당에 모셔져 있다. 1991년 삼성각을 새로 지었다. 주위가 한적하고 경치가 아름다워 진안군의 옛 이름인 월랑의 월랑팔경(月浪八景) 중 부귀산에 지는 일몰 부귀낙조(富貴落照)와 고림사의 저녁 종소리 고림모종(古林暮鐘)이 유명하다.

고림사의 비구니 스님이 원효대사와 관련된 말씀을 하면서, '천성산 내원사 계곡에 3평 남짓의 적멸굴이 있는데 스님들만 아는 산길로 들어가야 되고 그곳에서 원효대사가 수행했다'고 한다.

전라남도

• **금탑사** _ 전라남도 고흥군 포두면 봉림리 700번지 천등산

문무왕 때(661~681) 원효대사가 창건하였다. 통일신라시대에 제작되었다는 원효대사와 의상대사의 진영이 있었지만, 원효대사와 의상대사의 진영은 1980년대에 분실했다. 그런데 사진이 남아 있어서 지금은 서울 호림박물관(湖林博物館)에 있는 것이 확인되었고, 진영은 시효가 지나서 지금은 찾을 수 없다. 이제는 사진을 통해 진영을 그려서 보존하려고 하며, 진영의

모습은 비교적 젊은 원효대사의 모습을 담고 있다고 한다.

원효대사 창건이라고 하지만 사찰에 구전으로 전해지는 원효 이전의 연혁이 있어서 사찰에서 그것을 조사해서 종합적 연혁을 정리할 예정이라고 한다. 창건 당시에 금탑(金塔)이 있어 금탑사라고 불렀다. 금탑은 1,600년 전 인도 아쇼카왕이 나한을 시켜 하루 사이에 탑을 세계에 유포시켰다고 하거나, 또는 아쇼카왕이 8만4천 불탑을 만들어서 바다에 띄웠는데 이 절에 그 탑이 왔다. 그 탑을 금탑이라고 해서 이 절을 금탑사라고 명명하게 되었다. 임진왜란 때 왜놈들이 파괴시켰고, 1930년대까지 기단부가 있었는데 도둑맞았다고 한다.

현존하는 당우로는 전라남도 유형문화재 제102호로 지정된 극락전과 산신각, 범종각, 일주문, 요사채 등이 있다. 극락전은 정면 3칸, 측면 2칸의 팔작지붕을 한 다포계(多包系) 양식의 건물로 정면의 어칸은 공간포(空間包) 2조, 협칸은 공간포 1조를 배치하였으며, 어칸 좌우의 기둥에 용두(龍頭)가 달려 있다. 범종각에는 법고(法鼓)와 범종(梵鐘)이 보관되어 있으며, 일주문에는 신동 손문경이 13세 때 썼다는 금탑사 현판이 있다. 이밖에도 약 250년 전에 제작된 괘불(掛佛)과 함께 또한 절 주변에는 천연기념물 제239호로 지정된 비자나무 숲과 독치성(禿峙城) 등 유서 깊은 곳이 많다.

• **무위사** _ 전라남도 강진군 성전면 월하리 1174번지 월출산

전남 강진군 성전면(城田面) 월출산(月出山) 남동쪽에 있는 고찰이다. 617년(진평왕 39) 원효(617~686)대사가 창건하여 관음사(觀音寺)라 하였다. 617년은 원효대사가 탄생한 해이기 때문에 617년에 원효대사가 무위사를 창건했다는 것은 이치에 맞지 않다. 그리고 이곳은 백제영토였기 때문에 원

효대사가 창건했다는 설이 사실이라면 사찰창건연도는 백제 멸망(660년) 이후인 신라 문무왕 집권기(661~681)일 가능성이 높다. 현재 원효관련 유적은 남아 있지 않다.

875년(신라 헌강왕 1) 도선(道詵)이 중건하여 갈옥사(葛屋寺)라 개칭하였다. 946년(고려 정종 1)에는 선각(先覺) 형미(逈微)가 3창하여 모옥사(茅玉寺)라 하였다가 1550년(조선 명종 5) 태감(太甘)이 4창하고 무위사(無爲寺)라 개칭하였다. 형미의 행적이 담긴 보물 507호 선각대사편광탑비(先覺大師遍光塔碑)의 비명(碑銘)에 의하면, 신라시대에도 이미 무위갑사(無爲岬寺)로 불렸다. 신라 당시에 당우(堂宇)는 본절이 23동, 암자가 35개로서 모두 58동에 이르는 대사찰이었는데 그 후 화재 등으로 축소되었다.

최근까지만 해도 남아 있는 당우는 극락전과 명부전 및 요사(寮舍)뿐이었는데, 1974년 벽화보존각(壁畵保存閣), 해탈문(解脫門), 분향각(焚香閣), 천불전(千佛殿), 미륵전(彌勒殿) 등을

중건하면서 옛날의 모습을 찾을 수 있게 되었다. 그리고 편명 없는 전각에 돌부처상이 있는데, 아무 설명도 없다. 이 중 국보 제13호 극락전은 벽에 29점의 벽화가 있었으나 지금은 본존불(本尊佛) 뒤의 탱화(幀

畵)만 남아 있고, 28점은 보존각(성보박물관)에 소장되어 있다. 이 벽화들은 법당이 완성된 뒤 찾아온 어떤 노거사(老居士)가 49일 동안 이 안을 들여다 보지 말라고 당부한 뒤에 그렸다. 그런데 스님이 궁금해서 안을 들여다보았 는데, 노거사는 없고 파랑새가 그림을 그리고 있다가 끝내 그림을 다 완성 하지 못하고 날아가 버렸다는 전설이 있다. 노거사로 변해서 그림을 그린 파랑새는 원효대사가 낙산사를 방문했을 때 원효대사를 부르던 관음보살의 화신인 파랑새와 깊은 연관성이 있을 것으로 여겨진다.

• **도림사** _ 전라남도 곡성군 곡성읍 월봉리 327번지 동악산

도림사는 곡성읍에서 서남쪽으로 4km 떨어진 월봉리, 동악산 줄기인 성 출봉(형제봉) 중턱에 자리 잡고 있다. 660년(무열왕 7)에 원효대사가 사불산 화엄사로부터 옮겨서 지었다.

「길상암나한전 유적 중수기」가 도림사에 보관중인데 여기에 도림사와 관 련된 원효, 의상, 윤필의 이야기가 전해진다. "욕천(현 곡성읍) 관아 십리 서 쪽에 산이 하나 있는데, 동악산이라 하고 또는 성출산이라고도 한다. 그곳 에 도림사라는 사찰이 있다. 그 산 가운데에는 옛날부터 선인(仙人)이 계셨 으며, …원효대사, 의상대사, 윤필법사가 함께 수행하셨던 자취가 뚜렷하게 남아 있다. 원효, 의상, 윤필 세 분의 선사께서 수도하실 때에 성출봉에 있는 바위굴에서 십육나한과 옥으로 빚은 불상이 차례대로 솟아나올 즈음에 윤

필법사의 꿈속에 나타나 가리켜주 시면서 어서 빨리 봉안하라"고 말 씀하시었다.

이튿날 봉우리 바위굴을 찾아서 가보니 불상들이 있었는데, 석가모 니불은 빛을 발하며 솟아오른 바위 굴 속 끝에서 말없이 편안하게 앉아

계시었다. 윤필법사는 큰 빛을 발하는 그 존상을 뵙고 한없이 기쁘고 즐거운 마음에 수없이 엎드려 예배를 올린 후 등에 업고 봉안하였다. 날마다 즐거이 등에 업고 모신 분이 열다섯 분이었는데 열여섯 번째의 존상은 머리와 얼굴이 반만 나와 있을 뿐 전체가 다 나오지 않아 윤필법사가 양손에 움켜쥐고 빼려 하자 목만 부러지고 몸이 나오지 않았다.

두려움과 근심에 어찌할 줄 모르다가 다음날 다시 가 보니 그 존상은 솟아오른 바위굴 속 끝에서 완전한 모습으로 편안히 앉아 있었다. 다시 그 자리에 모셔놓으면 즉시 또 쫓겨나곤 하여 이와 같이 하기를 대여섯 번을 반복한 까닭에 하는 수 없이 열다섯 분의 존상만 모셔놓고 그 자리에는 백토로 빚은 도자기 그릇으로 대신 여기에 계신다는 표시만 해 놓았다. 날마다 등에 업은 듯이 공경하며 봉안할 때에 하늘에서 천상선인께서 즐거운 음성으로 찬탄하면서 앞뒤에서 길을 가리키고 인도하실 때에 허공이 진동하였기 때문에 동악산이라고 하였다.

이 열여섯 나한의 모습이 밝고도 뚜렷하며 세상에는 이와 같은 것은 없으니, 세상 사람들이 복을 구하거나 그들의 자손을 구할 적에 이 나한들 앞에서 기도를 드리면 그 소원대로 무엇이든 성취였기 때문에 큰 명성을 얻었다. …이 「길성암나한전 중수기」는 1757년 음력 5월 22일 다시 간행하였고, 1906년 윤4월 22일 다시 간행함."

원효 관련 유물유적은 없지만, 도림사에서 등산길로 2분 거리에 백여 년

전(19C말~20C초)에 음각한 암반이 있는데, "원효대사, 의상대사, 윤필거사, 도선국사, 지환대사 …주석한 곳[留錫處] …"라는 글귀가 한자로 새겨져 있다. 도림사가 있는 동악산은 660년

(신라 무열왕 7) 원효대사가 이 절과 길상암(吉祥庵)을 창건할 때 '온 산의 풍경이 음률에 동요되어 아름다운 음악소리가 들렸다' 고 해서, 또는 '하늘의 풍악에 산이 춤췄다' 고 해서 동악산(動樂山)이라고 하였다고 한다.

아름다운 계곡을 따라 기암괴석을 이루고 넓은 암반에는 조선시대 이래 근세에까지 많은 시인묵객들이 다녀간 흔적을 글씨로 새겨놓았다. 해발 735m의 동악산 남쪽 골짜기를 흘러내리는 동악계곡(도림계곡), 성출계곡에는 아홉 굽이마다 펼쳐진 반석 위로 맑은 물이 흐르고 노송과 폭포들이 어우러져 절경을 이루고 있어서 전라남도기념물 제101호로 지정되어 있다.

876년(헌강왕 2) 도선국사(道詵國師)가 중창을 하였는데 이때 도선, 사명, 서산 등 도인들이 숲같이 모여들어 절 이름을 도림사라 했다고 한다. 고려시대에 지환대사가 3창을 하였으며, 조선 태조의 계비 신덕왕후가 이 절을 후원하였기 때문에 이름을 신덕사(神德寺)로 부른 적도 있다고 한다.

현재 절 안에는 법당인 보광전을 비롯하여 응진당, 지장전, 약사전, 칠성각, 요사채 등이 있고, 1683년(숙종 9)에 제작된 도림사 괘불(전라남도유형문화재 119호)이 소장되어 있다. 절 입구에는 허백련 화백이 쓴 오도문이라는 현판이 걸려 있다. 이 절에서 계곡 깊숙이 2km 떨어진 곳에 길상암(吉祥庵)이 있었으나 1960년대에 폐찰되고 지금은 흔적만 남아 있다. 보광전은 정면 3칸, 측면 2칸인 맞배지붕집이며 원형기둥을 세우고 포작은 주두 위에만 공포를 올린 주심포집 형식이다. 겹처마, 전면 외2출목, 후면 외1출목의 주심포 건물로 모로단청이 되어 있다.

• **사성암** _ 전라남도 구례군 문척면 죽마리 186번지

이곳은 원래 오산암이라 불렀는데, 544년(백제 성왕 22) 연기조사가 처음 건립하였다고 전해지고 있다. 오산은 바위가 거북이 등껍질처럼 생겨서 명명된 이름이다. 『사성암사적(四聖庵史蹟)』에 4명의 고승, 즉 원효(元曉), 도선국사(道詵國師), 진각(眞覺), 의상(義湘)이 수도하였다고 하여 사성암이

라 부르고 있다.

원효바위라는 좌선대가 있는데, 원효대사가 좌선하던 자리이다. 구례사성암마애여래입상(求禮四聖庵磨崖如來立像)은 1999년 7월 5일 전라남도유형문화재 220호로 지정되었다. 사성암은 구례읍에서 약 2km 남쪽인 죽마리 오산(鰲山) 꼭대기에 위치해 있다. 오산은 해발 530m로 그리 높지 않은 산이지만 사방이 한눈에 들어오는 뛰어난 경승지이다. 『봉성지(鳳城誌)』에서는 "그 바위의 형상이 빼어나 금강산과 같으며, 예부터 부르기를 소금강"이라 하였다. 암자 뒤편으로 돌아서면 우뚝 솟은 절벽이 전개되는데, 풍월대, 망풍대, 신선대 등 12비경으로 절경이 뛰어나다.

또한 송광사 제6세인 『원감국사문집(圓鑑國師文集)』에도 오산에 대한 언급이 보인다. "오산 정상에서 참선을 행하기에 알맞은 바위가 있는데, 이들 바위는 도선, 진각 양 국사가 연좌수도(宴坐修道)했던 곳"이라 하였다. 어쨌든 이와 같은 기록들로 보아 통일신라 후기 이래 고려까지 고승들의 참선을 위한 수도처였던 것으로 보인다.

현재 사찰은 조그마한 소규모의 목조 기와집이며, 암자에서 동쪽으로 약 50m 떨어진 암벽에 높이 4m 되는 음각 마애여래입상이 조각되어 있다. 마

애여래입상의 연대가 고려 초기로 올라간다는 점에서 사성암의 창건 내력을 살피는 데 좋은 자료가 된다. 귀목나무(수령 800년)와 7개의 바위가 원을 그리면서 놓여 있는 곳이 있으며, 약수물 마실 곳이 없는 것이 특징이다. 사찰 입구에서

4.2km의 거리에 있으며, 법당 왼편에 지장전, 산신각, 도선굴, 소원바위, 좌선대, 귀목나무가 있다.

• 문수사 _ 전라남도 구례군 토지면 문수리 74번지 문수골

문수사는 좌청룡 우백호의 기운이 뚜렷한 구례군 지리산에 있다. 547년 (백제 성왕 25) 연기가 창건하였다. 그 뒤 원효, 의상을 비롯한 윤필, 서산, 소요, 부유, 사명대사 등 여러 고승 대덕께서 수행정진한 제일의 문수도량이다. 고승 서산의 젊은 시절 수행처이기도 했는데 이때의 한 고사가 전해져 내려온다. 서산대사가 불법을 깨우치기 위해 용맹정진하던 중 걸승이 찾아와 함께 수행하기를 청했다.

처음에는 식량이 모자라 거절하기도 했지만 노승의 청이 너무 간절해 같이 수행하게 되었다. 밤잠을 자지 않고 수행에 전념하던 어느 날 수행하던 노승이 새벽녘에 주장자를 앞산으로 날려 황룡으로 만들더니 그 용을 타고 안개 속으로 사라지는 것이다. 이후 문수사는 깨달음을 얻어 성불하는 수행처로 널리 알려지게 되었다. 임진왜란 때 왜병의 난입으로 일부가 파괴된 뒤 불당을 조성하지 못한 채 6.25를 맞아 전소되었다.

1984년 요사채를 세우고 1988년 옛 대웅전 터에 지금의 고금당선원을 건립하고 진입도로를 완성하여 사찰의 면모를 갖추게 되었으며 문수전, 삼성각, 고봉선원, 방장굴, 설선당 등을 건립, 석축을 쌓고 3층 법당 대웅전(목

탑)을 건립하여 오늘에 이르게 되었다. 사찰 경내 입구에 오래된 맷돌 아랫부분이 있다. 차로 사찰 경내까지 들어갈 수 있지만 길이 험하다. 지리산 반달곰이 있는 곳으로서 사찰 경내에서 곰을 사육하고 있다.

• 다보사 _ 전라남도 나주시 경현동 629번지 금성산

다보사는 백양사 말사로 금성산 남쪽 기슭 골짜기에 있다. 원효대사가 초옥을 짓고 수행 중 땅에서 칠보로 장식된 큰 탑 속에서 다보여래가 출현하는 꿈을 꾼 뒤에 창건하였기에 다보사(多寶寺)라 한다. 1184년(고려 명종 14)에 보조국사 지눌스님이 중건, 1594년(조선 선조 29) 청허선사가 중창하였다. 우리나라 선불교의 법맥을 잇는 선방(禪房)으로, 8.15광복 이후 구암, 금오, 도원스님 등이 수행하였다.

대웅전 문살에는 국화, 매란, 모란 등의 꽃무늬를 정교하게 새겨 놓았다. 대웅전은 전남 문화재자료 제87호이다. 대웅전 안에는 우화당(雨華堂) 도원(道元)스님의 진영이 있다. 보물 1343호인 다보사 괘불과 가을 단풍이 유명하다고 한다. 경내 입구에는 6~700년 된 팽나무가 보호수로 지정되어 있다. 높이는 2~30m쯤 되어 보이며, 둘레는 3~4m 정도이다.

절 아래서 보면 4층으로 된 철근 콘크리트 전각인 다보사 천불전은 마치 대웅전 앞마당에서 솟아난 탑 같은 인상을 준다. 안에 들어서면 전면 양쪽 벽에 청룡, 홍룡 탱화가 절을 지키듯 걸려 있다. 산신각 위쪽에는 영산전과

선방으로 쓰던 전각이 있는데, 현재는 사용하지 않고 있다. 축대와 영산전 불상에 미간백호에 있어야 할 보석이 빠져 있다. 다보여래(多寶如來, Prabhūtaratna)는 동방 보정세계(寶淨世界)의 부처님이다. 보살로 있을 때, "내가 성불하여 열반에

든 뒤에 시방세계(十方世界) 어느 곳이든 『법화경』을 설하는 곳에는 나의 보탑(寶塔)이 솟아나와 그 설법을 증명하리라"고 서원하였다. 석가모니 부처님이 영산(靈山)에서 『법화경』을 설할 때에 역시 보탑이 솟아나왔다고 한다.

• 향일암 _ 전라남도 여수시 돌산읍 율림리 산 7번지 금오산

향일암은 금오산(金鰲山)이 바다와 맞닿은 가파른 언덕에 자리하고 있고, 왼쪽에는 중생이 서원에 감응했다는 감응도, 앞바다에는 부처가 머물렀다는 세존도, 오른쪽에는 아미타불이 화현했다는 미타도가 있다. 금오산은 바위들이 거북등껍질처럼 생겨서 붙여진 이름이다. 금오산과 향일암의 지세는 거북이 등에 경전을 지고 용궁에 들어가는 형국이다.

원효대사가 659년(백제 의자왕 19)에 원통암(圓通庵)이란 이름으로 창건하였다는 내용이 『여수군지』 및 『여산지』에 기록되어 있다. 원효대사가 관세음보살을 친견한 관음기도도량이다. 대웅전 뒤편 위쪽에 있는 흔들바위 또는 경전바위가 있는데, 원효대사가 관세음보살을 친견하고 절을 떠날 때 걸망이 무거워 경전들을 바다를 향해 던졌는데, 그 경전들이 허공으로 치솟으며 바위로 변해 경전바위가 되었다고 한다. 위쪽에서 보면 경전을 펼쳐 놓은 듯한 형상인데, 이 바위는 한 사람이 흔드나 열 사람이 흔드나 똑같이 흔들리는데 한 번 흔들면 경전을 한 번 사경한 공덕이 있다고 한다.

경전바위 주변은 위험하여 현재 길이 폐쇄되었다. 관음전은 원효대사의 수도도량인데, 그 아래 바닷가 방향에 '원효대사 좌선대'가 있다. 원효대사가 659년에 원통암(圓通庵)이란 이름으로 창건하였다는 것이 사실이라면, 그 시대에 이미 여수 돌산도는 신라의 영토이었다고 증명하는 것이다.

950년(고려 광종 9)에 윤필(允弼)거사가 이곳에 수도하면서 원통암을 금오암(金鰲庵)이라 개칭하였다. 조선시대인 1713년(조선 숙종 39)에 당시 돌산주민들이 논과 밭 52두락을 헌납한 지 3년 뒤인 1715년에 인묵(仁黙)대사가 지금의 자리로 암자를 옮기고, '해를 바라본다'는 뜻의 향일암이라고 명명하였다.

다도해 해상국립공원에 위치한 향일암은 금오산 기암절벽 사이의 울창한 동백나무와 남해의 수평선에서 솟아오른 일출 광경이 천하일품이어서 전국 각지에서 관광객들이 찾는 명소이다. 경내에는 대웅전과 관음전, 칠성각, 취성루, 요사채 등이 있는데 이 건물은 모두 1986년에 새로 지은 것이다. 대웅전은 정면 3칸, 측면 2칸, 팔작지붕으로 배흘림이 있는 기둥을 세우고 그 위로는 창방(昌枋)이 얹혀져 있으며 헛첨차를 결구하였다. 공포는 기둥 위에만 설치하는 주심포계이며 처마는 부연이 있는 겹처마이다.

대웅전 안에는 1987년에 조성한 청동석가모니불과 관음, 지장보살이 있다. 1988년에 조성한 영산회상도와 금니(金泥)로 채색한 신중탱화, 1983년에 만든 소형 범종 등도 봉안되어 있다. 관음전은 대웅전 뒤쪽으로 50m 떨어진 커다란 바위 위에 있다. 정면 3칸, 측면 1칸의 초익공계이며 바람막이 판이 달린 맞배지붕이다. 1991년에 조성한 관음보살상과 관음탱이 있고, 관음전 옆에는 석조관음보살입상과 동자상이 있다.

대웅전 뒤에 있는 일명 흔들바위는 경전을 펼쳐 놓은 듯한 형상인데 이 바위를 한 번 흔들면 경전을 사경한 공덕이 있다는 이야기가 전해진다.

• 원효사 _ 광주광역시 북구 금곡동 846번지 무등산

원효사는 광주의 대표적인 사찰로 광주시내에서 12km 거리의 무등산 북쪽 기슭 원효봉 아래 위치하고 있다. 원효계곡이 절 아래로 흐르며, 맞은편에는 의상봉(530m), 관음봉이라고도 하는 윤필봉, 천왕봉 등이 보인다. 원효사의 누각, 회암루(晦巖樓)에 앉아 무등산의 아름다운 풍광을 보며 휴식을 취하는 시민들이 많다. 경내의 감로정 우물이 맑다.

특히 개산조사당에는 원효대사 진영이 모셔져 있다. '해동화엄초조원효대사진영(海東華嚴初祖元曉大師之眞影)' 이라 쓰여져 있다.

또한 조사당 벽면에는 원효대사 생애의 주요장면을 벽화로 그려놓았다.

제1. 수하탄생상(樹下誕生相) 불지촌 사라수 나무 아래에서 태어난 모습.
제2. 출가수학상(出家修學相) 출가하여 수행 공부하는 모습.
제3. 심앙문법상(尋仰聞法相) 널리 스승을 찾아 깊이 법을 구하여 듣는 모습.

제4. 석굴수도상(石屈修道相) 석굴에서 수행하는 모습.

제5. 고총오도상(古塚悟道相) 오래된 무덤에서 이치를 깨우치는 모습.

제6. 가두만행상(街頭萬行相) 거리에서 무애무를 추며 교화하는 모습.

제7. 요석춘연상(瑤石春緣相) 요석궁에서 새로운 인연을 만난 모습.

제8. 군기참모상(軍機參謀相) 군사 참모로 자문하는 모습.

제9. 강경경치병상(講經綖治病相) 금강삼매경을 설하여 왕비의 병을 치유하는 모습.

제10. 쇄수진화상(灑水鎭火相) 물을 뿌려 불을 끄는 모습.

제11. 척반구중상(擲盤求衆相) 소반을 던져 대중을 구하는 모습.

제12. 분황찬소상(芬皇撰疏相) 분황사에서 저술하는 모습.

제13. 혈사입적상(穴寺入寂相) 혈사에서 입적하는 모습.

제14. 소상회고상(塑像回顧相) 설총이 인사하자 소상이 돌아보는 모습.

원효사는 송광사 말사이며, 사찰전서에는 원효암으로 기록되어 있다. 연혁은 신라 때에 작은 암자로 창건된 것으로 시작한다. 그 뒤 고려 충숙왕(1314~1339) 때에 중창되었고, 조선시대에는 서산대사의 제자이자 승병장으로 유명한 기허영규(騎虛靈圭, ?~1592) 스님이 이곳에서 수행하였다. 1597년 석경(釋經)스님 이래로, 1636년 신원(信元), 옥견(玉堅)스님이, 1894년에는 함명태선(涵溟太先, 1824~1902) 스님 등이 중건 중수하였다.

일제 강점기 육당 최남선은 「심춘순례」(尋春巡禮)에, "법당과 범절이 당당한 일사(一寺)의 풍모를 갖췄다. 본존인 석가여래상이 거룩하시고 사자의 등에다 지운 대법고는 다른 데서 못 보던 것이다. 법당 오른편에 있는 영자전(影子殿)에는 달마로부터 원효, 청허(淸虛) 내지 서월(瑞月)까지의 대탱(大幀)을 걸고 따로 영조 50년 갑자(1774)에 담양 서봉사에서 모셔온 원효탱화를 걸었다. 나한전, 명부전, 선방, 칠성각 같은 것이 다 있고 불상도 볼 만하니 그래도 원효대사의 창사 이래 오랫동안 명찰이던 자취가 남아 있다"

고 기록하였다.

이후 한국전쟁으로 사찰 전각 전체가 소실되었고, 1954년 대웅전 초석 아래에서 출토된 고려시대 금동비로자나불은 1974년 도난되었다. 1980년 법타스님에 의해 대웅전, 명부전, 요사 등의 전각이 복원되었고, 현재 현지스님이 부임한 후 1992년부터 성산각, 개산조사당, 요사, 종각, 누각 등의 건물이 세워졌다.

경상북도

• **불굴사** _ 경상북도 경산시 와촌면 강학리 5번지, 팔공산

불굴사(佛窟寺)는 팔공산자락의 무학산(舞鶴山)에 위치하고 있다. 불굴사 옆에 있는 석굴에서 원효대사가 수행한 것을 계기로, 690년 옥희(玉熙)스님이 창건하였다고 한다. 홍주암은 불굴사 옆 200여 m 떨어진 높다란 바위중턱에 있는 석굴이다. 김유신 장군은 이곳에서 삼국통일을 염원하며 수련했는데, 그의 나이 17세에 이곳에서 신인(神人)으로부터 공부했다고 전한다. 전망이 탁 트인 기도처로 조성되어 있고, 철로 된 계단과 난간을 설치하여 접근이 양호하다.

불굴사는 창건 당시에 50여 동의 전각과 12개의 부속암자가 있는 대가람이었다. 1736년(영조 12) 큰 비로 사찰이 무너져 매몰되었다. 이후 순천 송광사의 한 노승이 약사여래 현몽을 꾸고는 이곳에 와서 석조약사여래입상을 발견하여 중건하였다고 한다. 1860년(철종 11)에 유혜(有惠), 쾌옥(快玉)스님이, 1939년에는 은해사의 경파백현(鏡波伯鉉)스님이 중창하였고, 1988년 원조스님이 진신

사리를 가져와 본래의 대웅전 자리에 적멸보궁을 지었다.

주요전각으로는 적멸보궁, 약사전, 선방, 종무소 등이 있다. 보물 제429호인 삼층석탑은 원효 당시 혹은 옥희 창건의 모습을 간직하고 있다. 주불전인 대적광전(大寂光殿)에는 불상 없이 진신사리탑이 있는데 1988년 인도에서 가져온 진신사리가 봉안되어 있다. 약사전의 약사여래입상(문화재자료 401호)은 전각 안에 봉안되어 있는데, 호사가들은 약 6km 떨어져 마주보고 있는 선본사의 갓바위 부처님을 양(陽)으로 보고, 이곳 약사여래입상을 음(陰)으로 보아 한 쌍을 이룬다고도 말한다. 1976년 홍주암 수리 중에는 청동불상을 발굴하기도 하였다.

• **반룡사** _ 경상북도 경산시 용성면 용전리 118-2번지 구룡산

반룡사의 창건에 대해서는 661년(신라 문무왕 1) 원효대사가 창건하고, 신라 헌덕왕 때 심지(心地) 왕사가 중건하고, 고려 중기 청도 운문사를 중창한 원응(圓應)국사 학일(學一, 1052~1144)스님이 신흥암(新興庵)이라는 이름으로 크게 중창하였다. 임진왜란 이후 소실된 절을 조선 인조 때인 1637년 이래 현감이었던 임선백(任善伯)과 계운(戒云), 명언(明彦)스님 등이 산내암자인 내원암(內院庵), 취운암(翠雲庵), 대적암(大寂庵), 은선암(隱仙庵), 안적암(安寂庵) 등을 함께 중창하면서 반룡사(盤龍寺)라 하였다.

구룡산을 아우르는 반룡사가 있던 경산지역은 옛 압량주로, 삼한시대 진한(辰韓)의 압독국(押督國)이 있던 곳이다. 압량국(押梁國)이라고도 불렸던 압독국은 102년 사로국(신라)에 병합된 이후에도 자치권을 인정받아 신라와 동반관계에 있으면서 백제의 침입으로부터 경주를 보호하는 전략적 요

충지의 역할을 해 왔다.

그러다가 삼국통일기에 압량주는 신라의 주요한 군사거점지역이 되었다. 642년 백제 의자왕은 직접 신라를 공격하여 미후성(獼猴城) 등 40여 성을 빼앗았고, 이어 윤충(允忠)으로 하여금 신라의 대야성(大耶城, 경남 합천)을 함락시켰다. 이에 고구려와 백제 그리고 왜국 사이에 고립되어 위기에 처한 신라는 활로를 모색한다. 신라의 선덕여왕은 김유신을 압량주 군주(軍主, 총관)로 보내어 세 곳의 군사훈련장을 축조하고 경산과 청도 등에서 군사를 모병하여 양성케 하였다.

648년 김유신(金庾信)은 2만 명의 정예군으로 백제를 공격하여 대야성 등을 회복한다. 다시 655년 1월에는 고구려와 백제의 동맹군에게 변방 33성을 빼앗기고, 신라의 태종무열왕은 옥천의 조천성(助川城)을 공략하려 했으나 실패한다. 요석공주의 남편이었던 김흠운(金歆運)은 낭당대감(郎幢大監)으로 출전하였다가 백제군의 내습으로 이때 전사하였다. 653년 귀국한 김인문이 압량주 군주를 맡았고, 나당연합군을 조직하는 데에도 성공하였다. 태종무열왕은 압량주에 주력병력을 결집하여 백제정벌에 나섰고, 백제의 사비성이 무너진 것은 660년의 일이었다.

원효대사가 반룡사를 창건한 661년 압량주 경산에는 백제가 무너진 큰 전쟁 이후 전장에서 돌아온 병사들과 부상병, 그리고 전쟁에서 전사한 전사자들의 유가족들이 유난히 많았을 것이다. 특히 압량주에는 신라군의 모병훈련소가 있던 전략적 요충지에 자리잡은 군사주둔지이자 병력의 이동통로였으니 다른 지역보다 더 그러하였을 것이다. 그의 부친 담날(談捺)도 서당(誓幢, 원효대사의 어릴 때 이름)이 12세 때(628년) 전쟁터에서 전사하였기에 전쟁으로 피폐

된 사람들의 마음을 누구보다 잘 아는 원효대사는 이들을 외면하기 어려웠을 것이다. 더욱이 경산은 그가 태어난 압량군의 남쪽 불지촌(佛地村)이었으니 분명 원효대사는 고향에서 그가 할 수 있는 일을 다 하였을 것이다.

이 때를 전후한 시기는 원효대사의 생애에서도 전환점에 해당된다. 그가 거리에서 '수허몰가부 아작지천주(誰許沒柯斧 我斫支天柱)' 노래를 부르다가 요석궁에 들어간 것은 656년 이후의 일이다. 요석궁에서 나와 소성거사로 거리를 다니며 무애무를 추고, 어린아이까지 '아미타불'의 명호를 알고 '나무아미타불' 염불을 할 수 있게 되었다고 하는 때는 657년경 이후로 추정된다.

원효대사가 662년 난새와 송아지 그림을 해독하여 준 이야기도 반룡사에 머물 때의 일이다. 김유신이 연기(然起)와 병천(兵川) 두 사람을 소정방에게 보내서 당나라군과 합세할 시기를 물었다. 이때 소정방은 종이에 난새(鸞)와 송아지(犢)의 두 그림을 그려 보냈다. 신라 사람들은 그 뜻을 알지 못하여 사람을 보내서 원효법사에게 물었다. 원효대사는 해석하기를, "속히 군사를 돌이키라는 뜻이니 송아지와 난새를 그린 것은 두 물건이 끊어지는 것을 뜻한 것입니다"라 했다. 이에 유신은 급히 군사를 돌려 강(패수, 浿水)을 건넜다. 반쯤 건너자 과연 고구려 군사가 쫓아와서 아직 건너지 못한 자를 잡아 죽였다고 한다.

또한 반룡사는 설총을 키워낸 원효대사의 주석처로도 알려져 있다. 요석

공주는 남편 원효대사를 만나기 위하여 원효대사의 고향 집 초개사를 찾았으나 만나지 못하고, 원효대사의 고향인 불지촌에서 설총을 출산하였다. 막상 아기를 출산하였지만 혼자서 양육하기 어려웠던 요석공주는 어렵게 수소문하여 원효대사

를 찾아 반룡사까지 찾아왔다고 한다. 그럼에도 남편이었던 김흠운이 전사한 뒤 원효대사를 만났던 요석공주가 이곳에서 보여준 행적은 흰옷을 입은 백의(白衣) 관세음(觀世音)을 연상케 하였다고 전한다. 반룡사는 동해의 낙산사, 남해의 보리암, 서해의 보문사와 더불어 우리나라의 대표적인 4대 관음도량으로 꼽힌다고 한다.

신라의 무열왕 내외는 이때에 몰래 경주에서 산내지역과 지금의 반룡사까지 와서 딸 요석공주와 손자 설총을 만났다고 한다. 신라왕의 내외가 이 산을 넘어왔다 하여 왕재란 지명이 유래되었다는 것이다. 왕재는 용성면 육동지구의 용천 1동과 용전리를 경계하는 구룡산의 지산인 반룡산 깊은 계곡을 오르는 오솔길 중 하나로 과거에는 경주와 경산을 잇는 지름길이었다.

옛 반룡사에는 25동 이상의 전각이 있었던 것으로 경상도읍지의 반룡사 사적비는 기록하고 있다. 선당(禪堂), 승당(僧堂), 대광전(大光殿), 가허루(駕虛樓), 관음전(觀音殿), 원음전(圓音殿), 향적루(香積樓), 해탈문(解脫門), 영우전(影于殿), 해운당(海雲堂), 제월루(霽月樓), 명월당(明月堂), 만월루(滿月樓), 법성료(法性寮), 원융료(圓融寮), 천왕문(天王門), 명부전(冥府殿), 팔상각(八相閣), 홍려전(鴻臚殿), 무상원(無常院), 극락전(極樂殿), 내향각(內香閣), 외향각(外香閣), 봉황문(鳳凰門), 금강문(金剛門) 등이 그것인데, 생소한 전각이름이 많이 눈에 띈다. 그러나 이러한 옛 규모를 지금의 반룡사에서 가늠해 보긴 어렵다. 용전리 일대의 사찰소유지는 상실되고 전각들 역시 원인 모를 화재로 모두 소실되었다.

현재 반룡사에 현존하는 전각들은 1950년대 이후 중건한 것으로 대웅전, 천불전, 만세루, 산령각과 승방, 그리고 석탑과 석조관음입상 등이 있다. 대웅전 왼편의 승방 앞에는 동국여지승람에 수록된 이인로의 반룡사 시(詩) '산거'가 붙어있고, 안에는 원효대사와 설총의 진영이 있다. 유물로는 석등 하대석과 태민대사비석(太敏大師碑石) 등의 석조유물이 남아 있으며, 1654년에 조성된 목조관음상은 1900년대 초에 청도 대운암으로 옮겨졌다고 한다.

산내암자의 위치를 따져보면 반룡사를 기준으로 내원암은 동으로 400m, 대적암은 동으로 800m, 은선암은 동으로 1200m 거리에 각각 위치하며 취운암은 북쪽 100보 거리에 있었던 것으로 추정되고 있다. 그런데 1996년 중앙 승가대학교에서 실시한 반룡사 주변조사 결과 반룡사의 동쪽과 동남쪽에서 암자터 2개소와 1개소의 부도군지가 확인돼 5개 산내암자의 실재를 가늠케 하고 있다. 만세루에서는 탁 트인 용전리 일대가 굽어보인다. 그렇지만 절 아래로는 축사들이 즐비하여 소울음 소리가 주차장 앞까지 들린다.

• 초개사 _ 경상북도 경산시 유곡동 279번지

원효대사(617~686)는 태어난 이후 한 번도 울지 않았다고 한다. 낳은 지 백일에는 안으로 내면을 관찰하는 모습이었고, 한 살에는 장부처럼 의젓한 자태를 풍겼다. 7살이 되자 산에 있기를 좋아하여 조부가 초막을 지어주었다는데, 그 초막을 초계사(草係寺)라 하였다는 일설이 있다. 또 삼국유사에는 원효대사가 출가한 뒤 속가집을 '초개사(初開寺)'라 불렀다고 전한다.

지금의 초계사 위치는 옛 집터가 있던 곳이라기보다는 초막이 있던 곳에 가까워 보인다. 마을에서 산으로 한참 올라간 중턱에 위치한 사찰터이며, 보통의 가옥이 있던 곳은 아닌 까닭이다. 허나 일설에는 '삼성산 한 줄기가 마을로 내려오다 마지막 용틀임을 하는 곳이 유곡리이고 드디어 꼬리를 심

는 곳이 하대리이다. 유곡리는 초개사요, 하대리는 도동재이다. 따라서 불교의 처음을 연 곳과 유교의 길을 세운 곳이 그렇게 한 아버지와 아들에 의해 이어져 있다'고도 한다.

원효대사의 집터에 지었다는 초개사터는 아직 확인되지 않아서 여러 이설이 분분하다. 하지만 이들 추

정지 모두 경산의 남쪽 삼성산 줄기 아래에 위치하고 있다. 원효대사의 고향집이 경산에 있었다고 하는 것에는 의심할 여지가 없는 것이다. 그렇지만 보다 세밀한 조사는 필요할 것이다.

현재의 초개사가 있는 곳은 오래된 암자터로 1907년 화재로 소실된 것을 최근에 중건한 것이다. 좌대와 탑하단부 등이 출토되어 경산시립박물관에 옮겨졌다고 하며, 산내에 암자가 2개 더 있었다고 한다. 또 1912년 지역의 유림들이 전해 오던 이야기를 모아 비문으로 기록하여 남겼는데 초개사는 금계포란형으로 닭이 알을 품은 형상의 터에 위치하였고, 조선시대에는 '신림사' 로 부르기도 했다고 한다.

• **제석사** _ 경상북도 경산시 자인면 북사리 226-1번지

제석사는 경산시 자인면 북사리의 마을 한가운데 위치해 있다. 이 마을은 예부터 불당골이라 불렀기에 제석사를 '불당절' 이라고도 한다. 제석사는 원효대사가 태어난 곳에 지었다는 옛 사라사(娑羅寺)를 계승한 절이다.

원효대사는 617년(진평왕 39) 불지촌(佛地村) 북쪽 율곡(栗谷)의 사라수(娑羅樹) 나무 아래에서 태어났다. 원효대사의 속성은 설씨(薛氏)이다. 조부는 잉피공(仍皮公) 또는 적대공(赤大公)이라고도 하며, 적대연(赤大淵) 옆에 잉피공의 사당이 있었다. 아버지는 담날내말(談捺乃末)이고 어머니는 사라부인(娑羅夫人)이다. 어머니 꿈에 유성(流星)이 품속으로 들어오더니 이내 태기가 있었다. 만삭이 된 사라부인이 마침 이 골짜기에 있는 밤나무 밑을 지나다가 갑자기 해산하였으므로, 몹시 급박하여 집으로 돌아가지 못하고 남편의 옷을 나무에 걸어 그 속에서 출산하였기 때문에 이 나무를 '사라수' 라

부르게 되었다. 그 나무의 열매가 특별해서 '사라율(裟羅栗)'이라 했다.

옛날에 사라사(裟羅寺)의 일꾼에게 하루 저녁 끼니로 밤 두 알씩을 주었다. 일꾼이 적다고 관청에 호소하자 관리는 괴상히 여겨 그 밤을 가져다가 조사해 보았더니 한 알이 바리 하나에 가득 차므로 도리어 한 알씩만 주라고 판결했다. 이런 이유로 율곡(栗谷)이라고 했다. 사라수 나무가 있던 율곡은 원효대사가 태어난 곳으로 사라사(裟羅寺)란 절이 되었으며, 율곡의 서남쪽에 있던 원효대사의 집은 희사하여 초개사(初開寺)란 절이 되었다.

불지촌은 발지촌(發智村) 혹은 불등을촌(弗等乙村)이라고도 하는데, 발지촌은 '지혜가 발현된 마을'이란 뜻으로 '부처님의 터[佛址]'란 지명과 일맥상통한다. 석가세존은 무우수(無憂樹) 아래에서 태어나고 사라수(沙羅樹) 아래에서 입멸하였다. 또한 불지촌 북쪽은 부처님이 열반에 드신 곳이란 함의가 있다. 그런데 원효대사는 그 사라수 아래에서 태어났다는 것이다. 즉 원효대사의 탄생은 부처님이 입멸하신 곳으로부터 중생구제를 위해서 하화중생의 발원으로 다시금 사바세계로 되돌아와 나투는 보살의 모습으로 그려지고 있는 것이다.

더욱이 사라율(裟羅栗)의 열매는 매우 커서 한 알이 바리에 가득 찰 정도였다고 하는데, 보살의 회향(回向)이 원만한 결실을 맺었다는 상징적 의미가 있다. 지리적으로 불지촌(佛地村)은 자인현(慈仁縣)에 속한다. 자인현은 지금의 자인면, 용성면, 남산면과 진량면, 압량면의 일부를 합한 지역이다.

압량군 남쪽에는 삼성산이 있는데 원효, 설총, 일연 세 성인이 태어났다고 하여 삼성산(三聖山)이라 한다. 불등을촌은 '브들'의 향찰식 표현으로 '버들마을'에 해당된다. 오늘날 경산시 여천동(麗川洞) 일원으로 추정된다. 여천동은 조선 후기

까지 유천동(柳川洞)이라 하였으
며, '버드내' 혹은 '버등' 이라 부르
는 까닭이다.

『홍유후실기(弘儒侯實紀)』에 의
하면, 요석공주는 시댁 동네를 물어
물어 찾아와 원효대사의 탄생지인
유곡(油谷)에서 아이를 낳았고, 설
총은 불지촌(佛地村)인 유천(柳川)에서 자랐다고 한다. '홍유후(弘儒侯)'는
고려 현종이 설총에게 추증한 시호이다.

오늘날 제석사는 그 규모는 작지만 정갈하게 도량을 정비해 놓았다. 원효
성사전에는 원효대사 소상과 원효대사 생애를 부처님의 팔상도 형식으로
조성한 원효보살팔상탱화가 봉안되어 있다. 대웅보전에는 신라시대의 것으
로 보이는 석조 연화무늬 좌대가 있다. 예부터 남아 있던 유물이다. 400여
년 전 농부가 밭갈이 중 불상과 탑신을 발견하여 1625년 유찬이 절을 중건
하게 되었다고 전한다. 해마다 음력 5월 4일, 원효성사 탄생다례제를 봉행
한다. 지역의 유지들 및 경산시 관계자, 신도 등 많은 이들이 원효성사전에
서 '차(茶)'를 올린다.

• **신림사터** _ 경상북도 경산시 점촌동 259 현성산 (유물 삼성현문화박물관)

신림사터는 원효대사가 자라난 집을 희사하여 만든 사찰인 초개사(初開
寺)로 여겨지기도 한다. 『자인읍지(慈仁邑誌)』에 의하면, 신림사는 자인현
의 서쪽 십리 현성산(賢聖山)에 있는 절로 신라 신문왕 때에 원효대사가 창
건하여 금당사(金堂寺)라 하였다. 1620년에 백양(白楊)스님이 선승당(禪僧
堂)을 짓고 절이름을 고쳐 신림사(新林寺)라 하였다. 임진병란에 소실되고
오층탑만이 남은 것을 법성(法性)스님이 중건하였다.

부속암자로 명적암(明寂庵), 성재암(聖齋庵), 백운암(白雲庵) 등이 있었

다. 명적암은 신림사 서쪽 백보 쯤에 있고, 성재암은 자인현의 남쪽 십리 현성산에 있다. 일설에 신라왕이 후사가 없어 이 암자에 기도를 하여 어진 아들을 얻었기에 산 아래 마을을 독자동(獨子洞)이라 하고, 그 위의 산을 상왕산(上王山)이라 하였다. 자식이 없는 자가 이곳에서 기도하면 반드시 응답이 있다고 한다. 백운암은 자인현의 남쪽 십오리에 있는 삼성산에 있는데, 1700년에 신관(信寬)스님이 창건하였다. 자인현은 지금의 자인, 용성, 남산과 진량, 압량 일부를 합한 지역이다.

오늘날 신림사터의 영역은 현 대구한의대학교 정문 서편 구릉일대, 인터불고골프장 및 계림골프연습장 인근으로 판단된다. 주변 밭에서 다수의 기와조각과 도자기편 등이 채집된다. 신림사터에서 나온 유물은 현재 경산시립박물관에 있다. 일제강점기 때 경산지역 공중 의사였던 구메지(久米)는 유곡동 신림사지 및 경산 도처에서 옮겨온 석조유물을 정원의 장식으로 두었다.

광복 후 이곳은 경산중학교가 되었고, 유물은 그대로 교정에 놓여 있다가 1999년에 경산시수도사업소 계양정수장 마당으로 옮겨졌다가 현재는 경산시립박물관이 개관하여 박물관으로 이관되었다. 이들 각종 석조물은 전술한 완형에 가까운 탑, 불상, 부도 등 11점과 기타 비석 귀부(龜趺), 문인석, 망주석 등 11점을 포함하여 모두 22점이다. 부도, 남근석, 석등 등 돌로 된 유물들은 외부 정원에 그냥 한데 모아 두었는데, 이들 부도 중 하나의 명문에는 서화당(西化堂)이라 새겨져 있다. 경산시립박물관 입구에는 원효대사, 일연대사, 설총의 동상이 있다.

삼성산(三聖山)에 오르면 경산의 자인면과 용성면이 나지막이 내려다보인다. 천년 동안 그러했을 것이다. 네티즌 무영스님은 신림사 옛터를 둘러보고는 그의 블로그에 메모하길, "일심(一心)이 왜 생멸문과 진여문을 아우르고 있는지 알 수 있을 것 같다. 슬퍼할 자격이나 있을까. 나라를 빼앗기고, 나라의 혼을 빼앗기고, 이리저리 헤매기만 할 뿐인 자는 슬퍼할 자격이 없다. 스스로 마음의 바탕을 찾지 못한 바에 차라리 박물관 유리관 속에 있는 것이 더 나을지도 모른다"고 하였다.

주변에 유곡사 등의 절이 있으며, 관광지로는 경산 상대온천 등이 있다. 상대온천 위쪽의 남산면 하대리 소재 도동서원(道東書院)이 있다. 원효대사의 아들 설총을 모셔 본디 도동재(道東齋)로 불리던 것을 마을의 유림들이 몇 년 전 규모를 키우고 서원 간판을 달았다. 도동재에는 자그만 봉분과 그 봉분 앞의 신도비가 전부였었다. 봉분은 설총의 묘로 알려져 있다.

• 분황사 _ 경상북도 경주시 구황동 313번지

원효(元曉)는 이곳 분황사에서 『화엄경소(華嚴經疏)』를 집필하였다. 분황사는 왕분사(王芬寺)로도 불리었다. 634년(선덕여왕 3)에 건립된 신라에서 가장 오래된 사찰 중의 하나이다. 삼국유사에 분황사는 석가모니 이전의 과거 부처님 시대 때부터 절터였던 곳에 세워진 일곱 가람중의 하나였다고 한다. 일곱 가람은 홍륜사(興輪寺), 영홍사(永興寺), 황룡사(皇龍寺), 분황사(芬皇寺), 영묘사(靈妙寺), 천왕사(天王寺), 담엄사(曇嚴寺) 등을 가리킨다.

보광전(普光殿)에는 약사여래입상과 원효대사 진영이 있다. 화쟁국사비는 고려 숙종 6년(1101)에 세워졌는데, 현재 비석은 없고 받침돌인 비좌만 남아 있다. 『대동금석서』에 화쟁국사비의 탁본 단편이 남아 있다. 삼국유사에 의하면 경덕왕 14년(755)에 분황사의 약사여래불의 동상(銅像)을 만들었는데 무게가 30만 6700근이요, 만든 장인은 본피부(本彼部) 강고내말(强古乃未)이었다는 기록이 있다. 그렇지만 현재의 약사여래입상은 조선 영조 50년(1774)에 조성된 것이라 한다.

신라 선덕여왕 3년(634)에 조성된

분황사 석탑은 전탑처럼 안산암을 벽돌모양으로 다듬어 쌓아 올렸다. 1915년에 해체 수리되었다. 7층 혹은 9층탑이었을 것으로 추정되기도 하나 사방으로 전실을 만들어 불상을 모신 분황사 석탑의 형태는 초기대승불교 시대에 남방에서 유행했던 불탑양식의 축소판처럼 보인다. 특히 스리랑카 폴로나루와의 석탑형 법당 양식과 매우 유사한 형태에서 분화한 것일 가능성이 있기에 보다 면밀한 연구가 필요하다.

또한 분황사에는 신라시대부터 있던 돌우물이 있다. 우물의 외부는 팔각으로 팔정도를 나타내고 내부는 원형으로 조각하여 진리를 표현했다고 하는데 여기에도 설화가 있다. 신라 38대 원성왕 때 당나라 사신이 분황사에 찾아와서 우물에 살고 있는 세 마리의 호국용을 보고 신력으로 용을 물고기로 변화시켜 당나라로 가지고 가려 하였다. 왕이 이를 알고서 사신을 추적하여 물고기로 변한 용을 되찾아 이 우물에서 살게 했다고 한다. 이후 분황사 돌우물을 삼룡변어정(三龍變魚井)이라 부르게 되었다.

현재 일주문 옆에는 발굴조사가 한창이다. 이로써 현재의 분황사 영역은 과거 사찰의 일부분으로 축소될 것이며, 발굴조사가 완료되면 보다 많은 분황사의 면모를 찾을 수 있을 것이다.

• 황룡사터 _ 경상북도 경주시 구황동 구롱리

황룡사는 원효대사의 시작과 그 성취를 극명하게 대별하여 보여주는 공간이다. 더욱 상징적인 것은 그가 강설한 『금강삼매경』(金剛三昧經)이 시각(始覺)과 본각(本覺)으로 종지를 삼는다는 점이다. 황룡사는 원효대사에게 어떤 의미가 있는 공간이었을지 이것을 먼저 다루어 보고자 한다.

신라 진흥왕 14년(553) 월성 동북쪽에 새로운 궁궐을 지으려다 황룡이 나타나 승천하므로 궁궐 건립을 중지하고 그 자리에 황룡사를 창건하게 되었다. 진평왕 6년(584)에는 장육존상을 모실 금당이 중건되었다. 그러니까 원효대사가 황룡사에서 출가한 때인 632년의 황룡사 금당에는 장육존상이 있었다. 선덕여왕 14년(645)에는 자장(慈藏)의 권유로 백제의 아비지(阿非知)를 초청하여 9층 목탑을 완성하였다. 황룡사구층탑이 완공된 때는 원효대사의 나이 29세로 혜공에게 "넌 똥이고, 난 물고기야"란 따끔한 질책을 받았던 이듬해다.

16세의 나이에 황룡사에서 출가한 이래 원효대사는 긴 여정을 수행과 학문 그리고 교화를 한몸에 구현해 왔지만 671년 그의 나이 55세가 되던 해에 자신의 출가 본사인 황룡사에서 열린 백고좌 법회에는 끼지도 못한다. 기성 교단으로부터 인정받지 못하고 소외되어 있었던 것이다.

그러나 바로 그 다음해인 672년에 누구도 해낼 수 없는 일을 대중 앞에서 해낸다. 그 사건이 바로『금강삼매경』의 강설이다. 약술하면, 신라 문무왕의 왕비인 자의왕후(慈儀王后)가 앓고 있는 악성종기를 치유하기 위해서는 용왕으로부터 얻은 순서가 뒤섞인『금강삼매경』을 강설해야만 하는데 뒤바뀐 순서를 맞출 수 있는 이는 대안(大安)대사뿐이고 이를 주석하고 강설할 수 있는 사람은 오직 원효뿐이었다는 이야기이다.

이것은 당시 불교계에 대한 신랄한 비판이 아닐 수 없다. 또한 "옛날 백 개의 서까래를 구할 때는 내가 참여하지 못했는데, 오늘 아침 하나의 대들보를 올리는데 오직 나만이 그 일을 할 수 있구나"라고 대중을 꾸짖자, 왕비의 병이 씻은 듯이 나았다는 거짓말 같은 이야기는 그의 강설은 비판을 뛰어넘은 '치유'였다고

말해 주고 있는 것이다. 왕비는 국모로 백성을 대변하는 상징적 측면이 있음을 고려하고 자의(慈儀)라는 이름으로부터 '자비를 행하는 모양새 혹은 풍속'이라는 의미를 덧붙여 바라보면 악성종기로 표현된 병폐와 상처를 오직 원효대사가 치유하였다는 것이다.

오늘날까지 이때에 원효대사가 쓴『금강삼매경론소』는 주석서임에도 용수나 세친의 저술처럼 논서로 인정되고 있어『금강삼매경론』이라 부른다. 이런 사례는 동북아시아에 원효대사가 유일하다. 이를 다시 뒷받침하는 사건이 척판구중(擲板求衆)의 설화이다. 673년 척판을 날려 중국 태화사의 천 명 대중을 구하고 원효대사를 찾아온 이들 천 명의 대중들을 지도하여 모두 성인이 되게 하였다는 것이다.

원효대사의 위대성이 동북아를 감화시킨 것은 단지 그가 때때로 기이하여 상궤에 어긋난 모습이나 그가 보였던 이적에 있는 것이 아니라 원효대사의 내면을 채웠던 진실함이 이끌어 낸 인간애의 회복이었을 것이다. 그 클라이맥스의 무대가 바로 황룡사(皇龍寺)인 것이다. 676년 신라는 삼국을 통일하고 이후 황룡사는 통일신라의 중심사찰로 거듭난다. 이후 황룡사는 신라, 고려를 거쳐 685년간 호국사찰로 숭앙되어 왔다. 한국불교를 호국불교라고 부르는 연원에는 원효대사가 있는 것이다. 황룡사는 고려 고종 25년(1238)에 몽고침입으로 소실되었고 아직 복원되지 못하고 있다.

1976년에 이르러 옛터에 있던 민가 100여 호를 이주케 하고 국립경주문화재연구소에서 8년간 발굴조사하였다. 발굴조사 결과 실제로 늪지를 메워 조성한 터로 밝혀졌다. 또한 발굴 이전에는 1탑 1금당이 남북 일렬로 배치된 장방형 형태로 추정했는데 발굴조사 결과 1탑 3금당의 정방형으로 밝혀졌다. 담장 내부의 규모만 동서 288m, 남북 281m로 80,928㎡에 달하였다. 창건 이후 크게 3차례에 걸친 가람형태의 변화가 있었는데 최종 가람은 남문-중문-목탑-중금당-강당을 남북 일직선상에 두고 중금당 좌우에 동서금당을, 탑 전방좌우에 종루와 경루를 대칭되게 배치한 것으로 보인다.

유물은 금동불상, 치미(鴟尾)를 비롯하여 4만여 점이 출토되었다.

• 고선사탑 _ 경상북도 경주시 보덕동 암곡리(수몰: 경주박물관)

고선사는 원효대사가 주지로 있던 절이다. 삼층석탑 등 남은 유물은 경주박물관(경주 일정로 118)에 있다. 고선사터가 덕동댐 건설로 물에 잠기게 되어 1975년 고선사지 삼층석탑 등이 경주박물관으로 옮겨졌다. 미술사학자인 又玄 高裕燮(1905~1944)의 답사기록에 의하면, 1914년 5월 삼층석탑 주변에서 원효대사 비석인 서당화상비 조각이 발견되었다고 한다. 이는 삼국유사 관련 기록에 신뢰성을 더한다.

고선사는 『삼국유사』에 전하는 「사복불언」이야기의 배경무대가 되는 장소이기도 하다. 사복불언 이야기의 대강은 이렇다.

사복의 어머니가 죽었을 때 원효(元曉)대사는 고선사(高仙寺)에 있었다. 원효대사는 그를 보고 맞아 예를 했으나 사복(蛇福)은 답례도 하지 않고, "그대와 내가 옛날에 경(經)을 싣고 다니던 암소가 이제 죽었으니 나와 함께 장사지내는 것이 어떻겠는가" 하고 묻는다. 원효대사는 좋다고 함께 사복의 집으로 가서 포살(布薩)하여 계(戒)를 주며 그 시체 앞에서 빌었다. "세상에 나지 말 것이니, 그 죽는 것이 괴로우니라. 죽지 말 것이니 세상에 나는 것이 괴로우니라."

말이 너무 번거롭다고 사복이 말하니, 원효대사는 "죽는 것도 사는 것도 모두 괴로우니라"라고 고쳐서 말한다. 상여를 메고 활리산(活里山) 동쪽 기슭에 도착하여 원효대사가 제안하길, "지혜 있는 범을 지혜의 숲속에 장사지내는 것이 또한 마땅하지 않겠는가" 하였다.

사복이 게(偈)를 지어 대답하길, "옛날 석가모니 부처님께서는 사라수(娑

羅樹) 사이에서 열반(涅槃)하셨네. 지금 또한 그 같은 이가 있어 연화장(蓮花藏) 세계로 들어가려 하네." 그리고서 띠풀의 줄기를 뽑으니, 그 밑에 명랑하고 청허(淸虛)한 세계가 있는데 칠보(七寶)로 장식한 난간에 누각이 장엄하여 인간의 세계는 아닌 것 같다. 사복이 시체를 업고 속에 들어가니 갑자기 그 땅이 합쳐 버린다. 이것을 보고 원효대사는 그대로 돌아왔다.

고선사지 삼층석탑은 신라 석탑의 원형을 잘 보여주는 양식으로 연대는 최소한 686년 이전에 건립된 것으로 추정된다. 682년(신문왕 2)에 세운 감은사지 삼층석탑과 유사한 양식으로, 2단으로 된 기단 위에 3층의 몸돌과 지붕돌, 높이가 10m에 82장의 돌로 이루어진 것 등에서 공통점을 찾을 수 있다. 다른 점은 고선사 삼층석탑의 경우 1층 몸돌에 문비(門扉)가 표현되어 있고, 감은사터 삼층석탑의 경우에는 찰주(刹柱)가 남아 있는 점이 다르다.

• 흥륜사터 _ 경상북도 경주시 사정동 281번지

흥륜사는 신라에서 가장 먼저 세워진 절이며, 금당에 신라 10성을 모셨던 절이다. 신라 10성은 아도(我道)화상, 위촉(厭觸, 이차돈), 혜숙(惠宿), 안함(安含), 의상(義湘), 표훈(表訓), 사파(蛇巴, 사복), 원효(元曉), 혜공(惠空), 자장(慈藏)을 가리킨다. 원효대사는 682년경 흥륜사에 주석하며 『화엄경소』를 썼다.

흥륜사의 시작은 신라 13대 미추왕(재위 262~284) 3년에 성국공주(成國公主)의 병을 아도(阿道)화상이 고쳐준 것이 계기가 되었다고 한다. 공주의 병이 낫자 왕은 크게 기뻐하며 그의 소원을 묻는다. 아도화상은 대답하길, "빈도(貧道)에게는 아무 구하는 일이 없고, 다만 천경림(天鏡林)에 절을 세워서 크게 불교를 일으켜서 국가의 복을 빌기를 바랄 뿐입니다" 하였다. 이에 왕이 허락하였다. 천경림은 전불(前佛)시대 일곱 가람터의 하나로 알려져 있다.

그는 매우 검소하여 억새를 얽어 움막집을 짓고 거처하였는데, 불도를 강설하면 하늘에서 꽃비가 내렸다고 한다. 아직 신라에 불교가 공인되기 한참 이전이어서 흥륜사는 미추왕 이후 이내 잊혀졌다. 신라 19대 눌지왕(訥祇王, 재위 417~458) 때 고구려의 묵호자(墨胡子)에 의해 불교가 크게 전파되었고, 이차돈 순교(527년) 이래 비로소 국가적 사업으로 흥륜사를 창건한다.

신라 23대 법흥왕 14년(527) 천경림에 터를 닦고 22년(535)에 크게 공사를 시작하여, 24대 진흥왕 5년(544)에 완공하여 대왕흥륜사(大王興輪寺)라 하였다. 동경흥륜사(東京興輪寺) 혹은 대흥륜사(大興輪寺)라 불렀다. 절이 완공된 뒤 진흥왕은 그해 3월 백성들이 출가하여 승려가 되는 것을 허락하였고, 스스로도 출가하여 법운(法雲)이라는 법명을 받고 법의(法衣)를 입고 흥륜사에서 임종(臨終)하였다.

이후 흥륜사는 나라의 대표사찰로 대법회를 주관하는 도량이 되었다. 해마다 2월이 되면 초파일(初八日)에서 15일까지 서울(경주)의 남녀가 다투어 흥륜사(興輪寺)의 전탑(殿塔)을 도는 복회(福會)를 행했다고 한다. 불국사와 석굴암을 창건한 김대성(金大城)이 전생에 밭을 보시한 절도 흥륜사였고, 김현(金現)이 호랑이와 인연을 맺은 곳이다. 또한 원효대사 당시 활동하며 선덕여왕(善德王)의 병을 치유한 밀본(密本)법사와 김양도(金良圖)의 이야기나 미륵선화의 이야기 그리고 경명왕 5년(921)에 제석천이 하늘에서 내려와 열흘간 머물렀다고 하는 공간도 흥륜사이다.

처음 흥륜사를 창건한 아도(阿道)는 특정 승려의 법명이라 아니라 누구인지는 불명확하나 아두삼마(阿頭彡麽) 즉, '삭발한 사문'을 지칭한 말이다. 묵호자(墨胡子) 역시 '먹물옷을 입은 외국인'으로 생소한 복장을 한 사문을 가리킨다. 승려의 복장을 분소의(糞掃衣)라고 하는데, 이는 헌옷의 조각조각을 기워

모아 먹물로 색깔을 지워 만든 옷이기에 납의(衲衣)라고도 한다.

이처럼 외형상의 특징으로 사문을 통칭하여 불렀던 것은 그만큼 생소한 복장의 삭발사문을 보는 것 자체가 드문 일이었다는 반증이기도 하다. 즉, 불교가 전래되기 이전의 기사에서는 어떤 아도(까까머리) 혹은 묵호자(얼굴 검은 이방인)란 말로 승려를 통칭했던 것이다. 때문에 언뜻 같은 이름의 동일인이 서로 다른 시대에 여러 번 등장한다. 흥미로운 사실은 승려를 아도 혹은 묵호자로 통칭했듯이 이들이 머물렀던 곳도 모두 모례 혹은 모록의 집으로 통칭되고 있다는 점이다.

그 예로 『삼국유사』에, "모록(毛祿)의 누이동생의 이름은 사씨인데 아도에게 와서 승려가 되어 역시 삼천(三川) 갈래에 절을 세우고 살았으니 절 이름을 영흥사(永興寺)라고 했다. 얼마 안 되어 13대 미추왕(未鄒王)이 세상을 떠나자 나라 사람들이 해치려 하므로 법사는 모록의 집으로 돌아가 스스로 토굴을 만들고 그 속에서 문을 닫고 다시 나타나지 않았다.", "19대 눌지왕(訥祇王) 때 중 묵호자(墨胡子)가 고구려에서 일선군(一善郡)에 오자 그 고을 사람 모례(毛禮, 혹은 毛綠/ 모록)가 집 안에 굴을 파서 방을 만들어 편안히 있게 했다.", "21대 비처왕(毗處王; 炤知王) 때에 이르러 아도화상(我道和尙)이 시자(侍者) 세 사람을 데리고 역시 모례(毛禮)의 집에 왔는데 모습이 묵호자와 비슷했다." 등의 기사를 발견할 수 있다. 굳이 이를 길게 언급한 것은 최초로 흥륜(興輪)하여 첫 새벽(元曉)을 맞이하기까지에는 긴 세월 이름 모를 아도화상과 모례가 결코 적지 않았음을 시사하기 때문이다.

옛 흥륜사 오당(吳堂)에는 김양도가 모셨다는 아미타불 존상과 좌우 보살(菩薩)을 소상(塑像), 금으로 그린 벽화가 있었다. 또한 금당에는 신라 10성의 소상을 모셨다. 진지왕(眞智王) 때의 흥륜사 승려 진자(眞慈)가 항상 당(堂)의 주인인 미륵상(彌勒像) 앞에서 미륵선화(彌勒仙花)를 만나길 발원하였다는 기록으로 볼 때 오당과 별도인 금당이 있었고, 여기에는 미륵존상을 모셨으리라 본다. 금당을 중심으로 좌우에는 낭무(廊廡)가 있었고, 왼편에는 제석천이 머물렀던 경루(經樓)와 보현보살을 그린 벽화가 있었다. 진흥왕 26년(565) 진(陳)나라에서 1,700여 권의 불경(佛經) 논(論)을 보내왔다고 하는데 그것을 흥륜사 경루에 보관했을 가능성도 있다. 남쪽에는 연못과 탑이 있었다.

오늘날 흥륜사터에는 석조(石槽)와 배례석(拜禮石) 등이 남아 있고, 출토된 유물은 현재 국립경주박물관에 보관되어 있다. 또한 이곳에서 출토된 인면문(人面紋) 와당은 미소 짓는 얼굴을 기와에 조각한 것으로, 일제 강점기에 반출되었다가 1972년 국립경주박물관으로 옮겨져 보관되고 있다. 흥륜사터의 면적은 3200여 평이며, 현재 흥륜사의 위치는 경주 오릉(五陵)의 북쪽 논밭과 민가를 포함한 지역이다. 이 절터는 1910년경에 우연히 금당터로 보이는 토단(土壇)과 석조(石槽) 석불(石佛) 등이 발견됨으로써 당시 이곳의 속명(俗名) 등을 참작하여 흥륜사의 터로 추정하였다.

금당지는 민가 뒤뜰의 감나무밭이 되어 있었으나 비교적 온전한 상태로 보존되어 있었다. 1972년과 1977년 6월에 흥륜사지 발굴작업이 실시되어, 금당지 부근 일부를 조사하였다. 그런데 이곳에서 영묘사(靈廟寺)라고 새겨진 기와조각이 출토된 바 있기에 선덕여왕 때 창건한 영묘사 터로 보고 경주공업고등학교 학교부지가 큰 절터임이 밝혀져 그것을 흥륜사터로 보는 견해도 있다.

1980년대에 흥륜사터 옆에 새로 중건한 흥륜사에는 천경림선원(天鏡林禪院)이 있고, 금강산 신계사를 복원에 힘썼던 비구니 원로이신 혜해(慧海) 스님이 조실로 있다.

• 기림사 _ 경상북도 경주시 문무대왕면 호암리 419번지 함월산

기림사(祇林寺)는 함월산(含月山)에 있다. 함월산이라는 이름은 달을 머금은 듯한 산세에서 유래한다. 기림사의 지세는 물길이 훤히 열려 있고, 용과 봉황이 춤추는 듯하며, 왼쪽으로는 밝은 기운이 비추고, 오른쪽으로는 뭇 봉우리가 절을 에워싸고 있다고 할 만큼 유려하다. 처음 함월산 기림사는 천축국에서 온 광유선인(光有聖人)이 창건하여 임정사(林井寺)라고 불렀다. '임정' 이라는 말은 대범가(大梵家)라는 뜻이다. 특히, "절 마당에는 오색의 꽃이 피는 우담바라화가 산재하고 다섯 곳에서 흐르는 샘이 언제나 넘쳐나며, 꽃과 대나무가 서로 밝게 빛나니 극락이 바로 이곳이다"는 이야기는 기림사가 석가세존의 전생담과 관련 있는 장소로서 신라의 현실정토(現實淨土)와 불연국토(佛緣國土) 사상을 보여준다.

기림사 중창기에는 그 후 선덕여왕 12년(643)에 원효대사가 사찰을 크게 확장하면서 기림사로 이름으로 바꾸었다고 한다. 이 때의 기림사에는 전단토(栴壇土)로 조성한 삼세여래(三世如來)가 대적광전(大寂光殿)에 모셔져 있었다고 한다. 대적광전의 동쪽에는 약사전(藥師殿)이 있어 약사여래(藥師如來)와 사천왕 및 사라왕 탱화를 봉안하였고, 서쪽에는 오백나한전(五百羅漢殿)과 정광여래사리각(定光如來舍利閣)이라 불리는 삼층전(三層殿)을 두었으며, 남쪽에는 무량수전(無量壽殿)과 진남루(鎭南樓)가 있어 사찰은 웅건한 모습을 지녔다고 전한다.

현재의 대적광전은 보물 833호로서 맞배양식의 건물이다. 조선 인조 7년(1629)에 크게 중수하였다. 정면 넓은 5칸이고, 측면 3칸의 다포식으로 건실한 구조와 장엄한 공간구성이 돋보이는 조선시대에 지어진 대표적인 건물이다. 지혜의 빛으로 세

상을 비추는 법신 비로자나불을 중앙에 봉안하고, 좌우에 각각 보신 노사나불과 화신 석가모니불을 모셨다. 비로자나 삼존불상은 보물 958호로, 15세기 조선시대 초기 불상의 형식을 잘 보여준다. 유물전시관에 모셔져 있는 건칠보살상(乾漆

菩薩像)은 보물 415호로서 반가상 형태를 취한 보기 드문 보살이다. 또한 응진전 앞에 삼층석탑은 신라 말기의 석탑양식을 나타내는 귀중한 문화재이다. 역시 대적광전에서 불사리(佛舍利)와 함께 발견된 고려시대 금은자사경(金銀字寫經)들은 보물 959호로서 기림사의 오랜 역사를 나타내는 성보(聖寶)이다.

　경주에서 감포 방면의 4번 국도를 따라 덕동호와 추령재를 지나 감포 갈림길에서 기림사로 들어간다. 신라 신문왕(재위 681～692)이 신라의 세 가지 보물 중 하나인 만파식적을 감은사 앞 바다에서 얻어서 경주로 돌아오는 길에 기림사 서편 시냇가에서 쉬었다는데, 이 때 용에게 받은 옥대의 고리 하나를 떼어 시냇물에 담갔더니 곧 바로 용이 되어 하늘로 올라갔고 날아간 자리에는 용연(龍淵)이 생겼다.

• 월정교 _ 경상북도 경주시 인왕동 921-1번지, 교동 274번지 일원

　'원효대사는 월정교를 건너 요석궁에 들어갔다' 고 전하는 경주의 월정교지는 통일신라시대 월정교 옛터이다. 이때에 원효대사는 "누가 자루 빠진 도끼를 주리요? 내가 하늘을 떠받칠 기둥을 만들겠노라(誰許沒柯斧 我斫支天柱)"고 노래를 부르고 다녔다고 한다. 무열왕은 그 노래의 의미를 파악하고는 요석공주에게 원효대사를 모시도록 한다.

　원효대사가 경주 남산으로부터 내려와 월정교(혹은 문천교/蚊川橋)를 지

나다가 자신을 찾고 있는 신하를 보고는 다리에서 떨어져 옷을 입은 채로 물에 빠지니 신하는 월정교 바로 옆의 요석궁으로 원효대사를 인도하여 옷을 말리게 함으로써 자연스럽게 머물게 되었다. 이때 얻은 아들이 바로 설총(薛聰)이고, 이후 원효대사는 스스로를 소성거사(小性居士)라 하였다.

『삼국사기』에 의하면, 760년 경덕왕(景德王 19) 때에 "궁궐 남쪽 문천(蚊川) 위에 일정교(日淨橋), 월정교(月淨橋) 두 다리를 놓았다"는 기록이 있다. 춘양교(春陽橋)라고도 불리었던 일정교는 월정교의 동쪽으로 약 700m 상류에 위치해 있었다. 월정교(月淨橋)는 조선시대에 와서 월정교(月精橋, 淨 → 精)로 표기되었다. 발굴조사에 의하면, 길이 60.57m의 월정교 아래 교각 사이에서 불탄 목재와 기와편이 출토되어, 교각 윗면이 누각과 지붕으로 구성된 누교(樓橋)였을 것으로 추정된다. 또한 센 물살에 견디도록 교각을 배모양으로 쌓았다.

요석궁은 월정교터를 건너면 나오는 마을터에 있었다고 하며, 조선시대 경주 최부잣집 터로 바뀐 뒤에 현재는 음식점 등이 위치하고 있다고 한다. 월정교 아래를 흐르는 문천(蚊川)에서는 지금도 고둥 등을 줍는 아낙들이 있는 서정적이고 아름다운 풍광을 만날 수 있다.

• **오도암** _ 경상북도 군위군 부계면 동산리 산 75번지

팔공산 청운대 아래 오도암으로 통하는 길은 오솔길이다. 정상 부근은 공군부대가 자리 잡아 등산로로 통하는 길은 막혀 있다. 산 정상은 비로봉 청운대의 두 암벽 봉우리가 하늘을 떠받치고 있다.

팔공산 오도암은 654년(무열왕 원년)에 원효대사가 창건하고 6년간 머무

르며 깨달음을 얻은 곳이다. 해발
1050m 청운대 정상 부근엔 원효대
사가 6년간 수도했던 서당굴(誓幢
窟)이 있는데 매우 오르기 어려운
곳이다. 거기에 있는 10여 명이 앉
을 만한 공간의 굴엔 마실 수 있는
샘물까지 있다. 그 서당굴에서는 원

효보다 22년 연상인 김유신 장군이 수도하기도 했다고 전하며 김유신이 마
셨다는 장군수(將軍水)가 있다고 한다.

　토담집에 붙여놓은 불인선원(佛印禪院)이란 편액글씨는 일타스님이 써준
것이다. 불인선원이란 부처로부터 직접 인가를 받은 곳이란 뜻이다. 이곳은
1963년 이래 아무도 살지 않아 토담의 흔적조차 남아 있지 않았다. 또한 공
군부대 아래 미사일보호구역이어서 풀 한 포기 쉽게 손댈 수 없는 곳이었
다. 그러나 현 주지스님의 원력으로 토담집 하나를 세워 원효대사의 천년
고찰을 되살려냈다. 1963년 폐사되었는데 지금 법당 안의 탱화와 불상은 그
때의 것이라고 한다. 오은사 뒤 볼록거울 오솔길로 약 30분 산행해야 한다.
마을사람은 원효대사가 깨달은 곳이라고 한다. 법당, 요사채, 창고, 가건물
밖에 불상이 있다. 팔공산 비로봉 청운대 절벽 아래 제일명당이라고 한다.

　근처의 오은사(경북 군위군 부계면 동산리 13 팔공산)는 1982년도에 지금
은 열반하신 선묵 큰스님께서 세운 절이다. 원래 오은사를 원효대사가 수련
하던 오도암 자리에 세울 예정이었지만, 오도암 터가 너무 깊은 곳이기 때
문에 지금의 오은사 자리를 잡게 되었다.

•심원사 _ 경상북도 문경시 농암면 내사리 도장산

　660년(태종무열왕 7) 원효대사가 창건하여 당시에는 도장암(道藏庵)이라
고 하였다. 심원사는 수행처 분위기가 풍기는데 원효 관련 사찰의 특징이다.

의상(義湘)과 윤필(潤弼)거사의 전설이 전해 내려온다. 의상과 윤필거사는 이 절 근처 쌍룡계곡에 사는 용왕의 아들에게 글을 가르친 뒤 용왕의 초대를 받아 용궁에 다녀왔는데, 용왕으로부터 극진한 대접을 받고 월겸(月鎌), 월부(月斧), 요령 등을 선물로 받았다고 한다. 이 중 요령이 요령산 원적사라는 절에 보관되어 있었다고 하나 현재는 행방을 알 수 없다. 890년(진성여왕 4) 대운(大雲)이 불일대(佛日臺)를 새로 지은 이후 조선 중기까지의 연혁은 전하지 않는다.

쌍룡계곡(용추; 용소/龍沼)에서 출발하여 심원골~심원사까지 약 2km, 40분 정도 등산해야 한다. 작은 일주문, 대웅전, 삼성각, 창고, 연못, 개울물, 텃밭이 있다. 비구니 스님 한 분이 등산객들에게 감로수라는 녹차를 대접한다. 1958년 화재로 소실된 후 1964년 재건축하였는데 초막형식이다. 원효대사와 관련된 유적은 전혀 없고, 옛날 유적은 주춧돌, 맷돌(밑에 것)만 있다.

• **원적사** _ 경상북도 문경시 농암면 내서리 산 1번지, 청화산

660년(태종무열왕 7)에 원효대사가 창건하였으며, 해동초조원효대사 진영(海東初祖元曉祖師眞影)이 있다. 원효대사가 심원사 밑 개울인 용소(龍沼; 쌍룡계곡)에서 요령을 얻어서 원적사에 갖다 놓았다는 전설이 있는데, 그 요령은 현재 직지사 박물관에 보관중이다. 하지만 그 요령은 고려시대 작품이라는 것이 거의 정설이다.

풍수지리설에 따르면 비학승천혈

(飛鶴昇天穴)이라는 명당에 있어 옛날부터 깨달음을 빨리 얻을 수 있는 수도처로 이름났다. 석교 스님이 1885년(조선 고종 22) 중수하였고, 1903년 서암(西庵)이 큰방과 요사, 조실방 등을 세워 크게 중창하였다. 현재 건물은 1987년 낙성식을 했다.

해동초조원효대사 진영

건물로는 법당과 요사채 3동이 있다. 이 중 법당은 정면 5칸, 측면 3칸의 팔작지붕 건물로 현판에는 원적사라고 적혀 있다. 사찰 입구의 부도 1기는 글자를 알아보기 힘들 정도로 심하게 닳았다. 현재 원적사 선원으로서 비구스님 다섯 분과 공양주 보살님이 수행정진하고 있다. 입구에 물이 떨어지고 있는 작은 폭포가 있다. 차량이 갈 수 있는 곳 이후에 매우 가파르고 우물, 텃밭 등이 있다. 유물로는 법당(대웅전) 안에 해동초조원효대사 진영(海東初祖元曉祖師眞影)과 동국율사석교당소선지진영(石橋스님 진영)이 있다. 이 중 원효대사의 진영은 학술적 가치가 매우 높은 것으로 평가된다.

• **화장사터** _ 경상북도 문경시 산북면 내화리 47-1번지 화장사터(삼층석탑)

『대승사사적기』에 "고전에 의하면 의상대사가 공덕산 아래에 미면사(백련사)를 창건하고 원효대사는 인근 십리 주변 화장사에 계시면서 조석으로 만났다 한다"는 내용에서 보듯이 미면사에서 10리 정도 떨어진 곳에 있다는 화장사(華藏寺)의 위치인데, 현재 대승사를 중심으로 미면사와 화장사는 10리 안에 포함되므로 지명이나 위치 등으로 보아 내화리 삼층석탑이 서 있는 곳이 화장사일 가능성이 높다. 결국 내화리 삼층석탑은 화장사 경내에서도 본존 건물 앞 중심영역에 있던 탑이라 할 수 있다.

산북면 소재지(대상보)에서 동로방면으로 접어들어 약 6km정도 지나 경

천댐 못미처 탑들이라는 곳에 외롭게 서 있는 탑이 한 기 있다. 주변은 밭과 과수원으로 경작되고 있어 탑의 위치를 알리는 안내판을 보지 않고선 찾기조차 힘이 든다. 탑이 있으면 응당 절이 있게 마련인데 절은 오간데 없고 예전의 절터임을 알려주는 탑만이 홀로 서 있다. 이것이 문경 산북면 내화리 삼층석탑(보물 51호)이다. 통일신라시대 작품이고 높이 4.26m이다. 일제에 의해 허물어진 것을 1961년 9월 복원하였다.

단층기단의 삼층석탑으로서 특이한 형태이고, 지대석은 크기가 다른 4개의 석재로 구성되었으며, 탑신부의 몸돌과 지붕돌은 각각 하나의 돌로 되어 있고, 각 층에 우주형이 새겨져 있다. 지붕돌받침은 각 층 4단이고, 3층 지붕돌 윗면에 붙여진 상륜부는 하나의 돌로 노반이 조각되어 있다. 현재 사과 과수원 사이에 삼층석탑만 있다. 그리고 한 쪽에 부서진 건물 또는 탑의 부분인 듯한 바위가 있다.

• **미면사터** _ 경상북도 문경시 산북면 소야리 산 85번지 부근(종곡산)

『신증동국여지승람』에 의하면, 의상(625~702)대사가 창건할 당시의 미면정(米麵井)과 의상대사의 삿갓, 석장(錫杖), 설법대(說法臺)는 고려 때까지 남아 있었다. 미면정은 국수샘이라고 하는데, 국수가 나왔다는 그곳에서는 아직도 물이 나오고 있다. 미면사라고 한 것은 의상대사가 용녀의 시중을 받으며 불경을 강의할 때 뜰의 좌우에 있는 두 곳의 우물 중 한 곳에서는 쌀이 나오고 다른 곳에서는 밀가루(국수)가 나와 아무리 많은 대중이 공양해도 줄어들지 않았다고 하여 지어진 것이다.

또한 백련사라고 한 것은 원효대사가 이곳에 머물면서 『묘법연화경』을 강의할 때 땅에서 연꽃이 피었다는
데서 유래한다. 수많은 대중들이 아
주 넓은 연못을 아침 식사 이전에
메워서 적석탑이 되었다는 설화가
있다. 그래서 승려 수가 매우 많았
던 큰 규모의 사찰이었다는 것을 쉽
게 추정할 수 있다. 이 연못을 막은
이후에 사찰이 쇠락했다고 하기도 하고, 옛날 이 사찰에서 수많은 거지들에
게 계속해서 밥을 퍼주다가 망했다고도 한다.

  2차선 도로에서 안으로 1km정도 들어가야 하는 조경수 과수원이다. 옛
미면사 사찰터 입구 국내 유일의 대규모 적석탑이 문화제 관리 소홀로 인하
여 포크레인을 이용한 도굴로 훼손이 심하게 되어 있다. 가로 세로 7m, 높이
7m로 추정되는 적석탑의 상부까지 포크레인이 올라가 깊이 3m 이상 마구
잡이 도굴로 문화재 관리의 허점으로 지적되고 있다. 또한 옛 미면사터 역
시 현재 과수원으로 이용되고 있으나 이곳 역시 중장비를 이용한 농지 개발
로 많은 문화재가 손실되어 있으며 탑 일부분이 노천에 방치되어 있다.

  마을 사람들은 지금도 이곳을 이민사 또는 이면골(이민골)이라고 하고,
얼마 전까지도 석탑이 있었는데 도둑맞았다. 절터이기 때문에 사람들이 많
이 모여들어서 유물(돌)이 많이 없어져서 조경석으로 사용되는 것으로 추측
되며, 그전에 축대가 있었고, 논이
었다고 한다. 문화재관리차원에서
발굴한다는 말은 전혀 없고, 어떤
스님이 이 땅을 사서 사찰을 지으려
고 했다는 말이 있다. 현재 조경회
사 사장이 소유하고 있으며, 소야리
마을 주민이 관리하고 있다.

• 청량사 _ 경상북도 봉화군 명호면 북곡리 247번지 청량산

663년(문무왕 3)에 원효대사와 의상대사가 연대사(蓮臺寺)를 중심으로 26개의 암자를 창건하였다고 전하는데, 663년은 의상대사가 당나라 유학 중이었으므로 원효대사가 창건한 것이 타당성이 있다.

사찰경내 입구에 원효대사가 우물을 파서 즐겨 마셨다는 원효정(元曉井)이 있는데 지금은 청량수(淸凉水)라고 불린다.

일반적으로 청량사를 내청량사라고 하고 응진전은 외청량사라고 불리는데, 신라불교의 요람으로 33암자가 있다. 응진전은 원효대사가 머물렀던 청량사의 암자로 청량산에서 가장 경관이 수려한 곳이다. 응진전의 안내표지판에는 683년 의상대사가 창건한 것으로 기록하고 있다. 16나한과 노국대장공주가 있다. 그래서 공민왕이 청량산으로 몽진했다는 역사적 증거가 된다.

입구에서 2km(약 30분) 등산해야 하고, 다시 청량사에서 응진전까지 약 30분 정도 등산해야 한다. 암봉에는 소나무와 각종 활엽수가 울창하며, 청량사 바로 뒤에는 청량산이 한눈에 들어오는 보살봉이 있다.

청량사의 법당은 유리보전(琉璃寶殿; 경북 유형문화재 47호)으로 약사여래, 지장보살, 문수보살이 있는데 조선 후기의 특징이다. 약사여래는 국내에서 유일하게 종이로 만든 지불(紙佛)인데 지금은 개금을 했다.

청량사에서 응진전으로 가는 도중에

어풍대, 총명수 등이 있다. 어풍대는 금탑봉 중층으로서 『청량지』에는 "열어구가 바람을 타고 보름동안 놀다가 돌아갔다"는 전설이 있다.

의상대사가 수도한 의상봉, 의상대 등이 있고, 최치원과 관련된 총명수, 치원암과 치원대 등이 있다. 총명수는 최치원이 이 물을 마시고 총명해졌다고 한다. 그 외에 풍혈대, 요초대, 경유대(응진전 뒤쪽) 등도 있다.

• 대승사 _ 경상북도 문경시 산북면 전두리 8번지 사불산

『삼국유사』권 3 「사불산조」에 587년(신라 진평왕 9) 커다란 비단 보자기

에 싸인 사면석불이 공덕봉(功德峰) 중턱에 떨어졌는데, 사면에 불상이 새겨진 4불암이었다. 왕이 소문을 듣고 그곳에 와서 예배하고 절을 짓게 하고 대승사라고 사액(賜額)하였다. 망명비구(亡名比丘)에게 사면석불의 공양을 올리게 하였고, 망명비구가 죽고 난 뒤 무덤에서 1쌍의 연꽃이 피었다는 기록이 있다. 그 뒤 산 이름을 사불산 또는 역덕산(亦德山)이라 하였다. 미면사(米麵寺)와 화장사(華藏寺)의 유물들이 대승사에 보관되었다고 한다. 산내암자로는 윤필암(최고의 경치), 묘적암, 보현암 등이 있다. 윤필암의 명칭은 원효대사와 의상대사가 각각 사불산의 화장사와 미면사에서 수행할 때 의상대사의 이복동생인 윤필이 이곳에 머물렀다 하여 이름 지었다고 한다.

대승선원, 템플스테이, 대웅전 앞 양쪽 석등의 흔적, 응진전(나한전 법당)과 삼성각(산신각)이 있다. 문화재로는 대승사 금동보살좌상(보물 991호)은 1516년(중종 11) 이전 15세기 후반 작품이고, 목각탱부 관계 문서(보물 575호)가 있는데 원래 부석사 무량수전에 있던 것이다.

• **각화사** _ 경상북도 봉화군 춘양면 석현리 599번지 각화산

각화사는 686년(신문왕 6)에 원효대사가 창건하였는데 지금의 춘양고등학교(춘양면 서동리) 교정에 자리 잡았던 "남화사(覽華寺) 대신에 원효대사가 새로 사찰을 세우면서 옛 절인 남화사를 생각한다는 의미로 각화사(覺華寺)라고 하였다"고 한다. 그런데 범종각 내에 있는『봉화군태백산각화사중건기』에 의하면 문무왕 때(재위 661~681) 창건한 것으로 기록되어 있다. 귀부(경북 유형문화재 189호)의 안내표지판에는 창건시기가 686년으로 기재되어 있다. 부속 건물로는 대웅전, 태백선원, 월영루, 산령각 등이 있다.

한때는 국내 3대 사찰 중 하나였으며, 조선시대에는 태백산사고(조선왕조실록 보관)의 수호사찰이었다. 일제 강점기와 6.25 한국전쟁 당시 화재로 최근에야 복원되었다.

• **부석사** _ 경상북도 영주 부석면 복지리 148번지 봉황산(鳳凰山) 중턱

부석사는 676년(문무왕 16) 의상(義湘)대사가 문무왕의 명을 받들어 창건했다. 화엄종(華嚴宗)의 근본도량(根本道場)으로서 화엄의 대교(大敎)를 펴던 곳이다. 또한 원효대사가 방문했을 가능성이 있다. 이를 증명하듯 부석사 조사당에 의상소상과 함께 원효진영과 선묘진영이 봉안되어 있다.

창건에 얽힌 의상과 선묘(善妙) 아가씨의 애틋한 사랑의 설화는 유명하다. 676년에 의상은 태백산(太伯山)에 돌아가서 조정의 뜻을 받들어 부석사

(浮石寺)를 세우고 『화엄경』의 가르침을 펼쳤다. 한편 선묘룡은 항상 따라다니며 의상을 지켰다. 그때 도적의 무리가 부석사 터에서 자리를 잡고 방해하므로 곤경에 처하자, 선묘룡은 허공에서 변신을 일으켜 커다란 바위로 변해 도적들의 머리 위

로 둥둥 떠다녔다. 그제야 도적들이 겁을 먹고 의상에게 귀의하였다. 그 바위가 지금도 부석사의 부석(浮石)으로 남아 있다.

경내에는 무량수전(국보 18), 조사당(국보 19), 소조여래좌상(塑造如來坐像: 국보 45), 조사당 벽화(국보 46), 무량수전 앞 석등(국보 17) 등의 국보와 3층석탑, 석조여래좌상, 당간지주(幢竿支柱) 등의 보물, 원융국사비, 불사리탑 등의 지방문화재를 비롯하여 삼성각(三聖閣), 취현암(醉玄庵), 범종루(梵鐘樓), 안양문(安養門), 응향각(凝香閣) 등 많은 문화재가 있으며, 또 신라 때부터 쌓은 것으로 믿어지는 대석단(大石壇)이 있다. 조사당에 있던 제석천, 범천, 사천왕상의 벽화는 지금 보장각에 보관되어 있다.

부석사(浮石寺)의 조사당(祖師堂) 추녀 밑에 일명 선비화(禪扉花)라고 불리는 콩과 낙엽관목인 골담초 한 그루가 있다.

『택리지』에는 의상대사가 부석사를 창건한 후 도를 깨치고 서역 천축국

(인도)으로 떠날 때 지팡이를 꽂으면서 "지팡이에 뿌리가 내리고 잎이 날 터이니 이 나무가 죽지 않으면 나도 죽지 않은 것으로 알라"는 내용이 있는데 그 나무가 바로 선비화이다. 2009년도에도 여전히 살아 있는 채로 남아 있다.

• **수도사 입구** _ 경상북도 영천시 신령면 치산리 321번지, 팔공산

영천 수도사는 647년(신라 진덕여왕 1) 자장(慈藏)율사와 원효대사가 함께 창건했다고 한다. 원효대사가 수도했기 때문에 수도사라고 한다. 고려 희종 때(재위 1204~1211) 보조국사가 중창하였다. 1805년(조선 순조 5)에는 징월(澄月)이 중창하였다. 본래 이름은 금당사(金堂寺)였다고 한다.

현존 건물인 원통전, 해회루, 삼성각, 신령각 등은 조선 중기 환암선사에 의해 중건되었다. 밖에 석불상과 양쪽에 보살상이 모셔져 있다. 주법당인 원통전 안에는 관세음보살이 좌상으로 모셔져 있고, 불상 뒤에는 후불탱화와 지장탱화, 신중탱화가 걸려 있다. 원통전 오른편에 괘불도 전한다. 본래는 산문(山門)도 있었다고 하나 지금은 없다.

약사신앙의 성지인 관봉 갓바위로 오르는 등산코스에 있고, 산 위쪽 1km 지점에 3단으로 된 치산폭포가 절경을 이루어 등산객이 사시사철 붐빈다. 2001년에 영천시청에서 이 절 일대를 치산관광지로 꾸몄다.

• **천량암터** _ 경상북도 울진군 근남면 구산리 산 30번지 선유산(仙遊山, 성류굴)

성류굴은 울진군 근남면 구산리 산 30번지 북평동 월편(越便)에 위치하여 기암괴석으로 장관을 이루고 있다. 역사적으로 고찰하면『삼국유사』에 원효대사가 진덕여왕 때(647~654) 창건하고 수행하던 곳으로 조석(朝夕)으로 쌀이 나왔다는 설화가 있다. 원효대사가 이 절에 거주할 때 암석 구멍에

서 물과 아침저녁으로 쌀 2되 가량
의 양식이 나왔다고 하여 천량암(天
糧庵)이라 한다. 욕심 많은 승려가
구멍이 좁아 쌀이 적게 나온다 하여
구멍을 넓혔더니 그 후로는 쌀이 나
오지 않았다고 하며 아랫마을의 이
름을 쌀고[米庫]라고 불렀다. 그 뒤

말이 변하여 쌀구, 살구로 되어 현재의 행곡(杏谷; 살구골)이라고 고쳐 부르
게 되었다고 한다. 행곡마을에는 기와 조각들이 흩어져 있는 3~4평 정도의
공터가 있다.

651년(진덕여왕 5)에 의상대사가 거의 비슷한 지역인 울진 천축산(天竺
山)에 불영사(佛影寺)를 창건하였다. 그 후 30년 후(680년대)인 신라 신문왕
의 보천태자(寶川太子)가 굴내에서 20일 수도 끝에 보살계(菩薩戒)를 득통
(得通)하고 그 후부터 과거의 호칭이던 탱천굴(撐天窟)을 성류굴이라 하였
으며, 굴 앞에 사찰을 건립하여 성류사(聖留寺)라 하였다. 유오산수(遊娛山
水)에 무원부지(無遠不至)하던 신라 화랑도들 중에는 관동팔경(關東八景)
을 가는 곳마다 일화와 문헌을 남기었고, 영랑(永郎), 술랑(述郎), 남석(南
石), 안상(安詳)이라는 사선(四仙)들이 성류굴에 내유(來遊)하였으므로 선
유굴(仙遊窟)이라고도 호칭하였다.

고려 충숙왕 6년(1319)때 목정(穆亭) 이곡(李穀)의 굴내 탐승기(探勝記)를
위시하여 세종 시대 동암 김시습(金時習)의 성류사유숙시(聖留寺留宿詩)와
삼연 김창흡(金昌翕) 기문(記文) 등이 전해 오고 있다. 임진왜란 때 왜장(倭
將) 가등청정(加藤淸正; 가토 기요마사) 군의 지대(支隊)가 울산으로부터 동
해안을 따라 진격하여 옴으로써 불영사와 천량암 및 성류사가 병화에 소실
되고 성류굴 내에 은신하였던 의병과 수많은 피난민들이 왜적의 출입구 폐
쇄로 아사(餓死)하였다고 한다.

성류굴은 해발 20m의 지대에서 남북으로 472m나 뚫어진 석회암 동굴로서 굴 내부의 석순(石筍) 등에 새겨진 연령으로 추산해 볼 때 약 2억 5천년의 연령을 갖고 있는 것으로 추정된다. 현재까지 조사된 바로는 4개의 연못과 12개의 광장이 있다.

본 굴이 세상에 널리 알려진 것은 1960년 중추(仲秋)에 당시 울진교육연구소에서 향토조사와 지질연구차 탐험한 결과 4개의 연못과 12개소의 광장을 확인 발표하면서부터이다. 현 9개 동방(洞房) 굴 내부에 자가 발전으로 전등을 밝힌 동시에 호상(湖上)에는 철재(鐵材)로 교량을 가설하였다. 굴 주변 층암절벽에는 수령이 천여 년에 달하는 자연생 측백나무가 있는데 천연기념물 150호로 지정되었다.

성류굴이 있는 백련산(白蓮山) 성류봉(聖留峰)은 해발 199m이며 성류굴의 입구는 해발 20m지점에 있다. 내부연장은 472m이고, 내부 온도 14.7℃이며, 수온은 13.9℃이다. 습도는 91%이며, 산도(酸度)는 PH 7.5이다. 1960년대 초에 성류굴 개발시 석검이 1점 채집되었는데 재질(材質)이 점판암(粘板岩)인 이단병식(二段柄式) 돌검으로 검신부(劍身部)는 없는 상태이나 전체적인 형태는 파악할 수 있다. 성류굴은 조선시대뿐만 아니라 선사시대에도 이용되었음을 입증하는 자료이다.

성류굴 내에 원효대사와 관련된 설명이나 내용, 유적은 발견되지 않는다.

- **불영사** _ 경상북도 청도군 매전면 용산리 산 93번지 효양산
불영사는 호랑산의 비룡계곡이 빼어난 절경을 이루는 계곡 위에 위치해

있다. 절에 대한 자세한 내용은 없으나 645년(선덕여왕 14) 원효대사(元曉大師, 617~686년)가 창건하였다고 전할 뿐이다. 그 뒤의 연혁은 없으며 이후 낡고 허물어진 사찰을 1912년에 봉주스님이 중건하였다. 그 뒤 1930년 이종태 주지에 의하여 중수되었다. 이후 폐사 지경에 있던 것을 1985년 지선(志珖)스님이 요사와 산신각을 새로 지으며 사찰의 면모를 갖추었다. 그리고 2000년에 퇴락한 인법당(人法堂)이었던 대웅전을 위쪽으로 올려 새로 짓고 원래의 인법당은 종무소로 사용하며 오늘에 이르고 있다.

사찰경내 위편 좁다란 골짜기의 절벽길 옆 공터에는 통일신라시대의 탑으로 추정되는 경북도문화재 제294호인 전탑(塼塔)이 있었다. 불영사전탑은 흙으로 구워 만든 벽돌로 쌓아 올린 것으로, 땅 위로 5단의 바닥돌을 놓아 만든 1층의 기단(基壇) 위에 다시 5층의 탑신(塔身)을 쌓아올렸다. 오랫동안 무너진 채 방치되었다가 1968년에 다시 세워 놓은 것이어서 탑의 원형은 알 길이 없으나 벽돌 옆면에는 불상과 삼층석탑을 번갈아 배치한 문양이 장식되어 있다. 불상과 3층석탑 문양이 있는 벽돌을 사용한 것이 이 탑의 특징으로, 길쭉한 벽돌의 옆면마다 연꽃받침 위에 앉아있는 3구의 불상과 2기의 석탑이 서로 교차하여 돋을새김되어 있다.

이러한 까닭에 이 탑을 '천불탑(千佛塔)'이라 부르기도 한다. 절 아래에서 벽돌을 구워 신도들이 한 장씩 옮겨와 조성한 것으로 보인다. 전탑은 그 공정이 복잡하고 작업과정이 어려워 일부지역에서만 건립되었다. 우리나라에서는 매우 드문 형태이다. 현재 복원을 위해 전탑을 이루는 벽돌들을 모두 컨테이너창고에 보존하고 있어 볼 수 없는 상태이다.

불영사는 경산시와 밀양시 중간 지점의 동쪽 편에 위치해 있다. 경주에서 출발하여 청도에 이르는 길

에, 청도 바로 못미처 만나게 되는 산의 골짜기에 있는 것이다. 지금의 시각에서 보면 외떨어져 보이지만 경주로 가는 길목이 내려다보이는 위치이고 원효대사의 고향인 경산에서 멀지 않다.

• 적천사 _ 경상북도 청도군 청도읍 원정리 981번지

원효대사가 창건한 수행사찰인 적천사는 송림이 울창하고 산세가 아늑한 오산(鰲山)의 깊은 골짜기에 위치해 있다. 664년(문무왕 4)에 원효대사가 토굴로 창건하였다. 828년 흥덕왕의 셋째아들 심지왕사(心地王師)가 이 절에서 수도하여 진표대사로부터 법을 받고 백련암, 옥련암, 목탁암, 운주암을 창건하는 등 사찰을 크게 중창하였다. 1175년(고려 명종 5) 보조국사(普照國師, 1158~1210)가 절의 동북쪽에 영산전을 세워 오백 나한을 모셨을 때에는 오백 명의 대중들이 상주하며 수행하여 많은 고승대덕이 배출되었다. 사찰의 왼편을 따라 산길을 5분 정도 따라가면 많은 부도들을 만날 수 있다. 보조국사가 심은 은행나무는 830여 년 동안 높이 25~28m, 둘레 11m의 고목으로 자랐다. 천연기념물 제402호로 지정되었는데 이 나무는 보조국사가 지팡이를 꽂은 것이 자란 것이라고도 한다.

주요 전각으로는 대웅전, 명부전, 조사전, 적묵당, 무차루, 사천왕문 등이 있다. 적천사 대웅전은 1694년(조선 숙종 20)에 태허선사가 중수했다고 한다. 정면 3칸, 측면 3칸에 단아한 곡선의 맞배지붕과 화려한 다포양식의 처

마를 갖췄다. 앞에는 당간지주와 당간이 옥색하늘을 향해 솟아있어, 금세라도 법회를 알리는 깃발이 나부낄 듯하다. 반면 스님들의 선방으로 사용되고 있는 적묵당은 날센 기품과 오랜 세월 많은 선객을 배출한 덕스러움이 느껴진다. 주요 유물로

는 관음괘불과 사천왕 좌상 4구 등이 있다. 적천사목조사천왕의좌상은 조선 숙종 때인 1690년 조성된 것인데, 높이 3~4m의 거상이면서도 균형된 자세에 세밀한 표현으로 조선시대 사천왕상의 기준이 되는 작품으로 유명하다. 적천사괘불탱화(보물 제1432호)는 1695년에 조성된 것으로 크기는 가로 1230cm에 세로 530cm이며, 관세음보살이 연꽃가지를 두 손으로 받쳐 들고 연꽃대좌 위에 서 있는 모습을 표현하고 있다.

적천사에는 인각대사의 시(詩)가 전해 온다.

"숲 넘어 산에서 종소리 멀리 들려오니,
푸른 봉우리에 절이 있겠구나.
나무가 빽빽하여 문 비추는 달빛 가리고,
골짜기가 비어서 문 두드리는 지팡이 소리에 대답하네.
물은 흰 비단을 깔아 갖춘 돌에 흐르고,
무지개는 푸른 비단을 끌어다 고송에 걸렸네.
늙은이 며칠 머무름을 괴이타 마라.
그 옛날 보조국사가 유적을 보였네."

• 오어사 _ 경상북도 포항시 남구 오천읍 항사리 34번지 운제산

오어사(吾魚寺)는 신라 진평왕(眞平王, 재위 579~631)때 자장(慈藏)율사가 창건한 이래, 혜공(惠空), 원효(元曉), 의상(義湘) 등이 주석하였다. 처음에는 '항사사(恒沙寺)'라 하였다. 오어사란 이름은 원효대사와 혜공의 이야기에서 유래하게 되었다. 기록에 따라 조금씩 다르게 이야기가 전해 온다.

먼저 『삼국유사』에는 "혜공스님이 만년에 이곳에 머물 때에 원효(元曉)는 여러 가지 불경(佛經)의 소(疏)를 찬술(撰述)하면서 언제나 혜공스님에게 가서 물으며 함께 놀았다. 어느 날 혜공스님과 원효대사가 시내를 따라가면서 물고기와 새우를 주워 삼키고는, 돌 위에서 대변을 보았다. 혜공이 그것을

가리키며 놀리길, '그대는 똥이고, 난 물고기다 (汝屎吾魚)'고 하였다. 이를 계기로 오어사(吾魚寺)라 부르게 되었다"고 전한다. 혜공스님은 원효대사의 것은 똥이지만 자신의 것은 물고기라며, 원효대사를 은근히 질책(質責)하고 있는 것이다.

반면에 『신증동국여지승람』의 기록은, 원효에 대한 세상의 마음을 전한다. "원효사 · 오어사 모두 운제산의 동쪽 항사동(恒沙洞)에 있다. 세상에 전하는 말로는 신라 때 승려 원효대사가 혜공스님과 함께 물고기를 잡아서 먹다가 물속에 똥을 누었더니 그 물고기가 문득 살아났다. 그래서 손가락으로 가리키면서 '내 물고기(吾魚)'라고 말하고, 절을 지었기 때문에 그렇게 이름 지었다고 한다. 자장사(慈藏寺)도 운제산에 있다."

오늘날 오어사 대웅전은 영조 17년(1741)에 중건된 것으로 정면 3칸, 옆면 2칸에 다포형식의 팔작지붕을 갖췄다. 1995년 수리 때 발견된 상량문에 원효대사와 혜공스님의 일화가 소개되어 있었으며, 중건 당시인 영조 때에 전국 360여 고을에 8만 3천여 개의 사찰이 있었다고 전한다.

주요 전각으로는 대웅전 외에도 응전전, 삼성각, 산령각, 범종각, 일주문과 유물전시관 및 요사채 등이 있다. 주요 유물로는 원효대사 삿갓과 범종, 오어사사적 등이 있다. 삿갓은 1300년 전, 종이와 실로 연결해서 만든 것인데 안에 솜을 넣고 겉에는 풀뿌리로 엮어서 만든 지혜가 엿보인다. 신라 범종양식을 계승하여 고려 고종 3년인 1216년에 제작된 범종(보물 1280호)은 1995년 오어지 호수 바닥에서 발견한 것으로 국립경주문화재연구소에서 보존처리 과정을 거친 뒤에 오어사 유물전시관에 보관되어 있다.

범종의 용유 표현이 세밀하고 힘찬 모습에 전체적으로 균형미가 있고 양각된 보상화 문양과 비천상 등이 섬세하여, 종의 변천 과정과 고려시대 공예 및 주조기술을 밝히는 중요한 자료로 평가되고 있다.

오어사 절 앞을 흐르는 초록빛 산여계곡과 봄철 진달래 군락지에서 붉게 핀 진달래꽃은 가히 장관을 이룬다. 가을에는 단풍으로 온 산이 붉게 물들어 푸른 오어지 호수를 비춘다. 오어지(吾魚池)는 식수와 농업용수를 확보하기 위해 예전의 절 입구에 보를 설치하여 만든 만수면적 12만평, 500만 톤의 수량의 담수호로 운제산의 아름다운 산세와 어우러져 뛰어난 경치를 빚는다. 산 아래쪽에는 대규모 휴양지인 영일만 온천이 있다.

• **법광사** _ 경상북도 포항시 북구 신광면 상읍리 875번지, 비학산

549년 양 무제가 부처님 진신사리 22과를 신라로 보낸 것을 가지고 신라 진평왕(재위 579~631) 때 원효대사가 왕명을 받고 창건했다고 전한다. 그런데 진평왕 때 창건했다고 하더라도 631년(진평왕 53)은 원효대사의 나이 15세이고, 원효대사의 출가년도는 632년 무렵(원효 16세)이므로 631년 이전에 원효대사의 창건은 신빙성이 없다.

원래는 규모가 525칸에 이르는 큰 사찰이었으나 1863년 화재로 인해 대부

분의 건물이 모두 불타 없어지고 현재의 건물은 1952년에 다시 세운 것이다. 석축 위에 자리한 정면 3칸, 측면 2칸의 원통전(圓通殿; 관세음보살 봉안)이라는 법당을 중심으로 산령각과 요사, 종무소를 배치하였다. 건물 뒤쪽에 있는 옛 절터인 법광사지(法廣寺址)는 현재 사적 제493호로 지정되어 있으며, 부처님 진신사리탑인 삼층석탑과 불상연화대좌, 쌍귀부 등의 유물이 남아 있다. 법광사지(法廣寺址)에는 녹유전, 기와편, 주춧돌 등이 있다.

• **원효암** _ 경상북도 경산시 와촌면 대한리 402번지 팔공산

불굴사에서 선본사(갓바위부처님) 가는 길의 중간에 위치해 있는 원효암은 문무왕 8년(668년) 원효대사가 창건하고 수도한 사찰이다. 동쪽 산 계곡에는 원효대사가 수행한 석굴이 있는데 삼복더위에도 얼음같이 찬 약수가 있어 냉천사(冷泉寺)라 부르기도 한다.

경산 원효암은 1882년(고종 9)에 긍월대사가 중창하였고, 1986년 대화재 이후 1988년 극락전, 산영전 등을 조성하였고, 현재 사라루와 승방 등 가람을 정비중이다. 소나무 숲으로 둘러싸여 있으며 극락전이 중심전각이다. 비포장도로이지만 절 앞까지 차로 갈 수 있다. 사찰 오른편으로 산길을 따라 600여 m 정도 올라가면 바위에 자그마한 마애불이 조성되어 있다.

불상의 상호가 마멸되어 자세한 모습을 찾기 어려워도 큰 바위 중간에 둥그렇게 연화대좌와 광배를 양각으로 새겼다. 신라시대 양식으로 피어난 연

꽃봉오리 속에 앉아있는 모습으로 조성되어 있다.

• **원효암** _ 경상북도 포항시 남구 오천읍 항사리 운제산

원효대사는 원효암자에 거처하면서 운제산의 구름을 타고 자장암(慈藏庵)을 건너다니며 혜공과 교유하였다고 전한다. 오어사 위쪽의 기암절벽에는 자장암이 있고, 계곡 건너편에는 원효암이 있다. 두 암자 사이를 내왕하기 어려우므로 구름으로 다리를 놓아 오고 갔다 하여, '구름 운(雲)', '사다리 제(梯)' 자를 써서 운제산(雲梯山)이라 부른다. 신라 2대 남해왕의 왕비였던 운제부인(雲帝夫人)의 성모단(聖母壇)이 있어서 가뭄 때 기우제를 지내면 비가 온다고 하여 운제산이라 부른다고도 한다.

원효암은 오어사 옆 소로길 같은 다리를 건너 계단을 오르고 호수가 보이는 바위 옆길을 돌아 600여 m 올라가면 나온다. 오어지 위의 다리에서는 물고기 떼가 다리 아래에서 유유히 헤엄치는 모습을 가까이서 볼 수 있다. 혜공선사가 '내 물고기(吾魚)' 라고 가리키던 물고기의 후예일지도 모른다. 원효암을 오르는 산허리에서는 오어사와 기암절벽 위의 자장암이 오어지와 함께 한 폭의 그림으로 펼쳐진다.

1937년 산불로 전소되었던 것을 1954년 중건하여 현재 요사채로도 사용하는 선방을 짓고, 1984년에 삼성각을, 2000년에는 선방 옆으로 관음전을 지었다. 관음전에는 관음보살상 옆으로 조그마한 석조좌상과 최근에 조성된 원효대사 진영이 있다. 석조좌상은 돌을 양각하여 신체를 표현하고 배경은 광배로 처리하였고, 옷주름과 장식은 간결하면서도 굵은 선으로 선각하였는데, 형태적으로는 보관을 쓴 관음보살의 모습을 하고 있으나 수인은 비로자나불처럼 지권인을 하고 있는 점이 특이하다.

• 골굴사 _ 경상북도 경주시 문무대왕면 안동리 산 304번지

　함월산 기슭의 골굴암에는 수십 미터 높이의 거대한 응회암에 12개의 석굴이 나있으며, 암벽 제일 높은 곳에는 돋을새김으로 새긴 마애불상이 있다. 법당굴은 굴 앞면은 벽을 만들고 기와를 얹어 집으로 보이지만 안으로 들어서면 천장도 벽도 모두 돌로 된 석굴이다. 북쪽 벽에 감실을 파고 부처를 모셨으나 마멸이 심해 얼굴 표정은 알 길이 없다.

　법당굴과 다른 굴들은 한 사람이 겨우 들어앉을 수 있는 것부터 서너 명이 들어앉아도 넉넉한 큰 것에 이르기까지 크기가 다양한데 귀여운 동자승부터 위엄이 넘치는 노스님까지 여러 형태의 불상이 모셔져 있다. 굴과 굴로 통하는 길은 바위에 파놓은 가파른 계단으로 연결되어 있으며 정상에 새겨진 마애불로 오르려면 자연 동굴을 지나게 되어 있다.

　조선시대의 화가 겸재 정선의 그림 '골굴 석굴도'에는 마애불상과 12처 석굴이 모두 목조와가로 그려져 있으나 현재 전실은 모두 소실되고 바위굴만 남아 있다. 절벽 꼭대기에 새겨진 높이 4m, 폭 2.2m 정도의 마애불상은 보물 제581호로 지정되어 있다. 모래기가 많이 섞인 화강암에 새긴 터라 보존상태가 썩 좋지 않고 오랜 풍화작용에 의해 훼손이 심해 유리 지붕을 씌

워 놓았다. 근래에 이르러 골굴사에는 불가의 전통 수행법인 선무도 수련원이 개설되어 국내인은 물론 외국인들도 많이 참가하고 있다.

• **수도사** _ 경상남도 의령군 용덕면 이목리 636번지, 신덕산

경남 의령군 용덕면 신덕산 기슭에 창건된 수도사는 선학사와 함께 662년에 원효대사에 의해 창건되었고, 절 뒷산에 있는 병풍바위에서 100여 명의

제자와 함께 수도했다고 전해지며, 임진왜란 때 소실된 것을 송운 유정 대사가 중건했다고 한다. 의령군의 대표적인 사찰로서 현재는 비구니 사찰이며 해인사 말사이다.

사찰 입구에 다다르면 극락교가 보이고 가파른 산비탈 위로 수도사가 보인다. 산골짜기 계곡을 낀 산비탈에 입지

해 있다. 극락교를 건너면 만세루가 있다. 만세루를 지나면 중심전각인 극락전이 있고, 왼편에는 새로 전각을 중건하고 있다. 오른편의 승방은 아담하고 조용한 선방 분위기가 난다. 산신각 위쪽으로는 대숲이 울창하다. 극락교 아래로는 10여 기의 부도가 있으며, 그 옆으로 새로 차밭을 조성하고 있다. 숲은 기존의 소나무 숲이 참나무 숲으로 전이된 모양이며, 토질은 이암이 풍화되어 형성된 것이다.

원효대사가 제자들과 함께 수행했다고 하는 병풍바위는 절에서 보이지 않는다. 항공사진으로 보면 사찰에서 서북쪽으로 1km 남짓 직선거리에 위치한 능선과 동북쪽으로 직선거리 750m 떨어진 산능선에 바위군이 보인다. 어느 것을 병풍바위라고 하는지는 불분명하나 이암(泥巖)으로 된 바위가 능

선을 따라 풍화되어 병풍처럼 남아 있는 지형이 있다.

• 고견사 _ 경상남도 거창군 가조면 수월리 1번지, 우두산

677년(문무왕 7)에 창건된 고견사는 원효대사가 창건한 견암사(見岩寺)에 뿌리를 둔다. 우두산(牛頭山)에 위치한 고견사는 의상봉 아래쪽 산중턱에 위치해 있다. 주차장에서 1.8km 거리를 산길로 올라가야 한다. 고견사(古見寺)라는 이름은 원효대사가 절을 창건할 때, 이곳에 와보니 전생에 이미 와본 곳임을 알았다고 하는 것에서 유래한다. 견암(見庵) 혹은 견암선사(見庵禪寺)로도 불리어졌다. 고려왕조의 원찰이기도 하며, 매년 2월과 10월에 수륙재를 지냈다고 한다.

공민왕 7년(1358) 지희(智熙)스님이 중수하였고 한국전쟁으로 소실되어 1988년 중창하였다. 1995년 나한전을 신축하였고, 절까지 화물운송용 모노레일이 놓여있다. 최근에는 농촌지역의 고령화로 사찰형편이 어렵다고 한다. 의상봉으로 가는 등산로 중간쯤에 위치해 있어 등산객이 잠시 쉬어 목을 축이고 간다. 샘이 맑고 깨끗하다. 우두산 아래 주차장에서 20여 분 가벼운 등산길을 오르면 만날 수 있는 편안한 사찰이다. 경내 입구에는 천년된 은행나무가 보호수로 지정되어 은행나무 아래에서 많은 이들이 쉬어간다.

• 송계사 _ 경상남도 거창군 북상면 소정리 산 27번지, 덕유산

652년 원효대사와 의상대사는 수리봉 아래 영취사(靈鷲寺)를 창건하고 주변에 5개의 부속암자를 세웠다. 임진왜란 때 모두 소실되었는데, 5개의 부속암자 중 송계사만을 조선 숙종 때 진명(眞溟)대사가 중창하였다. 6.25

한국전쟁 때 다시 소실된 것을 1969년에 중건하였으며, 이때 영취루를 해체하여 문각으로 다시 지었다.

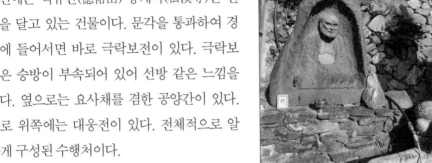

사찰 입구에 문각(門閣)이라는 전각이 있다. 여느 사찰의 일주문이나 불이문과는 달리 출입문 외에도 작은 방과 범종을 양쪽에 두고 입구 정면에는 덕유산(德裕山) 송계사(松溪寺)란 현판을 달고 있는 건물이다. 문각을 통과하여 경내에 들어서면 바로 극락보전이 있다. 극락보전은 승방이 부속되어 있어 선방 같은 느낌을 준다. 옆으로는 요사채를 겸한 공양간이 있다. 바로 위쪽에는 대웅전이 있다. 전체적으로 알차게 구성된 수행처이다.

송계사가 위치한 덕유산국립공원은 이름대로 산세가 뛰어나고 넉넉하다. '소나무 계곡의 절' 이라는 현판처럼 사찰 주변에는 아름드리 적송이 울창한 숲을 이루고 있다. 거창의 12경 중 하나로 꼽히는 울창한 숲과 시원한 계곡, 넉넉하고 기운찬 송림과 맑은 공기는 그 자체로 방문객의 마음을 시원하게 정화시켜 주기에 충분하다.

• 장의사 _ 경상남도 고성군 거류면 신용리 1077번지 거류산

원효대사가 632년(선덕여왕 1)에 창건한 장의사는 경남 고성군 소재의 해발 570m의 거류산에 자리 잡고 있다. 남해바다와 어촌의 풍경이 내려다보인다. 「고성부거류산장의암중창기문」의 기록에 의하면, 632년에 원효대사가 창건하였다고 전하나 그 이후의 자세한 사적은 알 수가 없다. 1885년 수

해로 사찰이 소실되어 1891년 원래의 위치에서 좀 더 아래쪽으로 내려온 현재의 자리에 성담법운(聖潭法雲)대사가 중수하였다. 이후 1920년 호봉(虎峰)스님에 의해 중건되었다. 이때까지 장의사는 안정사의 말사였으나 안정사가 법화종으로 분리되면서 조계종 쌍계사 말사가 되었다.

사찰 내에는 중창공덕비가 여럿 있으며, 지역의 대표적인 사찰이자 의지처가 되고 있다. 종무소에는 사찰일을 돕는 신도 여러 명이 상주하고 있다. 사찰에 이르는 길과 사찰 주변 경관은 다른 원효대사 창건 사찰과 유사하나 여타의 수행처 사찰에서 볼 수 있는 깎아지르는 듯한 암봉 아래나 큰 산이 병풍처럼 둘러져 있지 않고 대나무와 차밭까지 있어 편안한 휴식처 같은 느낌을 준다. 사찰 앞을 흐르는 계곡 위로 놓여진 불이교(不二橋)를 건너면 종무소로 쓰이고 있는 운해당(雲海堂)이 나온다.

운해당 위쪽으로는 장의사의 주불전인 보광전(普光殿)이 있다. 보광전의 오른쪽에는 천불전(千佛殿)과 범종각(梵鐘閣)이, 보광전 위쪽 우측에는 사성각(四聖閣)이 위치해 있다. 특히 사성각과 보광전 뒤쪽 산에는 삼천여 평의 차밭 죽로다전(竹露茶田)이 있다. 해풍을 맞이하는 소나무 숲의 송림과 대나무 숲의 이슬을 머금고 자라는 차향(茶香)이 가득하다.

• **보리암** _ 경상남도 남해군 상주면 상주리 2065번지 금산

663년(문무왕 3) 원효대사가 이곳에 초당을 짓고 수도하면서 관세음보살을 친견한 뒤 산 이름을 보광산, 초암의 이름을 보광사라 지었다고 한다. 창

건연대가 683년(신문왕 3)이라고도 하는데 용문사의 전신인 보광사가 663년 창건되었기 때문에 663년이라고 해야 타당하다. 보리암전 삼층석탑(경남유형문화재 74호)은 원효대사가 금산에 처음으로 절을 세운 것을 기념하기 위해 가락국의 허황후가 인도에서 가져온 파사석으로 탑을 만들었다고 한다. 또는 허황후가 가져온 부처사리를 이곳에 안치하기 위해 탑을 세웠다. 탑은 고려초기의 양식이다. 사찰에서 500m 정도 떨어진 부산산장 바로 너머에 '좌선대'가 있는데 원효, 의상, 윤필 삼사(三師)가 수도 좌선하던 자리이고, 바위 위에 삼사(三師)가 앉았던 자리의 흔적이 뚜렷이 남아 있다. 금산에는 의상대와 화엄봉이 있다. 화엄봉은 원효대사가 화엄경을 읽던 장소였다고 한다.

조선시대에는 태조 이성계가 이곳에서 백일기도를 하고 조선왕조를 연 것에 감사하는 뜻에서 1660년(현종 1) 왕이 이 절을 왕실의 원당으로 삼고 산 이름을 금산, 절 이름을 보리암이라고 바꾸었다. 1901년과 1954년에 중수하였고, 1969년 중건하여 오늘에 이른다. 전국의 3대 기도처의 하나이며, 강원도 양양 낙산사 홍련암(강원문화재자료 36), 강화군 보문사와 함께 한국 3대 관세음보살 성지로 꼽힌다.

현존하는 건물로 보광전, 간성각, 산신각, 범종각, 요사채 등이 있고, 문화재로는 보리암전 삼층석탑(경남유형문화재 74)이 있다. 이외에 큰 대나무 조각을 배경으로 좌정하고 있는 향나무 관세음보살상이 있으며, 그 왼쪽에는 남순동자, 오른쪽에는 해상용왕이 있다.

• **용문사** _ 경상남도 남해군 이동면 용소리 868번지

보광사는 원효대사가 663년(문무왕 3) 창건한 사찰이었으나 용문사로 옮

길 때에는 폐사 직전의 상태였다고 한다. 명부전에는 경남문화재자료 151호인 지장보살이 있는데 매우 정교한 솜씨로 표현되었으며, 원효대사가 직접 조성하여 백일기도를 드려서 대도 성취의 기율을 삼았다는 설이 있다. 용연(龍淵) 위쪽에 터를 잡았다고 해서 용문사라고 이름을 붙여서 802년(애장왕 3)에 재창건되었다. 1592년(조선 선조 25) 임진왜란 때 이 절 승려들이 승병으로 참여하여 왜군과 싸웠는데 이 때 절이 불에 타 없어졌으며, 1661년(현종 2) 학진(學進)이 인근 보광사(普光寺) 건물을 옮겨와 중창하였다.

임진왜란 이후 호국도량으로 널리 알려져 숙종(재위 1674~1720) 때 나라를 지키는 절이라며 수국사(守國寺)로 지정하였다. 또 이 때 왕실의 축원당(祝願堂)으로 삼았다. 1703년(숙종 29)과 1735년(영조 11), 1819년(순조 19), 1857년(철종 8), 1900년에 각각 중수하였다. 지금의 사찰은 대공덕주 호은당 문성스님이 1900년에 복원 중흥한 것이다.

현존하는 건물로는 대웅전과 천왕각, 명부전, 칠성각, 봉서루, 산신각, 요사 등이 있으며, 산내암자로는 1751년(영조 27)에 세운 백련암(白蓮庵)과 염불암(念佛庵)이 남아 있다. 용문사 대웅전은 정면 3칸, 측면 3칸의 팔작지붕 건물로 처마 밑에 용두(龍頭)를 조각해 넣었다. 1974년 경상남도유형문화재 제85호로 지정되었다. 용문사 천왕각과 용문사 명부전은 1985년에 각각 경상남도문화재자료 제150호, 제151호로 지정되었다. 한편 백련암은 용성과 성철 등 고승들이 수도하던 곳으로 유명하며, 경봉이 쓴 편액이 걸려 있다.

유물로는 용문사 석불과 촌은집책판이 각각 경
상남도유형문화재 제138호, 제172호로 지정되었
다. 이 중 용문사 석불은 높이 약 81cm로 고려 초
기에 조성된 것이다. 임진왜란 이후 절을 중창하
기 위해 땅을 파다가 발굴되었다고 한다. 촌은집
책판은 조선 인조 때 학자인 유희경(劉希慶)이 시
집 『촌은집(村隱集)』을 간행하기 위해 만든 것이
다. 그밖에 임진왜란 때 승병들이 사용하던 대포
삼혈포(三穴包)와 숙종으로부터 하사받은 연옥
등(蓮玉燈) 2개, 촛대, 번(幡), 수국사 금패(禁牌)

등이 있었으나 연옥등과 촛대는 일제강점기에 일본인이 훔쳐갔다고 한다.

절 입구 일주문 오른쪽 언덕에 9기의 부도가 있다. 용화전에는 석불(경남
유형문화재자료 138호)이 있는데 미륵보살상이고, 임진왜란 당시 불타버린
용문사를 재건할 때 경내에서 출토된 것이다. 화강암 석재로 앉아있는 보살
의 모습을 조각한 것이고, 조각수법은 고려 중기 작품으로 여겨진다.

• 표충사 _ 경상남도 밀양시 단장면 구천리 23번지, 재약산

표충사(表忠寺)는 밀양시 단장면 구천리 재약산(載藥山)에 자리한 통도사
의 말사로, 654년(태종무열왕 1) 원효대사가 창건하여 죽림사(竹林寺)라 하

였다. 원효대사가 지금의 통도사 극
락암 자리에 작은 암자를 짓고 수도
하던 중 어느 날 재약산 기슭을 바
라보니 대밭 속에서 오색의 상서로
운 구름이 떠올랐다. 원효대사는 곧
바로 하산하여 그 자리에 절을 세우
고 죽림사라고 하였다고 한다. 지금

도 그 흔적이 절 뒤 대밭 속에 남아있다.

829년(흥덕왕 4)에 인도의 승려 황면선사(黃面禪師)가 현재의 자리에 중창하여 영정사(靈井寺)라 이름을 고치고 3층석탑을 세워 부처의 진신사리(眞身舍利)를 봉안한 것으로 전한다. 신라 진성여왕 때에는 보우국사(普佑國師)가 한국 제일의 선수행(禪修行) 사찰로 만들었으며, 1286년(충렬왕 12)에는 『삼국유사』의 저자인 일연(一然) 국사가 1,000여 명의 승려를 모아 불법을 일으키기도 하였다.

1839년(헌종 3) 사명대사의 법손(法孫)인 월파선사(月坡禪師)가 사명대사의 고향인 무안면(武安面)에 그의 충혼을 기리기 위해 세워져 있던 표충사(表忠祠)를 이 절로 옮기면서 절 이름도 표충사라 고치게 되었다. 이보다 앞서 1715년(숙종 41)에 중건한 사실이 있으나 1926년에 응진전(應眞殿)을 제외한 모든 건물이 화재로 소실된 것을 재건하여 오늘에 이르고 있다. 주요 문화재 및 건물로는 국보 제75호인 청동함은향완(靑銅含銀香垸)을 비롯하여 보물 제467호의 삼층석탑이 있으며, 석등(石燈), 표충서원(表忠書院), 대광전(大光殿) 등의 지방문화재와 25동의 건물, 사명대사의 유물 300여 점이 보존되어 있다. 1974년 12월 28일 경상남도기념물 제17호로 지정되었다. 임진왜란 때 공을 세운 사명대사(四溟大師)의 충혼을 기리기 위하여 국가에서 명명한 절이다.

• 홍룡사 _ 경상남도 양산시 상북면 대석리 1번지, 천성산

홍룡사(虹龍寺)는 양산시 상북면 대석리 천성산(千聖山)에 위치한 조계종 선학원(禪學院)에 속한 사찰로 673년(문무왕 13) 원효대사가 창건하였다.

원효대사가 천성산에서 당나라의 승려 1천 명에게 『화엄경』을 설법할 때 낙수사(落水寺)라는 이름으로 창건하였는데 당시 승려들이 이 절 옆에 있는 폭포에서 몸을 씻고 원효대사의 설법을 들었다 하여 이름을 낙수사라고 하였다. 또 산 이름은 본래 원적산이었으나 1천 명이 모두 득도하여 성인이 되었다고 해서 천성산(千聖山)으로 바뀌었다고 한다.

원효대사는 산내에 89암자를 지어 1천 명의 대중을 가르쳤으며, 당시 각 암자에 흩어져 있는 대중을 모으기 위해 큰 북을 사용했다고 한다. 그 북을 매달아 두었던 집북재와 『화엄경』을 설법하던 화엄벌 등이 남아있다. 또한 홍룡폭포에서 원효대사와 의상대사가 관음보살을 친견했다는 설화도 있다.

홍룡사는 임진왜란 때 불에 타 수백 년 동안 절터만 남아있다가 1910년대에 통도사 승려 법화(法華)에 의해 중창되었다.

절 이름 홍룡(虹龍)은 옛날에 천룡(天龍)이 폭포 아래에 살다가 무지개를 타고 하늘로 올라갔다는 전설에서 유래한다. 홍룡폭포는 제1폭포와 제2폭포가 있는데, 이 폭포는 상중하 3단 구조로 되어 있어 물이 떨어지면서 발생하는 물보라가 사방으로 퍼진다. 이 때 물보라 사이로 무지개가 보이는데 그 형상이 선녀가 춤을 추는 것 같고, 황룡이 승천하는 것 같다고 하여 홍룡폭포(虹龍瀑布)라고 한다. 1970년대 말 우광(愚光)이 주지로 부임한 뒤 중건과 중수를 거듭하여 오늘에 이른다. 현존하는 건물은 대웅전, 무설전(천수천안관음전), 종각, 선방, 요사채, 수정문, 반야교 등이 있고, 홍룡폭포 좌측에 관음전과 산신전이 있다.

• **미타암** _ 경상남도 양산시 소주동 산 171번지

미타암(彌陀庵)은 양산시 웅상읍 소주리 천성산 남쪽에 위치한 통도사(通

度寺)의 말사로 646년(선덕여왕 15) 원효대사가 창건한 것으로 전해지며, 원효대사가 창건한 89암자 가운데 하나이다.

원효대사 창건 이후 920년(경명왕 4)에 지공대사가 중창하였고, 1376년(우왕 2)에도 중창했으며, 1888년(조선 고종 25)에 다시 정진(正眞)이 중창하였다. 구한말에 우리나라의 선사상을 부흥시킨 경허(鏡虛)선사의 제자 혜명(慧明, 1861~1937)이 주석했으며, 현재 그의 비석이 남아 있다.

미타암의 미타굴은 천연 동굴에 인공을 가해 조성한 석굴사원으로 신라 문성왕(文聖王, 839~856)대에 있었던 석굴법당의 영험담도 전한다. 당시 왕비가 병이 들어 백약이 듣지 않았는데 한 스님의 말을 따라 석굴법당에 와서 정성스럽게 백일기도를 드리자 병이 나았다는 일화다. 그 은덕을 갚고자 문성왕비가 아미타불을 봉안하여 지금까지 전해진다는 것이다.

현재 미타암은 아미타불 영험처로서 뿐만 아니라 관음기도처로서도 유명하다. 현존하는 당우(堂宇)로는 대웅전, 산신각, 요사채 등이 있으며, 미타굴에는 석조아미타여래입상(보물 제998호)이 모셔져 있다.

이 아미타불입상(阿彌陀佛立像)에 관한 두 가지 설이 있는데, 하나는 아미타불입상의 성분, 연대를 조사해 본 결과 경주 안강의 암석이라고 한다. 원효대사는 그 당시에 주로 경주에 있었기 때문에, 그 입상 재료의 원산지가 경주라는 점으로 볼 때 원효대사가 조성한 근거가 될 수 있다. 그리고 사찰에 전하는 두 번째 설은 그 당시에 원효대사는 요석궁에 갇혀 있었고 원효대사와 같은 이름을 가진 승려가 있었는데, 그는 '돌을 아주 잘 깎았다는 석공 원효' 로서 이 입상을 깎은 것이라고도 전한다.

일반적으로 불상의 모습은 799년에 만들어진 감산사 석조아미타불입상과 유사하기 때문에 통일신라시대 작품으로 여겨진다. 이 때문에 8세기 통일신라시대에 성행하던 석굴사원 조영의 한 단면을 살필 수 있는 귀중한 자료로 평가된다. 또한 석조아미타여래입상은 신라 아미타신앙의 전개 과정을 이해할 수 있는 좋은 자료이다. 미타암은 절 입구에서 산길로 500m 등산해야 나타난다.

• 화엄벌 _ 경상남도 양산시 웅상읍과 상북면 하북면의 경계에 있는 산

화엄(華嚴)벌은 천성산 제1봉인 원효봉의 오른쪽 사면에 펼쳐져 있는 평원이다. 국립지리원 중앙지명위원회가 2000년 5월 천성산과 원효산을 천성산으로 통합하여 일컫기로 정식으로 고시하기 전까지 원효산으로 불렸다. 천성산 제1봉인 원효봉에서 천성산 제2봉인 비로봉을 잇는 능선을 따라 광활하게 펼쳐져 있다.

이곳과 관련된 설화에는 토굴에서 참선을 하던 원효대사가 당나라 태화사 법당에 모인 스님 1,000여 명이 산사태로 매몰될 것을 예견하고 '효척판구중(曉擲板求衆; 원효가 판자를 던져 중생을 구함)'이라고 쓴 판자를 날려보냈다. 법당 마당 위를 빙글빙글 돌고 있는 판자를 신기하게 여긴 스님들이 밖으로 나와 웅성거리는 사이 산사태로 법당이 무너졌고, 스님들은 목숨을 건졌다. 이 인연으로 중국의 승려 1,000여 명이 바다를 건너 신라로 건너와 원효대사의 제자가 되어 이곳 화엄벌에서 '화엄경' 강의를 듣고 깨달음을 얻었다고 하는 이야기가 있다.

이 설화 내용은 내원사, 홍룡사, 원효암 등의 설화와도 겹쳐 있으며, 천성산과 화엄벌 이름의 유래이기도 하다.

화엄벌은 철쭉과 억새 군락지가 있어 봄이면 진달래와 철쭉꽃이 아

름답게 피고, 가을이면 긴 억새가 이곳을 뒤덮는다. 특히 우리나라에서 쉽게 찾아볼 수 없는 화엄늪의 희귀한 꽃과 식물 등 곤충들의 생태가 아직 잘 보존되어 있어 아주 귀중한 생태계의 보고이다. 면적은 약 25만 평으로 되어 있고, 화엄벌 억새군락은 신불평원보다 작기는 하지만 가을이면 은빛 억새가 장관이다. 위로 올라갈수록 억새 키가 점점 커진다. 이곳의 억새평원이 좋은 점은 사방팔방이 막힘없이 트여 있어 발아래 풍치를 한눈에 내려다볼 수 있다는 것이다.

화엄벌은 오랫동안 방치되다 지난 1999년 고산습지라는 사실이 새롭게 밝혀졌고, 3년 후인 2002년 환경부로부터 '화엄늪 습지 보호구역'으로 지정되어 현재 울타리로 출입이 제한돼 있다.

화엄늪은 자연 생태가 그대로 살아있어 환경적으로 학술가치가 높은 곳이다. 보통 늪지대는 구릉에 있는데 이 화엄늪은 능선에 있다. 현재 원효산의 정상은 군사시설이 있어 일반인은 출입을 못하며, 바로 밑에 있는 원효암까지만 오를 수 있다. 이외에도 서쪽에는 홍룡폭포를 비롯하여 홍룡사와 가홍정이 있고, 동쪽에는 무지개폭포가 있다. 홍룡사에서 2.8km, 원효암에서 1.8km 정도의 산길을 걸어가야 한다.

• **내원사** _ 경상남도 양산시 하북면 용연리 291번지 천성산

내원사(內院寺)는 양산시 하북면 용연리 천성산에 위치한 통도사(通度寺)의 말사로, 646년(선덕여왕 15)에 원효대사가 창건하였다.

중국 당나라 태화사의 승려들이 장마로 인한 산사태로 매몰될 것을 예견하고 '효척판구중(曉擲板求衆; 원효가 판자를 던져 중생을 구함)'이라고 쓴 현판을 날려 보내 그들을 구해준 인연으로 1,000명의 중국 승려가 신라로 와서 원효대사의 제자가 되었다. 원효대사가 이들이 머물 곳을 찾아 나섰는데, 용연리를 지날 무렵 산신이 마중 나와, "이 산은 1천 명이 득도할 곳이니 청컨대 이곳에 머무소서"라고 하였다.

　원효대사는 산신의 인도에 따라 지금의 내원사 산령각 부근에 이르자 갑자기 산신은 자취를 감추었다. 원효대사는 신령이 감응한 것임을 직감하고 마침내 이 자리에 대둔사(大芚寺)를 창건하고 상내원암, 중내원암, 하내원암을 비롯하여 89개의 암자를 세웠다. 이후에 대사는 천성산 상봉에서 화엄경을 강론하여 1천 명의 스님을 깨우쳤다고 한다.

　내원사는 원효대사가 창건한 이후 1646년(인조 24)에 의천대사가 중건하였고, 1845년(헌종 11)에 용운선사가 중수하였으며, 1876년에는 해령선사가 중수하였다. 1898년에 유성선사가 수선사(修禪社)를 창설하고 절 이름을 내원사로 개칭하였다. 이때 동국제일선원(東國第一禪院)이라 이름 붙인 이후 선찰(禪刹)로서 이름을 떨치기 시작하였다.

　경허선사의 법제자인 혜월선사가 조실로 주석하면서 운봉선사, 향곡선사 등 한국 선종사(禪宗史)의 맥을 잇는 많은 선승(禪僧)을 배출한 도량이 되었다. 6.25 한국전쟁 때 산속에 숨어 있던 공비들의 방화로 완전히 소실된 뒤 1955년에 수덕사(修德寺)의 비구니 수옥(守玉)이 5년 동안에 걸쳐 13동의 건물을 재건하여 현재는 독립된 비구니 선원으로 새롭게 중창되었다.

　산내암자로는 미타암(彌陀庵), 성불암(成佛庵), 금봉암(金鳳庵), 원효암(元曉庵), 조계암(曹溪庵), 금강암(金剛庵), 내원암(內院庵), 안적암(安寂庵), 익성암(益聖庵), 노전암(爐殿庵) 등이 있다. 또한 다른 문화재로는 경상남도 유형문화재 제58호 금고

(金鼓), 제406호 아미타삼존상, 문화재자료 제342호 석조보살좌상이 있다. 현존하는 당우(堂宇)로는 법당인 선나원(禪那院), 선원(禪院), 심우당(尋牛堂), 정처헌(靜處軒), 불유각(佛乳閣), 송루, 사문(寺門) 등이 있다.

주변에 내원사 계곡이라 불리는 계곡과 제2의 금강산이라 불리는 천성산이 있어 절 주변은 관광지로도 유명하다. 계곡 곳곳에는 삼층바위가 첩첩이 서 있으며, 절벽에 '소금강' 이라는 글자가 뚜렷이 새겨져 있고, 병풍모양으로 바위가 길게 뻗어 있어 병풍바위라 불리는 것도 있다.

• 원효암 _ 경상남도 양산시 상북면 대석리 산 6-1번지 원적산(천성산)

원효암(元曉庵)은 양산시 상북면 대석리 천성산에 있다. 내원사(內院寺)의 부속암자로, 646년(선덕여왕 15)에 원효대사가 창건하였다.

이곳 원효암은 원효대사를 비롯한 많은 고승들이 머물면서 수행했던 유서 깊은 사찰이다. 1905년에 효은(曉隱)이 중창했다고 하며, 현재의 건물은 1980년대 초반에 경봉 대종사가 완공하였다. 현재 원효암이라는 편액이 걸려 있는 중심 법당을 비롯하여 미륵전, 산령각, 범종각, 용화전 등이 있다. 중심 법당은 공포가 없이 둥글게 깎은 도리를 얹은 굴도리식으로 겹처마 팔작지붕 건물임에도 불구하고 단순하고 소박하다.

좌·우 퇴칸은 심우실(尋牛室) 등 생활공간으로 이용되고 있으며, 어칸과 좌·우 협칸 3칸은 기도 공간으로 석조약사여래좌상이 봉안되어 있다. 이

불상은 근래에 발견된 불상조성기에 의해 1648년(인조 26)에 조성된 것으로 밝혀졌다.

약사전에는 천광약사여래불이 있는데, 낙뢰의 흔적이 '약사여래불이 되었다' 고 전한다. 최근에는 범종을 안치했으며, 종명(鐘銘)은 경

봉(鏡峯)이 썼다. 법당의 동편 석벽에는 마애아미타 삼존불이 새겨져 있다. 마애아미타삼존불(1906년 작품)은 경상남도 유형문화재 제431호로 지정되어 있다.

원효암은 마애아미타삼존불과 석조약사여래좌 상을 통해 이 지역에 뿌리 깊게 자리 잡은 아미타신 앙과 약사신앙을 이해할 수 있는 유적이다. 원효암 이 위치한 곳은 바위가 주위를 병풍처럼 감싸고 있 고, 청명한 날에는 바다는 물론 멀리 대마도까지 보 이는 천혜의 경관을 간직하고 있는 성소(聖所)이다. 홍룡사에서 1.8km, 화엄벌에서 2.8km 등산해야 도달한다.

• 반고사터 _ 경상남도 울산시 울주군 두동면 천전리 산 210번지 연화산

반고사(磻高寺)는 울산광역시 울주군 두동면 천전리 연화산에 위치한 신 라 고찰이었다. 반고사는 『삼국유사』 권 5 「낭지승운보현수(郎智乘雲普縣 樹)」조에 나온다. 원효대사가 반고사에 있을 때 일찍이 영축산에 있는 낭지 대사를 가서 만나 보았더니 원효대사로 하여금 『초장관심론(初章觀心論)』과 『안신사심론(安身 事心論)』을 짓게 하였다.

원효대사가 책의 찬술을 끝마치고 은사(隱士) 문선(文善)이란 사람을 시켜 책을 받들어 낭지대 사에게 보내면서 그 편말(篇末)에 "서쪽 골짜기 제자 사미(沙彌)는 머리를 조아려 동쪽 뫼 스승님 께 아뢰나이다. 가는 먼지를 불어 영축산에 보내 고 작은 물방울을 날려 깊은 못에 던집니다"라는 게(偈)를 적어 보냈다.

오늘의 반고사지는 영축산의 서북방향에 있다. 두동면의 천전리 각석에서 내를 건너 북쪽에 절터가 있는데 넘어진 석탑이 있다. 절터에 있었던 석조여래좌상(石造如來坐像)은 부산대학교로 반출되었다. 절이 없어진 연대나 원인 등은 알 수 없다. 반고사지에는 현재 탑신부 및 바위 몇 개만이 있는데 절터는 그것이 유일하다. 천전리에는 반구대, 각석, 공룡발자국 등이 있는 유적지이기도 하다.

• **관룡사** _ 경상남도 창녕군 창녕읍 옥천리 292번지, 화왕산

관룡사(觀龍寺)는 화왕산(火旺山) 군립공원의 구룡산 병풍바위 아래에 자리하고 있다. 관룡사 바로 위 봉우리를 관룡산(해발 753m)이라고도 하며, 화왕산(해발 756.6m)은 관룡사에서 서북쪽 능선을 따라 서편에 위치해 있다. 관룡산 병풍바위(해발 740.7m)는 풍광이 뛰어나 창녕의 금강산이라 부른다. 고풍스러우면서도 조용한 운치가 있는 전각들 뒤로 펼쳐지는 경치가 매우 아름답다. 원효대사는 이곳에서 아홉 마리 용이 승천하는 광경을 보았는데, 이를 계기로 산이름을 구룡산, 절이름을 볼관(觀), 용룡(龍)자를 써서

관룡사(觀龍寺)라 하였다.

관룡사는 신라시대 8대 사찰 중의 하나였으며, 삼국통일 후 원효대사가 중국 승려 1,000명에게 화엄경을 설법한 도량이었다. 창건과 관련하여 두 가지 설이 있다. 하나는 583년(증평왕 5)에 증법국사가 창건하

였다는 것이다. 다른 하나는 신라에
불교가 공인되기 200여 년 전인 349
년(흘해왕 40)에 약사전이 먼저 건
립되었다는 것으로 가야를 통한 남
방전래설의 예증이기도 하다.

관룡사 용선대에는 석조석가여래
좌상(보물 295호)가 있다. 동쪽을
향해 앉아 있으며, 주위로 구룡산의 전경이 비경으로 펼쳐진다. 통일신라시
대의 불상으로 한 가지 소원은 반드시 들어주신다고 한다.

또한 임진왜란 때 사찰 대부분이 소실되었는데 오직 약사전은 화재를 면
했다고 한다. 약사전에는 석조약사여래좌상이 있는데 약사여래는 뭇생명들
의 병고를 치유해 주는 부처님이다. 관룡사가 있는 화왕산 군립공원은 창녕
읍과 고암면의 경계를 이루며, 주변을 낙동강과 밀양강이 둘러싸고 있다.
옛날에는 화산활동이 있어 '불뫼' 혹은 '큰불뫼'라고 불리었고, 화왕산이
란 이름도 여기서 유래한다고 한다. 가을(10월)에는 5만여 평의 억새밭이 있
어 갈대축제가 열린다. 산 아래 즐비한 식당에서는 향긋하고 푸짐한 송이밥
을 먹어 볼 수 있다.

• 안정사 _ 경상남도 통영시 광도면 안정리 1888번지, 벽발산

안정사(安靜寺)는 654년(무열왕 1) 원효대사 나이 37세에 창건한 사찰이
다. 원효대사가 이곳에 와서 벽발산(碧鉢山)이라 이름을 붙였다고 전한다.
석가모니 부처님의 상수제자인 마하가섭존자가 부처님으로부터 법을 부촉
받아 미래세의 미륵부처님께 가사와 발우를 전하기로 하였는데, 그 발우가
바로 벽발산에 있다고 전하기 때문이다.

원효대사는 "의발(衣鉢)을 간직한 채 내세불(來世佛) 미륵을 기다리는 벽
발산은 참으로 마땅한 절터였다"라 하며 안정사를 창건하였다고 한다. 전설

에 의하면 아주 먼 미래에 남해의 통영 앞바다가 융기하여 육지가 되며, 미륵불이 이곳에서 가섭으로부터 석존의 의발을 전해 받는다고 한다. 벽발산은 지리적으로 통영의 용화사가 있는 미륵산과 마주보고 있다. 미륵산과 남해의 여러 섬들의 명칭이 이 때에 생겼다. 벽방산(碧芳山)이란 이름은 조선후기에 고지도에 등장해서 일제 강점기에 널리 쓰이게 되었다. 설화의 의미로 보아서는 벽발산이라 하는 것이 타당한 듯하다.

안정사 산내암자로는 의상암, 가섭암, 은봉암, 천개암이 있고, 원효암과 윤필암은 현재 터만 남아있다. 이 밖에 현재 확인된 산내암자터는 18군데라 한다. 창건 당시 14방(坊), 전성기에 22방으로 산내에서 1500여 명의 스님이 수행하던 때도 있었으나, 일제 강점기에 단행된 토지개혁으로 사찰의 토지 대부분을 빼앗기게 되었다.

또한 일제는 안정사를 축소시키고자 계곡 안쪽으로 몰아 배치토록 조치하였다. 이후에 만세루, 범종각, 일주문 등을 새로 지으며 본래의 가람배치와 다른 기형적 복원이 이루어졌다. 이승만 대통령 때에는 대처, 비구 법난으로 말미암아 사중의 스님들이 다 갈라져 흩어지게 되었고, 벽발산 바로

아래의 사찰토지마저 잃게 되었다. 현재에도 경내 진입로가 만세루를 통과하지 않고, 범종각 옆으로 돌아 들어가게 되어 있다.

나한전에는 아난, 가섭 등 대표적인 존자상이 보이지 않는다. 그렇지만 대웅전 뒤로 울창한 소나무 숲과

아름다운 풍광은 그대로이다. 벽발산 정상에 서면 동남쪽으로는 거제도의 계룡산과 노자산이, 남으로는 한려수도의 여러 섬의 산들이, 북으로는 거류산과 소가야의 벌판이 한 폭의 동양화처럼 보인다.

많은 지명을 원효대사가 붙였다고 한다. 또한 예로부터 이름난 선사들이 수행하던 곳이었고, 근세에는 성철스님도 이곳에서 수행하였다. 안정사와 산내암자는 모두 법화종에 소속된 전통사찰이다. 범패에 있어 안정사 소리는 특히 유명하여 지금도 여러 종단에서 범패와 의식을 배우러 온다.

• 의상암 _ 경상남도 통영시 광도면 안정리 1888번지, 벽발산

벽발산 안정사 산내암자로 '의상대사 신선대 의상암' 이라고 한다. 벽발산 기슭 해발 620m에 위치하고 있는 가파른 산허리 중턱에 위치한 작은 암자가 정겹다. 초막을 길게 붙여 지은 듯한 전각의 툇마루 위로 원효암이라는 현판을 붙였다. 옆쪽 바위 밑으로는 맑은 샘이 나오고, 암자 좌측 아래로는 의상대사께서 참선하셨다고 전하는 신선대 바위가 있다.

원효대사와 의상대사는 함께 공부를 시작하면서 서로 조금 떨어진 곳에 토굴을 지어 피나는 정진을 하였다. 의상대사는 하루에 두 끼 식사를 하는데 매 식사 때마다 자신이 직접 밥을 지어 먹지 않고 그때마다 하늘에서 가져오는 음식을 받아먹었다. 이를 자랑하고 싶은 마음으로 원효대사를 초청하였는데, 이 날에는 선녀가 나타나질 않아 원효대사는 기다리다 그냥 처소로 돌아가고 말았다. 원효대사가 돌아간 뒤에 선녀가 천공을 가지고 나타났다.

의상대사가 어째서 늦었는지 묻자, 선녀가 말하길 "이곳 가람 주위에 화광(火光)이 가득 차 들어올 수가 없었다"라고 하였다. 다른 이야기로는 "하늘의 군사들이 이곳을 에워싸고 있어서 들어올 수 없었다"고도 한다. 이를 두고서 원효대사가 의상대사의 교만한 마음을 일깨우기 위해 금강삼매화(金剛三昧火)를 놓았다고도 하고, 원효대사의 법력이 높아 하늘의 군사들이 항상 원효대사를 수호하였다고도 한다.

　이 설화의 내용은 '선녀가 바친 하늘의 공양' 이야기에 해당하며, 경남 기장의 안적사 등에서도 비슷한 이야기가 전해진다.

　사찰의 안내판에 의하면, '신라 문무왕 5년(645)에 의상대사가 창건하였다' 고 전하는데, 신라 문무왕 5년은 645년이 아니라 665년에 해당하고, 이때는 의상대사가 당나라에 유학하고 있는 중이었다. 의상대사가 황복사(皇福寺)에서 출가한 것은 644년(선덕여왕 13)이며, 처음 원효대사와 유학길에 오른 것은 650년(진덕왕 4)의 일이다. 이때에 의상대사는 원효대사와 함께 요동(遼東) 변방으로 가다가 간첩(間諜)으로 오인 받아 고구려에 잡혀 있다가 수십일 만에 겨우 풀려 돌아왔다.

　의상대사는 원효대사와 함께 다시 당나라 유학길에 올랐는데, 원효대사는 해골물을 마신 뒤 마음을 바꾸어 되돌아온다. 의상대사는 661년에 당나라에 입국하여 공부하다가 668년 스승이었던 지엄(智儼)이 입적한 이후에 신라에 돌아온 것으로 알려져 있다. 따라서 의상암의 창건 시기는 안정사의 창건 시점인 654년 전후일 가능성이 높다.

- **가섭암** _ 경상남도 통영시 광도읍 안정리 1951번지 벽발산

원효대사가 654년(신라 무열왕 1)에 창건하였다고 전하는 벽발산 안정사의 산내암자이다. 세존의 의발을 미래세의 미륵불에 전할 마하가섭 존자가

법을 부촉받은 것처럼 가섭암은 벽발산 안정사 산내암자 중에서 가장 역사가 깊을 뿐만 아니라 중심이 되는 암자이다. 벽발산은 봉황이 알을 품은 형세라 하는데 가섭암에서 종을 치면 그 종소리가 산허리를 Ω형으로 돌아나가며 울려 퍼진다. 저녁예불 때의 석양에 감도는 종소리가 특히 아름다워 이를 '가섭모종(迦葉暮鐘)' 이라 하며, 벽발산의 아름다운 8경 중에 하나로 꼽는다.

벽발산에는 아름다운 8경이 있다. 1경 만리창벽(萬里蒼壁), 2경 옥지응암(玉池鷹岩), 3경 은봉성석(隱鳳聖石), 4경 인암망월(印岩望月), 5경 가섭모종(迦葉暮鐘), 6경 의상선대(義湘禪臺), 7경 계족약수(鷄足藥水), 8경 한산무송(寒山舞松) 등이다. 원래 사용하던 대웅전은 낡아서 새로 복원 중창 불사중이다. 고목 아래 돌탑과 임시로 마련한

컨테이너박스 법당이 아담하다. 아래에는 시멘트조 요사채가 있다.

- **은봉암** _ 경상남도 통영시 광도읍 안정리 1954-1번지 벽발산
벽발산 안정사 산내암자이다. 원효대사가 654년 안정사와 함께 창건하였

다. 산 아래로 안정사와 남해바다의 풍경이 한눈에 들어온다. 가파른 언덕의 계단을 오르면 입구에 요사채 승방이 있고, 울창한 대나무 숲을 뒤로 하고 있는 세 칸짜리 극락보전과 바로 옆으로 은봉성석 바위가 서있다.

원효대사 나이 37세 때에 안정사를 창건하였다. 천개산(524m)은 벽발산 뒤에 능선으로 이어진 봉우리이다. 간혹 천개산 은봉암이라 부르는 경우가 있는데 벽발산이 맞다. 벽방산(碧芳山)은 일제가 벽발산의 의미를 왜곡 축소시키고자 널리 사용한 이름이다. 일제 강점기인 1919년 토지개혁시 벽발산 안정사 소유의 사찰지를 임의로 분배하였고, 이때에 안정사 관련 사지(寺誌)까지 거의 파기되거나 소실되었다.

임진왜란 당시 일본에 맞서 승병으로 활동한 스님들에 대한 기록이나 전적비 등, 승군관련기록도 모두 파기하였다. 일본은 안정사 산내의 스님들로 하여금 절에 머물려면 결혼하여 대처승이 되도록 강제하였다. 그리고 이승만 대통령은 비구 대처 분쟁을 촉발시켜 법난을 일으켰다. 스님들이 뿔뿔이 흩어지게 되었으며 이 와중에 많은 기록, 전승, 문화가 또다시 소실되었다.

선사(禪師)들이 수행하여 원만히 공부를 성취한 뒤에는 은근히 은봉암에 올라와 머물곤 했다. 성철스님도 여기에서 수행하셨던 적이 있다. 또한 은봉암에는 은봉성석이라는 바위가 유명하다. 넓적하고 얇은 자연석 바위 세

개가 비석처럼 극락보전 옆에 차례로 서 있었는데, 그 중 두 개는 반으로 넘어졌고 지금은 하나만 남아있다. 이 바위들을 은봉암 성석(隱鳳聖石)이라 부르는데 바위가 넘어질 때마다 큰 도인이 출현한다는 전설이 전한다.

첫 번째 바위가 넘어질 때 혜월선사(慧月禪師)가 출현하였고, 두 번째 바위가 넘어지자 종열선사(宗悅禪師)가 출현하여 한국의 선맥을 이어나갔다는 것이다. 세 번째 바위는 살짝 금이 간 상태로 아직 넘어지지 않은 채 극락보전 옆에서 큰 스승의 출현을 기다리고 있다.

• 원효암터 _ 경상남도 통영시 광도읍 안정리 벽발산

원효대사가 658년(태종무열왕 5)에 창건했다고 하는 원효암터이다. 안정사 산내암자터로 벽발산내 의상암에서 위쪽 좌편 산허리에 위치해 있다.

의상암에서 출발해서 10여 분 좁은 산길로 따라 돌무더기 지역을 지나간다. 사람이 오랫동안 다니지 않아 길도 보이지 않는다. 접근성이 매우 좋지 않다. 크고 넓적한 돌밭 사이를 헤집고 10여 분 더 올라가니, 돌을 쌓아서 꾸며놓은 샘물터가 보인다. 샘터 위쪽에 원효암터가 있다고 한다.

샘터 주변을 둘러보니 오른쪽 위편으로 작은 돌무더기 움집 같은 것이 있다. 혹시나 그 안에 앉을 수 있을까 싶어 입구의 작은 구멍으로 머리를 내미니, 안에 있는 귀뚜라미들이 여기저기에서 놀라 튀어나온다. 무속인 등에 의해 사용된 것인가 싶은 정체 모를 돌무더기가 낯설다.

샘물터에서 왼쪽으로 더 올라가니, 10여 평 평평한 공간 주위에 돌담으로 둘러싸여 있다. 암자터인가 싶다. 주변에 잡목이 무성해서 앞뒤 경치가 보이지 않는다. 한쪽에 대나무들이 무성하다. 사람들이 머물고 살았던 터인 것은 분명해 보이는데, 간혹 굴러다니는 부서진 주춧돌과 기와조각 외에는 확인할 것이 없다. 내려오는 길에 본 어떤 주춧돌은 그 안의 기둥자리가 직경 40cm는 되어 보이는 것도 있었으나 어지럽게 흩어져 산비탈에서 흘러 굴러온 것이라 제 위치를 알 수 없었다.

• **원효암** _ 경상남도 함안군 군북면 사촌리 70번지, 여항산

원효암은 원효대사와 의상대사가 667년(문무왕 7)에 함께 창건했다. 함안군 군북면 사촌리에서 산길을 올라 여항산(해발 770m)의 500m 중턱에 위치하고 있다. 절에서 보면 사촌마을과 산 아래 군북면이 보인다.

여항산 가파른 산허리 중간에 완만한 수평의 경내지가 형성되어, 산허리를 따라 공양간, 대웅전, 조사전 등이 선형으로 배치되어 있다. 원효암은 '의상대절' 혹은 '조사당절' 이라 불리기도 한다. 원효대사와 의상대사 두 스님의 진영을 모셔놓은 조사당이 있는 까닭이다. 조사당은 대웅전 오른편

위쪽에 소박한 돌담으로 둘러싸인 건물인데, 전각에는 '의상대' 라는 현판을 붙여놓았다. 조사당에는 원효대사와 의상대사의 진영이 사이좋은 친구처럼 나란히 모셔져 있다.

조사당 마당 왼편 한켠에는 의상대사가 꽂은 지팡이가 자란 소나무 고목이 있다. 이 소나무는 의상대사가 지팡이를 꽂아두며, "이 소나무가 살면 내가 살아 있을 것이요, 죽으면 내가 죽은 것으로 알라"고 했는데, 천년 넘게 살다 20여 년 전에 갑자기 고사하였다고 한다. 또한 경내의 약수로 술을 빚으면 발효가 되지 않는다고 해서, 함안군 여항산 원효암의 약수는 마을사람들에게 '신비의 약수' 로 불린다고 한다. 쉽게 접근하기는 어렵지만 선가의 기풍이 느껴지는 풍광을 고스란히 간직하고 있다.

부산광역시

• **원효암** _ 부산광역시 금정구 청룡동 525번지, 금정산

원효암(元曉庵)은 부산시 금정구 청룡동 금정산에 자리한 우리나라의 5

대 사찰 중 하나인 범어사의 말사로, 통일신라 678년(문무왕 18)에 의상대사가 범어사를 창건한 해에 원효대사가 금정산 미륵암과 함께 창건한 것으로 알려져 있다. 원효대사와 의상대사가 금정산을 찾았던 678년은 두 대사가 이미 득도하여 부처의 뜻을 널리 펴고 있을 때였다. 의상대사는 670년 당나라 유학에서 돌아와 낙산사(洛山寺)와 부석사(浮石寺)를 세운 뒤 금정산을 찾아 범어사(梵魚寺)를 창건했다. 같은 해에 원효대사가 원효암과 미륵암을 금정산에 세웠다는 것도 바늘과 실의 관계에서 이해해야 할 일이다.

경내에는 건립연대가 신라말기 또는 고려초기로 추정되는 부산시 유형문화재 제11호(1972년 6월 26일 지정)인 원효암 동편삼층석탑과 제12호(1972년 6월 26일 지정)인 원효암 서편삼층석탑이 위치하고 있고, 무량수각, 제일선원, 요사채 등이 있다. 과거에는 암자 경내를 통하는 등산로가 있었으나 지금은 폐쇄되어 일반인의 통행이 금지되었다.

금정산 범어사의 3기(三奇)는 '자웅석계(雌雄石鷄)' 와 '암상금정(岩上金井)' 그리고 원효대사가 좌선을 한 곳으로 신성시되는 '원효석대(元曉石臺)' 가 있다. 원효석대는 원효암 바로 뒤편 산봉우리 위에 있다. 주변 일대는 부드러운 육산으로 흙과 나무뿐인데 유독 이 석대만 암봉으로 치솟아 있다. 그 모습이 매우 기묘하고 아름답다. 원효석대에는 불상도 모셔져 있는데 신성한 곳이어서 출입을 통제하고 있다. 이 암자는 범어사에서 1km 떨어진 곳에 있어, 30분 정도 등산해야 도착한다.

• 미륵사 _ 부산광역시 금정구 금성동 산 1-1번지, 금정산성

미륵사(彌勒寺)는 금정산 고당봉으로 오르는 높이가 약 50m 정도 되는 거대한 암봉 아래 위치한다. 통일신라 678년(문무왕 18)에 의상대사가 범어사를 창건한 해에 원효대사가 세운 절이다. 원효대사는 미륵암에 주석하면서 '미륵삼부경' 중의 『미륵상생경종요(彌勒上生經宗要)』를 썼다. 또한 원효대사는 이곳에서 호리병 5개를 구하여 왜구의 배 5만 병선을 물리쳤다고 하는 설화가 전해지고 있다. 이 내용은 의상대사가 범어사를 창건할 때 왜구 10만 병선을 불력으로 물리쳤다는 설화와 비슷하다. 범어사와 미륵암의 창건 연대가 같은 만큼 두 대사가 같은 시기에 금정산을 찾아 각기 불력과 도력으로 왜적 대군을 격멸했을 것으로 추정된다.

당시 왜적 첩자를 유인하기 위해 대사가 장군기를 꽂았다는 바위구멍이 지금도 미륵사 독성각 옆에 그대로 남아있다. 원효대사 당시에 미륵사 뒤 바위에서 쌀이 조금씩 나왔다는 설화도 전하는데, 상좌스님이 쌀이 계속 나오니까 욕심을 부려 많이 나오기를 바라면서 나무를 넣어 집적하다 보니 더 이상 쌀이 나오지 않았다고 한다. 지금은 샘이 되어 물이 나오고 있다.

독성각의 '독성'은 원래 원효대사가 손톱으로 그렸던 것인데, 나중에 부조로 만들었다고 한다. 미륵봉 암봉을 병풍처럼 두르고 자리한 미륵사는 산문(일주문)이 없다. 원효대사의 노덕가리 바위가 좌우에 위치하여 양식걱정은 없다는 말이 전해 온다. 미륵사는 당우들의 명칭에서 다른 사찰과 다른

점이 드러난다. 미륵전, 미륵암, 미륵사가 따로따로 서 있는 것으로 미륵암에서 미륵사로 승격되면서 이런 당우의 명칭이 함께 존재하는 것으로 추정된다. 이곳의 좌선바위는 거대한 바위로 스님이 좌선하는 모양과 같으며, 현재 건물로는 염화전, 오백전, 도솔선원 등이 있다.

• 범어사 _ 부산광역시 금정구 청룡동 546번지

범어사(梵魚寺)는 부산시 금정구 청룡동 금정산 기슭에 자리한 사찰로 당나라에 유학을 하고 돌아온 의상대사가 창건한 화엄종(華嚴宗) 10찰(刹)의 하나이다. 창건에 대하여는 두 가지 설이 있으나 그 중 『삼국유사』의 678년(문무왕 18) 의상(義湘)대사가 창건하였다는 설이 유력하다. 『신승동국여지승람』에 의하면 금빛나는 물고기가 하늘에서 내려와 우물에서 놀았다고 하여 금정산(金井山)으로 이름을 짓고 그곳에 범어사(梵魚寺)를 건립하였다고 기록하고 있다.

사중에 전하는 『고적(古蹟)』에는 왜적의 침입을 막기 위해 의상대사가 왕에게 비책(秘策)을 제시하고 왕이 이를 받아들여 마침내 절의 창건이 이루어졌다고 적고 있다.

『범어사창건사적(創建事蹟)』에 보면 당시 범어사의 가람(伽藍) 배치는 미륵전, 대장전(大藏殿), 비로전(毘盧殿), 천주신전(天主神殿), 유성전(流星殿), 종루(鍾樓), 강전(講殿), 식당, 목욕원, 철당(鐵幢) 등이 별처럼 늘어서고 360요사(寮舍)가 양쪽 계곡에 꽉 찼으며, 사원에 딸린 토지가 360결(結)이고 소속된 노비(奴婢)가 100여 호에 이르는 대명찰(大名刹)이라 하였는데, 이 많은 것이 창건 당시 한꺼번에 갖추어졌다고 믿기는 어려우며 상당기간에 걸쳐 이루어진 것으로 여겨진다. 그 후 임진왜란 때 모두 불타 버려

10여 년을 폐허로 있다가 1602년(선조 35) 중건하였으나 또다시 화재를 당하였고, 1613년(광해군 5) 여러 고승들의 협력으로 중창하여 법당, 요전(寮殿), 불상과 시왕상(十王像), 그리고 필요한 모든 집기(什器)를 갖추었다.

현재 보물 제434호로 지정된 대웅전을 비롯하여 3층석탑(보물 250호), 당간지주(幢竿支柱), 일주문(一柱門), 석등(石燈), 동·서 3층석탑 등의 지방 문화재가 있으며 이밖에 많은 전각(殿閣), 요사, 암자(庵子), 누(樓), 문 등이 있다. 옛날부터 많은 고승들이 이곳을 거쳤으며, 중요한 인물만도 의상을 비롯하여 그의 고제(高弟) 표훈(表訓), 낙안(樂安), 영원(靈源) 등이 있다.「선찰대본산범어사안내(禪刹大本山梵魚寺案內)」에는 역대 주지(住持), 승통(僧統), 총섭(摠攝), 섭리(攝理) 등으로 구분하여 수백 명이 기록되어 있다.

범어사에 원효대사 진영이 있으나 현재 전시하지는 않고 수장고에 보관 중이어서 관람할 수가 없다.

• **안적사** _ 부산광역시 기장군 기장읍 내리 692번지 앵림산

안적사(安寂寺)는 부산광역시 기장군 기장읍 내리 앵림산 기슭에 자리한 범어사의 수사찰(首寺刹)로서 신라 문무왕 원년(661년) 원효대사가 창건하였다. 사찰에 전래되는 창건설화에는 원효대사와 의상대사가 함께 수도의 길을 찾아 명산을 순방하여 정진에 전념하던 시절, 이곳 동해가 훤히 바라보이는 장산기슭을 지나갈 때 숲속에서 난데없는 꾀꼬리 떼들이 모여 날아와 두 스님의 앞을 가로 막으며 어깨와 팔에 안기는 것을 보고 이곳이 성스러운 곳이라는 것을 알고 의상과 함께 지금의 안적사터에 가람을 세웠다고 한다.

이것이 처음 안적사가 창건된 설화로 개산조(開山祖)가 원효대사이다. 꾀꼬리 떼들이 길을 막았다 하여 산명(山名)을 앵림산(鶯林山)이라 하고, 이곳에서 정진수도하여 안심입명(安心立命)의 경지에 도달하여 적멸상(寂滅相)을 통관하시었다

하여 안적사(安寂寺)라 부르게 되었다고 한다. 이후 안적사는 전국에서 수선납자(修禪衲子)들이 구름 모이듯 하여 남방수선제일도량(南方修禪第一道場)으로 널리 알려졌다고 한다.

또한 이 사찰에서는 '천공(天供)' 설화가 전해진다. 원효대사와 의상대사 두 스님은 똑같은 시기에 공부를 시작하여 먼저 오도(悟道)를 하면 만나자고 기약하고 각각 토굴에서 피나는 정진을 하던 중 어느 날 의상대사께 천녀(天女)가 나타나 천공을 매일 올리게 되었다. 의상대사는 자랑하고 싶은 마음에 원효대사를 청하였더니 끝내 천녀가 나타나지 않자 원효대사는 기다리다 그냥 처소로 돌아간 뒤에야 천녀가 나타났다. 자존심이 상한 의상대사는 천녀를 나무랐더니 천녀는 가람주위에 화광(火光)이 가득 차 들어올 수가 없었다고 했다.

그때 원효대사는 신통력으로 의상대사의 교만한 마음을 알고 금강삼매화

(金剛三昧火)를 놓으신 것이다. 의상대사는 원효대사의 도력이 자기보다 훨씬 높다는 것을 알고 원효대사를 사형(師兄)으로 정중히 모시며 이곳에 수선실(修禪室)을 넓혀 큰 가람을 신축하여 금강삼매론경등일심법계(金剛三昧論經等一心法

界)의 진리를 후학에게 설파하고 지도하여 신라의 온 국민에게 화엄사상으로 구국정신을 고취시켜 삼국통일에 근간을 이루었다.

해방 후 소실되었던 안적사는 이곳에 30년간 주석한 덕명스님의 원력으로 다시 대가람을 이루었다. 몇 해 전 열반에 드신 덕명스님 기증유물특별전이 범어사 성보박물관에서 전시되었다. 경내에는 대웅전, 적멸보탑, 심인당, 보림원, 반야문, 삼성각, 설현당, 최근 건립한 불보적멸탑실상수신문(佛寶寂滅塔實相修信門) 등이 있다. 삼성각 좌우 벽에 '천공' 탱화가 각각 1점씩 있으며 대웅전 후불탱화가 부조형식으로 되어 있다.

• **장안사** _ 부산광역시 기장군 장안읍 장안리 598번지, 불광산

장안사(長安寺)는 부산광역시 기장군 장안읍 장안리 불광산(659m) 자락에 위치한 조계종 제14교구 본사 범어사(梵魚寺)의 말사이다. 673년(신라

문무왕 13) 원효대사가 창건하여 쌍계사라 부르다가 809년 장안사로 고쳐 불렀다. 1592년(선조 25) 임진왜란 때 모두 불에 탄 것을 1631년(인조 8) 의월대사가 중창하고, 1638년(인조 16) 태의대사가 중건하였다. 1654년(효종 5) 원정, 학능, 충묵이 대웅전을 중건하고, 1948년에는 각현이 대웅전과 부속건물을 중수했으며, 1987년 종각을 세우고 요사를 중창하여 오늘에 이른다.

경내에 대웅전(부산기념물 37), 명부전, 응진전, 산신각과 석가의 진신사리 7과를 모신 3층석탑이 있

다. 입구에는 5기의 부도가 있는데 그 중에는 사람모습의 부도탑이 있는 것이 특이하다. 법당 앞에는 가지들이 엉켜 올라가는 모습을 한 높이 2.5m의 단풍나무가 서 있다. 사찰 뒤쪽에는 원효대사가 수도중에 중국 중난산 운제사의 대웅전이 무너지는 것을 알고 소반을 던져 대웅전에 있던 1,000여 명의 중국 승려들을 구했다는 전설이 전하는 척판암이 있다.

주변에 수산과학관, 해동용궁사, 임랑해수욕장, 고리원자력발전소 전시관, 이길봉수대 등 명소가 많다. 기장시장에서 장안사행 마을버스가 다니며, 승용차로 가려면 기장에서 좌천을 지나 사찰로 갈 수 있다. 이 사찰은 비교적 큰 길에서 가까운 곳에 위치하고 있다.

• 척판암 _ 부산광역시 기장군 장안읍 장안리 산 53-1번지, 불광산

척판암(擲盤庵)은 부산광역시 기장군 장안읍 장안리 불광산에 자리한 조계종 제14교구 본사 범어사의 말사이다. 673년(문무왕 13년)에 원효대사가 창건하여 담운사(淡雲寺)라고 명했다. 이 암자에서 전래되는 설화를 보면, 원효대사가 담운사에 머무를 당시에 당나라 태화사(泰和寺)에서 공부하던 천 명의 승려가 장마로 인한 산사태로 태화사와 함께 매몰될 운명에 놓인 것을 알고, '효척판이구중(曉擲板而救衆; 신라 원효대사가 판자를 던져서 사람들을 구한다)' 이라고 쓴 큰 판자를 하늘로 날려 보내 태화사의 상공에 뜨게 했는데, 이것을 보고 놀란 대중이 일제히 법당에서 나와 쳐다보는 순간 뒷산이 무너져 절이 매몰되었다.

이에 천 명의 승려들이 우리나라로 원효대사를 찾아와 가르침을 받고 모두 도를 깨쳤다고 한다.

보운자(普運子)가 쓴 「척반대사적기(擲盤臺事蹟記)」에도 기록되어 있는 것으로 보아 이러한 '척판' 에 관련된 설화는 북한 묘향산의 척판대와 경북 경주시 서쪽 월생산(단석산)의 척판암(擲板岩) 전설 등 여러 곳에 전한다.

이 암자에서는 이때의 이적을 기리기 위해 이름을 척판암으로 고쳐 부르게 되었다. 그 뒤에 이 절은 원효대사의 이적지로 중요시되어 참선을 하는 많은 수행 승려들이 머물렀다. 그러나 자세한 연혁은 전하지 않는다. 1938년 경허(擎虛)선사가 중수하여 오늘에 이르고 있다.

근래까지 장안사(長安寺)의 부속 암자였으나 지금은 독립된 절이다. 암자 내에는 법당(척판암)과 요사채가 있고, 그 앞에 삼층석탑이 있다. 법당 좌측 편 방안에 원효대사 진영이 모셔져 있으며, 그 건물 벽에 '척판'과 관련된 벽화가 있다. 이곳은 차가 갈 수 있는 길에서 300m 정도 등산해야 도달한다.

• 선암사 _ 부산광역시 부산진구 부암 3동 628번지 백양산

선암사(仙巖寺)는 부산광역시 부산진구 소재의 백양산에 위치한 범어사의 말사로, 675년(문무왕 15)에 원효대사가 창건하였다. 창건 당시에는 견강사(見江寺)라고 불렀으며, 절 뒷산 절벽 바위 위에서 화랑들이 무술을 닦으면서 절이름을 선암사로 바꿨다고 한다.

1483년(조선 성종 14) 각초(覺招)가 중창하면서 바꿨다고도 한다. 1568년(선조 1) 신연(信衍), 1718년(숙종 44) 선오(禪悟)가 각각 중수했고, 1918년에는 동운(東雲)이, 1955년에는 혜수(慧修)가 중수한 바 있다. 「선암사중수

기」에는 선암사라는 이름에 대해서 선암사가 자리한 산이 금정산의 한 지맥으로 산이 높고 멀리 대마도가 바라다 보이는 등 아주 빼어난 경관을 자랑하고 있어 신선이 노닐 만한 곳이어서 그렇게 부르게 되었다는 암시를 하고 있다.

1990년대 들어 불교교양대학과 원효합창단, 불교봉사단 등을 세워 오늘에 이른다. 현존하는 건물로는 대웅전, 관음전, 극락전, 산신각, 칠성각, 원효각, 명부전을 비롯하여 종각, 종무소, 요사채가 있다.

극락전에 원효대사가 인도에서 모셔온 철불과 원효대사의 초상화가 있었다고 하지만 현재는 그 소재를 알 수 없다. 조사전에 원효, 의상, 윤필의 진영이 모셔져 있다.

• 옥련선원 _ 부산광역시 수영구 민락동 327-2번지, 백산

옥련선원(玉蓮禪院)은 부산광역시 수영구 민락동 백산에 위치한 조계사의 말사로 670년(문무왕 10) 원효대사가 백산사라 이름하여 창건하였고, 910년(성덕왕 9)에는 최치원(崔致遠)이 이 절에 은둔하여 참선하였다는 유서 깊은 고찰이다. 1635년(인조 13) 해운선사가 옥련암으로 이름을 바꾸었으며, 1976년 주지 현진(玄眞)이 보현전을 중창하면서 옥련선원으로 이름을 바꾸었다. 1998년 10월 전통사찰 제28호로 지정되었고, 2000년 7월 현재 승려 15명, 신도수는 1만여 명으로 추산된다.

현존하는 건물은 1976년에 중창한 보현전을 비롯하여 그 이후에 건립한 대웅전, 심우전, 내원정, 수련정, 연마실, 범종각, 옥련회관 및 부속유치원이 있다. 대웅전 안에는 관세음보살상과 지장보살상이 봉안되어 있고, 신중탱화와 관음탱화가 있다. 심우전은 선방(禪房)으로, 내원정은 신도회 사무실로, 보현당과 수련정은 요사채로 사용하고 있다.

유물로는 삼국시대의 마애미륵석불 및 신라시대의 불상으로 추정되는 부석불석상이 있다. 또 1992년 1,500톤의 화강석으

로 제작한 약 15m 높이의 미륵대불이 있다. 이 불상은 국내 최대의 석조 좌불상으로 법주사의 은진미륵과 함께 한국 불교의 명물로 꼽힌다. 이밖에 진신사리 5과를 모신 사리탑과 임진왜란 때 죽은 무명고혼(無名孤魂)의 명복을 빌기 위해 세운 임진왜란 천도비가 있다. 원효대사와 관련된 직접적 유적은 없지만 「백산옥련선원사적비」에 "원효대사가 백산사를 창건하고 수도했다"는 내용이 있다.

원효성사 관련사찰 분포도

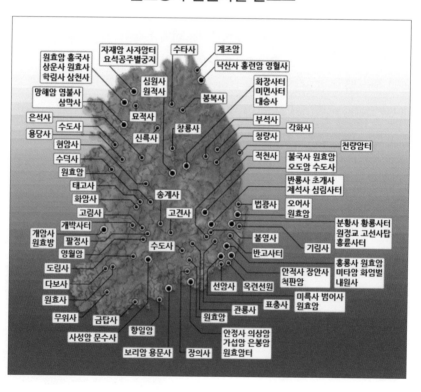

원효성사 관련 사찰 답사

맺음말

　오도처에 대한 의견이 분분하였으나, 상기에 열거한 원효대사 오도처에 대한 역사적인 문헌과 비문에 오도처를 기록한 지명으로 해문(海門), 당주계(唐州界), 입피골(樴山), 향기실(鄕城山)이 화성시 마도면 백곡리 마을에 내려오고 있고 백제시대 대형고분이 존재하는 사실과 부근에 백사(白寺)라는 사찰이 존재했고, 또한 인근 지형에 당성, 백곡리토성, 청명산성, 석산성, 화량진성이 있으며, 근접지역 마도면(麻道面), 금당리(錦堂里)라는 지명 또한 예사롭지 않다.

　마을에 전해오는 이야기로 원효대사께서 이곳에서 주무시고 갔다고 하는 이야기가 아직까지 마을원로로부터 전해 내려온다는 사실과 신라에서 당나라에 가기 위한 국제무역항인 당성과 근처에 포구로 당은포와 은수포가 있었다, 조선시대말까지 해문리에 해문역(海門驛)과 역골(驛谷)이었다는 역사적 사실, 조선시대지도, 4회의 학술발표에 참석한 대다수의 학자들의 의견을 종합하여보면 결론은 원효성사의 오도처가 화성시 마도면 백곡리 대형 백제고분이라는 사실을 뒷받침하고 있다.

참고문헌

화성군, 1993, 『당성지표조사보고서』 한양대학교박물관, 1998, 『당성 1차발
　　　굴조사보고서』 경기도박물관, 2000, 『도서해안지역 종합학술조사 1』
제3회 화성문화유산과 한반도 평화통일 학술발표회－원효의 화쟁사상을
　　　중심으로－『화성시와 원효 오도처에 관하여』 김성순 2019.11.2.
『우리땅 이름의 뿌리를 찾아서』 2권 p.307－배우리: 『신증동국여지승람』.
　　　: 지명학회 1998 『차자표기법』 도수희
　　　: 경기도박물관 학술총서 『도서해안지역 종합학술조사 1』 2000.
　　　p.241
　　　: 조사연구보고서 94-1 화성백곡리고분. 한국정신문화연구원
화성시, 2006, 『文化遺蹟分布地圖』, 제12회 화성시 역사문화 학술세미나.
　　　『화성 백사지(白寺址)의 조사성과와 성격 검토』－황보경(세종대학
　　　교 박물관)

원효성사 관련사찰 답사 후

원효성사 성지 답사 종료 후 보고회

평택 수도사 적문스님 일행 화성 당성 방문

정찬모 소장··· "원효성사 오도처 불교성지 지정 급선무"
원효성사 해골물 먹고 깨우친 장소는 '백곡리고분군'

화성투데이 이인석 기자 (2023-02-02)

    화성지역학연구소 정찬모 소장은 원효성사 기념관과 체험장을 조성한 평택 수도사 적문스님과 시민단체, 평택 소사벌 역사문화연구소 한도숙 대표, 금요포럼 김훈 대표, 역사학자 백승종 교수, 시민사회재단 윤시관 대표와 괴태곶봉수대 되찾기 와 안전시민운동본부시민단체회원 등 22명이 화성시 서신면 당성을 방문한 자리에서 당성의 역사적 지리학적 배경과 원효성사

오도처인 백곡리 고분 발굴 조사연구보고서에 대해 설명했다.

　화성지역학연구소 정찬모 소장은 답사단을 당성 정상으로 안내하여, 삼국시대 국제무역항인 당성과 은수포, 당은포의 위치를 설명하고, 주위 문화유적인 원효대사가 해골물을 먹고 깨우침을 얻은 백곡리고분과 백사지, 장생터와 염불산을 비롯한 화성의 불교유적지와 인문지리, 역사에 관해서도 설명했다. 특히 참석한 시민단체 회원들은 원효성사 오도처에 관해 관심있게 경청했고, 서신면 주민자치 청사 회의실로 이동하여 화성시문화유적분포지도와 원효대사 오도처인 백곡리고분 발굴 조사연구보고서(정신문화연구소 94-1)에 기재된 내용을 설명하고, 화성과 평택의 역사문화를 발굴, 발전에 노력하기로 했다.

　또한 수도사 학술발표에 화성지역학연구소도 참석하여 연구소가 직접 답사한 전국의 원효성지 105군데 사찰과 원효성사에 관한 철학과 사상을 널리 알리자는 정소장의 제안에 대해 시민단체들도 동의하고 환영했다.

　이어 간담회에서 화성지역학연구소 정찬모소장은 "수도사가 원효대사의 기념관과 체험장을 조성한 것에 대해 반대할 의향은 없고, 단지 여러 기록에 나타난 깨달음의 장소가 화성시 마도면 백곡리 향기실마을 위에 있는 백곡리고분군이다"라고 강조했고, 화성의 봉수대인 홍천산봉수, 해운산봉수 염불산봉수에 대한 지리적 위치와 운영에 대해서도 설명했다.

부록 1

원효 전기 자료의 재검토

정희경

※ 본고는 제2회 화성불교문화유적학술발표회(2018. 4. 7. 서화성농협대강당)에서 발표한 주제논문으로서 원효의 오도처와 관련하여 중요한 자료가 되기에 재수록함.

I. 시작하는 말

　고승의 전기에서 가장 중요하게 여기는 내용은 수행과 깨달음, 그리고 깨달음을 경험한 이후 삶의 모습이다. 이는 불교의 창시자인 붓다가 출가, 수행, 깨달음, 그리고 45년 동안 전법의 길을 평생 걸어간 삶의 모습처럼 붓다의 제자들 역시 그와 같은 길을 걸어가고자 출가하였기 때문이고 이것이 일반인들과 가장 큰 차이점이기 때문이다. 구도를 목적으로 출가한 인물들이기에 그들의 삶의 모습이 평범한 사람들과 어떻게 다른가에 대해 관심을 기울이는 것은 당연할 것이다.

　원효(元曉, 617~686)의 전기도 마찬가지다. 한국을 대표하는 고승으로서 그의 삶은 시대와 지역을 초월하여 끊임없이 회자되어 왔고 많은 이들에게 교훈과 영감을 불어넣어 주었다. 그에 따라 원효의 전기에 대한 연구도 상당한 양에 이른다.[1] 본고에서는 선학(先學)분들의 노고에 힘입어 작은 의견

---

1) 자세한 목록은 〈참고문헌〉 참조.

을 덧붙여 보고자 한다. 현존하는 전기 자료의 종류와 특징을 종합적으로 정리해 보고, 원효의 삶을 깨달음과 깨달음 이후의 행적으로 나누어 그 의미를 다시 검토해 보겠다.

II. 현존 자료의 종류와 특징

　한 고승의 일대기를 직접적으로 보여주는 자료는 『행장(行狀)』과 『탑비(塔碑)』라 할 수 있다. 대개 덕이 높고 업적이 뛰어난 고승이 입적하면 제자들은 스승의 행적을 모으고 정리하여 그 삶을 기리는 『행장』을 만든다. 이 『행장』의 내용을 토대로 『탑비』를 제작하기도 하는데, 『탑비』는 국왕의 허가를 받아야만 세울 수 있으며, 국왕이 시호(諡號)와 탑명(塔名)을 내리면서 당대 뛰어난 한학자에 의해 탑비에 새겨질 문장이 작성되고 명필가에 의해 글자로 완성된다.

　원효의 경우, 현존하는 『행장』이 없다. 고려말 일연(一然, 1206~1289)이 『삼국유사(三國遺事)』에서 "효사본전(曉師本傳)", "효사행장(曉師行狀)"이라는 자료를 언급한 점으로 보아, 13세기 후반에는 원효의 『행장』이 존재했었음을 알 수 있지만, 아쉽게도 현재로서는 확인할 수 없다.

　원효의 『탑비』는 현재까지 알려진 것으로 2기가 있다. 경주 『고선사(高仙寺) 서당화상비(誓幢和上碑)』와 『분황사(芬皇寺) 화쟁국사비(和諍國師碑)』

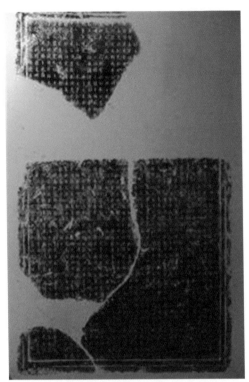

〈그림1〉 고선사 서당화상비 탁본

이다. 고선사 서당화상비는 원효 입적 후 120여 년이 지난 9세기 초반에 제작된 현존하는 가장 오래된 원효의 전기 기록물이다. 이 비는 부서져 4조각만 남아 있고 마멸된 부분도 많아 판독하기에 어려움이 많다. 그렇지만 단편적이나마 매우 중요한 정보를 담고 있다. 예컨대 입적연대와 입적장소의 기록이 유일하게 남아있어 원효의 생존연대를 알 수 있게 해주었다는 점을 들 수 있다.

경주 분황사 화쟁국사비는 고려시대 12세기 후반 명종대(1170~1197)에 제작된 것으로서 조선 전기까지 있었던 듯하나 어느 때인가 파괴되어 비신 1조각³⁾과 비부만이 남아 있고,⁴⁾ 조선시대 이우(李俁)가 1668년에 만든 서

1 …… 晉里火三千幢主級 高金□鐫
2 …… 初無適莫慈迦如影隨形良由能感之心故所應之理必然大矣哉設欲抽法界括
3 …… 相印登法空座作傳燈之□再轉法輪者誰其能之則我 誓幢和上其人也俗
4 …… 佛地聖體高仙據此村名 佛地□是一途他將 佛地我見丘陵何者只如驟
5 …… □母初得夢星流星入懷便□有□待其月滿分解之時忽有五色雲□特覆母居
6 …… 文武大王之理國也早應天成家邦□晏恩開大造功莫能宣爲鑫動之乾坤作黔
7 …… □啓□獨勝歡 大師德惟宿植道實生知因心自悟學□從師性復孤誕□情
8 …… 昏衢拔苦濟危旣發僧鄰之願研微析理□□薩云之心矣 王城西北有一小寺
9 …… □議記□□外書等見斥於世□就中十門論者 如來在世已賴圓音衆生等
10 …… 雨驟空空之論雲奔或言我是言他不是或說我然說他不然逢成河漢矣 大
11 …… 山而投邇谷僧有愛空猶捨樹以赴長林警如靑盡共體氷水同源鏡納萬形水分
12 …… 通融聊爲序遙名曰十門和靜論衆莫不允僉曰善哉 花嚴宗要者理雖元一隨
13 …… □□□□讚歎燮姿麟爲梵語便附□人此□言其三藏寶重之由也 山僧提酒
14 …… □后土立待更不曾移此顯冥心之倦也 女人三禮天神遮之又表非入愛法來
15 ……村主□ …… 心法未曾□悉□觀□□□□□下之言□□正講忽索瓶水□西□之言曰我見
16 大唐聖善寺被 …… □□□□□□□□□灌水之處從此池成此□高仙寺 大師房前小池是也
17 倭南演法□峯騰空 …… □而□□ 大師神測未形知機復遠□□□歸移居穴寺緣以神廟非溢見神
18 不喜意欲和光故自日 …… 通化他方以垂拱二年三月州日終於穴寺春秋七十也卽於寺之西峯權宜鑫室
19 未經數日馬騎成群取將觸 …… □萬善和上識中傳□ 佛法能者有九人皆稱大□ 大師在初蓋是毗讚
20 玄風之大匠也 大師曰我 …… □ 大曆之春 大師之孫翰林字仲業□使滄溟□□日本彼國上宰因□語
21 知如是 大師賢孫相歎之甚傾 …… 諸人□□期淨刹頂戴 大師靈章曾無□捨及見□孫□贍□□論三昨來造
22 得頌文已經一紀雖不躬申頂禮親奉 …… 知神□有□□聲者有 奉德寺大德法師三藏神將□□□與慈和知心空寂
23 見法無生道俗成稱僧龍法□奉尋 …… 行遇 聖人擧膀靡絶追戀無從尤見□人頌文據尋□□□見幾焉寧知日□
24 更有□叔哉 以此貞元年中躬 …… □□□□是傷心乃苦□□倍增便策身心泥堂葺屋二□□□□□□池之□□
25 造 大師居士之形至于三月□ …… □山幅湊傍野雲趍靚像觀形誠心頂禮然後講讚□□□□□□□□□□角
26 于金彥昇公海岳精乾坤秀承親 …… 三千心超六月德義資□□光□物見彼山中大德奉□□□□□□□□方銘
27 □心委命志在虔誠尊法重人 …… 之靈跡非文無以陳其事無記安可表其由所以令僧作□□□□□求自撰無
28 能學不經逐辭不□免慨讜 …… □趣矣塵年不朽芥劫長在其詞曰
29 像哉法體無處不形十方□ …… □三明高仙大師佛地而□一代□言深窮正理此界他□□□□□□□□□□
30 □□赤弓向彼恒沙狂言 …… □□□還爲居士淡海之□溟東相府匡國匡家允文允□□□□□□其祖父□
31 □□欲□不勝□舞惆悵 …… □□□□□海□□□□身莊談□聖快說通神再修穴□□□□□長辭帝闕□
32 不斷□窟經行樂道寂 …… □□□□□□覺遺跡遺文盡蒙盡渥 大師□當□□□□□□含嗜□月□
33 每至□□成臻啓讀日 …… □□□□銘□□穴寺堂東近山慈改□□恒□

〈그림2〉 고선사 서당화상비 판독문[2)]

〈그림3〉 경주 분황사 화쟁국사비부

추사 김정희가 화쟁국사비 대좌 위쪽에 쓴 글

동국대가 발굴한 화쟁국사비 조각

〈그림4〉 화쟁국사비부 문장과 파편

첩, 『大東金石書』[5]에 일부분의 탁본이 수록되어 있는 것뿐이다. 탁본에는 "유가사지론(瑜伽師地論) 10권, 『백론종요(百論宗要)』 1권"이라 적혀 있어 원효의 저술 목록에 대한 귀중한 정보를 알려 주고 있다.

이상 보았듯이 원효의 행적을 체계적으로 보여주는 완전한 자료는 현재 존재하지 않는다고 할 수 있다. 『행장』은 일실(逸失)되었고, 『탑비』도 일부

---

2) 판독문의 출처는 김상현, 『원효연구』(민족사, 2000) 29쪽.
3) 동국대 박물관 소장.
4) 추사 김정희의 글씨가 상단부에 적혀 있다. "此和諍國師之碑趺"
5) 한국학중앙연구원 장서각 소장.

〈그림5〉 화쟁국사비의 탁본(서첩)

분의 파편만 남아 있다. 그렇지
만 원효와 관련한 사항들을 부
분적으로 기술한 문헌들이 전
해지고 있어 학계에서는 어느
정도 추정을 해 왔다.

원효의 전기와 관련된 현존
하는 자료들을 연대순으로 정
리해 보면 다음 〈표1〉과 같다.

표〈1〉에서 볼 수 있듯이, 9세
기 초반부터 18세기까지 한국
을 비롯해 중국과 일본의 문헌
에서 꾸준히 원효에 대한 기록
이 등장하고 있음을 알 수 있
다. 문헌의 성격도 매우 다양하
다. 승려들의 전기를 수록한 승
전(僧傳), 불교 선종의 기록서
인 선서(禪書), 불교 교리 해설서인 장소(章疏), 문집(文集), 지리서(地理書)
등이 있고 곳곳에 원효 관련 내용이 산재되어 있다. 이 중에서 원효의 전기
를 독립 주제로 삼아 싣고 있는 문헌은 988년 찬녕(贊寧, 919~1002)이 저술
한 승전(僧傳) 『송고승전(宋高僧傳)』 권4의 「당 신라국 황룡사 원효전(唐新
羅國黃龍寺元曉傳)」과 1281년경 일연(一然, 1206~1289)이 저술한 사서(史
書) 『삼국유사(三國遺事)』의 「원효불기(元曉不羈)」 2가지가 대표적이라 할
수 있다.

『송고승전』은 중국의 승려 찬녕이 980년에 태종(太宗)의 칙명을 받아 988
년에 완성한 역대 고승들의 전기이다. 총 30권으로 이루어져 있고 정전(正
傳) 533인, 부견(附見) 130인을 수록하였는데 이들 각각의 특징적인 행적에

No.	연대	자료명	저자	국가명	구분
1	9세기 초반	경주 고선사 서당화상비		한국 신라	비
2	890년	제천 月光寺 圓朗禪師大寶禪光塔碑	金穎	한국 신라	탑비
3	961년	『宗鏡錄』	延壽	중국 당	禪書
4	978년	서산 普願寺 法印國師寶乘塔碑	金廷彦	한국 고려	탑비
5	988년	『宋高僧傳』「唐新羅國黃龍寺元曉傳」	贊寧	중국 송	僧傳
6	上同	上同,「唐新羅國義湘傳」	上同	上同	上同
7	11세기경	『大覺國師文集』「祭芬皇寺曉聖文」	義天	한국 고려	文集
8	1107년경	『林間錄』	慧洪	중국 송	禪書
9	1190년	경주 분황사 화쟁국사비		한국 고려	비
10	13세기 초반	『華嚴祖師繪傳』(← 송고승전)	明惠	일본	僧傳
11	1281년경	『三國遺事』「元曉不羈」	一然	한국 고려	史書
12	1366년	『新修科分六學僧傳』(← 송고승전)	曇噩	중국 원	僧傳
13	1602년경	『指月錄』「唐僧元曉」(← 임간록)	瞿汝稷	중국 명	僧傳
14	1654년경	『高僧摘要』「釋元曉」(← 송고승전)	徐昌治	중국 청	僧傳
15	1669년	『東京雜記』(← 삼국유사)	閔周冕	한국 조선	地理書
16		『金剛三昧經通宗記』(← 송고승전)	誅震	중국 청	章疏
17		『釋氏蒙求』(← 송고승전)	靈操	중국 청	僧傳
18	1693년	『禪籍志』(← 송고승전)	義諦	일본	僧傳
19	1749년경	『遊心安樂道私記』(← 송고승전)	義海	일본	章疏

따라 10편, 즉 역경(譯經)·의해(義解)·습선(習禪)·명률(明律)·호법(護法)·감통(感通)·유신(遺身)·독송(讀誦)·흥복(興福)·잡과성덕(雜科聖德)으로 분류하여 서술하였다. 이 가운데 원효는 두 번째 의해편(義解篇)에 수록되어 있다. 의해(義解)란 경론의 의미에 대해 깊은 이해를 보여준 고승이라는 뜻이다. 이러한 분류명에서 보여지듯이 『송고승전』권4에 실린 원효의 전기도 체계적으로 일대기를 서술한 것이 아니라 『금강삼매경론(金剛三

昧經論)』이라는 뛰어난 논서를 저술한 경위에 초점이 맞추어져 있고 이 내용이 전체 3분의 2 정도를 차지하고 있다.

『삼국유사』는 한국의 승려 일연이 1281년경에 개인적으로 저술한 한국의 역사서이다. 총 5권으로 이루어져 있고 9편, 즉 왕력(王曆)·기이(紀異)·흥법(興法)·탑상(塔像)·의해(義解)·신주(神呪)·감통(感通)·피은(避隱)·효선(孝善)으로 분류하여 고대국가의 연표와 각 국가의 흥망성쇠를 신화·전설 등과 함께 기술하고 신라의 불교수용 과정과 고승들에 대한 설화 등을 실었다. 이 가운데 원효는 다섯 번째 의해편에 수록되어 있다. 다만 의해편이라 하더라도 『송고승전』에서 고승들을 각각의 특성에 따라 분류했던 체제와 달리 『삼국유사』에서는 불교의 고승들에 관한 항목이라는 성격을 가지고 있다. 일연의 편찬 의도가 반영되어 기존의 정사(正史)에 기록되어 있지 않은 내용들, 즉 정사 외에 전해지고 있는 내용들을 위주로 서술하고 있고 원효의 경우도 마찬가지이다. '원효는 얽매이지 않는다[元曉不羈]' 라는 제목에서 볼 수 있듯이 『본전(本傳)』이 아닌 『향전(鄕傳)』에 따로 전해지는 원효의 무애행(無碍行)에 초점이 맞추어져 있다.

『송고승전』과 『삼국유사』의 특징은 체계적인 전기 서술이 아니라 찬자의 선택적 내용 선별에 가깝다. 찬자가 서술하고자 하는 목적과 의도하에 전기 내용 중 일부분만 선별되어 수록된 것이다. 그렇지만 원효의 『행장』이 일실되었기 때문에 오늘날 매우 귀중한 자료라 할 수 있다.

후대에 찬술된 승전들은 『송고승전』의 내용을 요약하거나 발췌한 것들로서 내용이 중복된다. 〈표1〉에 표기했듯이 (10)번과 (12)~(19)의 자료들은 기존에 있던 『송고승전』, 『임간록』, 『삼국유사』에서 인용한 글들이 대부분이다.

이렇게 보면 현존하는 원효의 전기 자료 가운데 기본이 되는 자료는 몇 가지 안 된다는 것을 알 수 있다. 가장 오래된 『고선사 서당화상비』를 필두로 하여 원효의 전기를 독립 주제로 삼은 『송고승전』과 『삼국유사』가 있고, 전기류는 아니지만 원효의 깨달음에 대해 가장 오래된 기록인 (3) 연수의 『종경록』, 그리고 비슷한 내용을 싣고 있는 (8) 혜홍의 『임간록』이 있다.

이외에도 원효의 오도처를 기록한 (2) 『월광사 원랑선사탑비』, 원효와 의상이 함께 쉬었던 곳을 기록한 (4) 『보원사 법인국사탑비』[6]도 중요한 자료라 할 것이다.

---

6) "옛 노인들 사이에 전해 오는 말에 따르면, 향성산(鄕城山) 안에 절터가 있는데 옛날 원효보살(元曉菩薩)과 의상대덕(義想大德)이 함께 머무르며 쉬던 곳이라 한다." 『보원사 법인국사탑비』: "古老相傳鄕城山內有佛寺之墟昔元曉菩薩義想大德俱憩居所憩"

III. 자료를 통해 본 원효의 행적

먼저 원효의 주요 행적을 중심으로 자료 출처를 정리해 보면 다음 〈표2〉와 같다. 출생시기는 『삼국유사』의 기록이 유일하다. "진평왕 39년 대업 13년 정축년 [眞平王三十九年 大業十三年丁丑歲也]", 즉 617년이다. 입적시기의 경우는 『고선사 서당화상비』에서 "수공 2년 3월 30일 혈사에서 마치니, 나이 70이었다. [垂拱二年三月卅日終於穴寺春秋七十也]"라 기록되어 있어 686년이었음을 알 수 있다.

그동안 선행연구에서는 원효의 여러 가지 행적에 대해 자세히 다루고 있으므로 본고에서는 원효의 깨달음과 그 이후의 행적을 중점적으로 검토해 보겠다.

1. 깨달음

원효의 오도(悟道) 경험에 대해 국내 기록에서는 『서당화상비』가 유일하다.

〈표2〉 원효의 주요 행적과 자료 출처

행적	자료 출처	비고
출생시기	『삼국유사』	617년
출생장소	『고선사 서당화상비』, 『송고승전』, 『삼국유사』	
가계	『고선사 서당화상비』, 『삼국유사』	
출가시기	『송고승전』	
수행		
스승	『삼국유사』	
유학시도	『송고승전』, 『삼국유사』 「전후소장사리」 「의상전교」	
오도	『종경록』, 『송고승전』, 『임간록』	
오도장소	『월광사 원랑선사탑비』, 『송고승전』 「의상전」	
저술	『고선사 서당화상비』, 『분황사 화쟁국사비』, 『송고승전』, 『삼국유사』	
혼인	『삼국유사』	
후손	『고선사 서당화상비』 『삼국유사』	
제자	『고선사 서당화상비』	9人
대중교화	『고선사 서당화상비』 『송고승전』, 『삼국유사』	
입적시기	『고선사 서당화상비』	
입적장소	『고선사 서당화상비』	686년

"대사(大師)는 덕(德)을 전생에서부터 심었기에, 도(道)는 실로 나면서부터 알았다. 마음을 인해 스스로 깨달았으며, 배움에 일정한 스승을 좇지(않았다.)"[7]

"마음을 인해 스스로 깨달았으며"라는 문구에서 볼 수 있듯이, 원효는 일정한 스승 없이 홀로 깨달았다는 점에 초점이 맞추어져 있다는 것을 알 수

---

7) 『고선사 서당화상비』 "大師德惟宿植道實生知 因心自悟學▨從師"

있다. 비문에서 일실된 부분을 염두하더라도 이 문장 앞뒤의 문구를 보면 『서당화상비』에서는 원효의 당 유학 시도나 깨달음의 과정에 대해서는 기술하지 않았던 것으로 추정된다.

국내에 있는 자료는 이상이 다이다. 후대 고려시대 기록인 『삼국유사』에서도 원효의 오도 경험에 대해 언급하지 않았다. 다만 원효의 『행장』에서는 기록되어 있었을 가능성이 있다.

원효의 오도 경험에 대해 구체적으로 언급하고 있는 자료는 현재 중국측 문헌에서만 발견된다. 『종경록』(961년), 『송고승전』(978년), 『임간록(1107년경)』이다. 이 중 승전에 해당하는 『송고승전』에서는 「원효전」이 아닌 「의상전」에 상세히 기술되어 있다. 다음과 같다.

(의상은) 나이 약관에 이르러 당나라에 교종이 나란히 융성하다는 소식을 듣고 원효법사와 뜻을 같이 하여 서쪽으로 유행하였다. 본국(本國) 해문(海門) 당주계(唐州界)에 이르러, 큰 배를 구해 창파를 건너려 했다. 갑자기 중도에서 심한 폭우를 만나 이에 길 옆의 토감, 즉 토굴 사이에 몸을 숨겨 회오리바람의 습기를 피했다. 다음날 날이 밝아 바라보니 그곳은 해골이 있는 옛무덤이었다. 하늘에서는 궂은 비가 계속 내리고 땅은 질척해서 한 발자국도 앞으로 나아갈 수가 없었다. 또 무덤 속에서 머물렀다. 밤이 깊기 전에 갑자기 귀신이 나타나 놀라게 했다. 원효법사는 탄식하며 말했다. "전날 밤에는 토굴에서 잤음에도 편안하더니 오늘밤은 귀신굴에 의탁하매 근심이 많구나. 알겠구나, 마음이 생기매 갖가지 것들이 생겨나고, 마음이 사라지면 토감과 고분이 둘이 아닌 것을. 또한 모든 세계는 오직 마음일 뿐이요, 모든 존재는 오직 인식일 뿐임을. 마음 밖에 法이 없으니 어찌 따로 구하랴. 나는 당나라에 들어가지 않겠소." 이에 원효는 바랑을 메고 본국으로 돌아가 버렸다. 의상은 홀로 어려움을 무릅쓰고 상선에 의탁하여 (당나라의) 등주에 도달하였다.[8]

의상의 전기이니 만큼 초반부에 의상이 당에 유학가는 상황에서 원효가 잠시 등장한다. 의상이 원효와 함께 입당유학을 하고자 했는데 중간에 원효는 깨달음을 얻어 돌아가 버리고 의상 홀로 어려움을 무릅쓰고 당에 도착하였다는 취지의 내용이다.

　여기서 원효의 오도 사건은 의상의 전기임에도 불구하고 매우 상세히 언급되어 있다. 심한 폭우를 만나 토굴에서 편히 잠들었는데 다음날 무덤인 것을 알게 된 후에는 마음이 편치 않게 되는 경험을 하게 되었고, 그때 모든 것이 '마음'에서 비롯되는 것임을 깨달았다는 내용이다. 이것은 『서당화상비』에서 "마음을 인해 스스로 깨달았다"는 내용과 같은 맥락이라 할 것이다.

　이와 같은 『송고승전』 의상전에 나오는 원효의 오도 경험과 그 깨달음의 내용은 이미 『송고승전』이 작성되기 20여년 전에 저술된 『종경록』에서 비슷한 내용이 등장하고 있었다.

　　옛적 동국의 원효법사와 의상법사 두 분이 함께 스승을 찾아 당나라로 왔다가 밤이 되어 황폐한 무덤 속에서 잤다. 원효법사가 갈증으로 물 생각이 났는데 마침 그의 곁에 고여 있는 물이 있어 손으로 움켜 마셨는데 맛이 좋았다. 다음날 보니 그것은 시체가 썩은 물이었다. 그때 마음이 불편하고 그것을 토할 것 같았는데 활연히 크게 깨달았다. 그리고는 말했다. "내 들건대, 부처님께서는 모든 세계는 오직 마음일 뿐이요, 모든 존재는 오직 인식일 뿐이라고 하셨다. 그렇기에 아름다움과 나쁜 것이 나에게 있을 뿐 진실로 물에 있지 않음을 알겠구나" 마침내 그는 고향으로 돌아가

---

8) 『송고승전』 권4, 「의상전」 "年臨弱冠聞唐土教宗鼎盛 與元曉法師同志西遊 行至本國海門唐州界 計求巨艦 將越滄波 倏於中塗遭其苦雨 遂依道旁土龕間隱身 所以避飄濕焉 洎乎明旦相視 乃古墳骸骨旁也 天猶霢霂地且泥塗 尺寸難前逗留不進 又寄埏甓之中 夜之未央俄有鬼物爲怪 曉公歎曰 前之寓宿謂土龕而且安 此夜留宵託鬼鄕而多祟 則知心生故種種法生 心滅故龕墳不二 又三界唯心 萬法唯識 心外無法胡用別求 我不入唐 却携囊返國 湘乃隻影孤征誓死無退 以總章二年附商船達登州岸"

두루 교화했다.[9]

여기서도 비슷한 구조의 일화임을 알 수 있다. 무덤 속에서 잠이 들었다가 밤중에 물을 맛있게 먹었는데 다음날 시체 썩은 물임을 알게 되고는 토할 것 같은 경험을 하면서 그때 모든 것이 '마음'에서 비롯되는 것임을 깨달았다는 것이다.

또 『송고승전』 이후 120여년 지나 『임간록』이라는 책에도 이와 비슷한 구조의 일화가 등장하고 있다.

당대의 원효는 해동 사람이다. 처음 바다를 건너 중국에 와서 명산의 도인을 찾아 황량한 산길을 홀로 걷다가 밤이 깊어 무덤 사이에서 자게 되었다. 이때 몹시 목이 말라 굴속에서 손으로 물을 떠 마셨는데 매우 달고 시원하였다. 그러나 새벽녘에 일어나 보니 그것은 다름 아닌 해골 속에 고인 물이었다. 몹시 메스꺼워 토해 버리려고 하다가 문득 크게 깨닫고 탄식하며 말하였다. "마음이 나면 온갖 법이 생기고, 마음이 사라지면 해골과(여래는) 둘이 아니다. 여래께서 모든 세계는 오직 마음이라 하셨는데 어찌 나를 속이는 말이겠는가?" 그리하여 스님은 바로 해동으로 돌아가 『화엄경소』를 써서 원돈교(圓頓敎)를 크게 밝혔다.[10]

여기서도 비슷한 구조의 일화임을 알 수 있다. 무덤 속에서 잠이 들었다가 밤중에 물을 맛있게 먹었는데 다음날 해골에 고여 있는 시체 썩은 물임을

---

9) 『종경록』권11 "如昔有東國元曉法師 義相法師 二人同來唐國尋師 遇夜宿荒 止於塚內 其元曉法師 因渴思漿 邃於坐側 見一泓水 掬飮甚美 及至來日觀見 元是死屍之汁 當時心惡 吐之 豁然大悟 乃曰 我聞佛言 三界唯心 萬法唯識 故知美惡在我 實非水乎 邃却返故園廣弘至敎"
10) 『임간록』권1 "唐僧元曉者 海東人 初航海而至 將訪道名山 獨行荒陂 夜宿塚間 渴甚 引手掬[8]水 于穴中 得泉甘涼 黎明視之 髑髏也 大惡之 盡欲嘔去 忽猛省 嘆曰 心生則種種法生 心滅則髑髏不 二 如來大師曰 三界唯心 豈欺我哉 邃不復求師 卽日還海東 疏華嚴經 大弘圓頓之敎"

알게 되고는 토할 것 같은 경험을 하면서 그때 모든 것이 '마음'에서 비롯되는 것임을 깨달았다는 것이다.

『송고승전』에서 귀신 꿈을 꾸며 불안해 하다가 깨달았다는 내용이나,『종경록』과『임간록』에서 시체 썩은 물을 마신 것을 인식하고 토할 것 같다가 깨달았다는 내용이나, 모두 비슷한 구조를 띠고 있다. 오늘날 한국에서 대중적으로 널리 알려진 것은『임간록』에 실린 기록이다. 아마도 극적 효과가 더 크기 때문일 것이다. 여기서 중요한 점은 원효가 깨달은 내용, 즉 '무엇을 깨달았는가'라 생각된다. 그것은 모든 세계와 존재가 모두 인간의 마음과 인식에서 비롯될 뿐이고, 더럽다든가 깨끗하다든가, 추하다든가 아름답다든가 하는 이분법적 사고방식의 모순을 깨달았다는 것이다. 모든 것은 다만 인간의 마음에서 비롯될 뿐이라는 것이다.

『종경록』과『임간록』은 선서(禪書)이다. 선불교에서 중시하는 것은 마음이다. 원효의 오도 경험은 불교의 유심(唯心) 교리를 아주 극적으로 생생히 체험하는 것을 보여주고 있기 때문에 이 일화는 중국에서 상당히 널리 알려졌던 것 같다. 그리고 후대 청나라 시기까지 끊임없이 회자되고 있었고 중국뿐만 아니라 일본에까지 원효의 오도 경험은 전파되었다.

그렇다면 입당유학하려던 도중에 원효가 깨달음을 얻어 발길을 돌리게 된 시기와 장소는 어떠할까.

먼저 원효가 입당유학하려던 시기이다. 오늘날 우리에게 잘 알려져 있듯이 원효는 의상과 함께 당 유학을 2번 시도하였다. 앞에서 본『송고승전』「의상전」에서는 구체적 시기가 언급되지 않았지만 국내 사서(史書)인『삼국유사』「의상전교(義湘傳教)」에서는 다음과 같이 입당 유학 시도 정황과 시기에 대한 내용이 자세히 나온다.

(의상이) 얼마 후 중국으로 가 부처님의 교화를 보고자 하여 마침내 원효와 함께 길을 나서 요동 변방으로 가던 길에 국경을 지키는 군사에게 첩

자로 의심받아 갇힌 지 수십 일 만에 겨우 풀려나 죽음을 면하고 돌아왔다.〈협주: 이 일은 최치원이 지은 의상의 『본전(本傳)』과 원효법사의 『행장』 등에 적혀 있다.〉 영휘 원년(650년)에 마침 귀국하는 당나라 사신의 배를 타고 중국으로 들어갔다. 처음에 양주(楊洲)에 머물렀는데 주장(州將) 유지인(劉至仁)이 의상에게 관아 안에 머물기를 요청하며 융숭하게 공양했다. 얼마 후 종남산 지상사에 도착하여 지엄을 뵈었다.[11]

위의 내용에 의하면 의상과 원효는 처음에 요동을 통해 육로로 가려다가 실패하고, 다음에는 의상이 혼자 영휘 원년 650년에 배를 타고 중국으로 들어갔다. 여기서 두 번째 배를 탄 시기를 650년으로 기록하였는데, 이는 일연의 착오로 평해지고 있다. 『삼국유사』 내에서 정정된 기사를 볼 수 있기 때문이다. 일연의 제자 무극(無極)이 『삼국유사』 「전후소장사리(前後所將舍利)」조 말미에서 다음과 같이 정정한 기록이 있다.

여기에 기록되어 있는 『의상전(義湘傳)』을 살펴보면 이렇다. "영휘 초년(650년)에 당나라에 들어가서 지엄선사를 뵈었다." 그러나 『부석사 본비[浮石本碑]』에 의하면 이렇다. "의상은 무덕 8년(625년) 태어나 어린 나이에 출가했다. 영휘 원년 경술년(650년)에 원효와 함께 당나라로 들어가려고 고구려에 이르렀으나 어려움이 있자 되돌아왔다. 용삭 원년 신유년(661년)에 당나라에 들어가 지엄의 문하에서 배우고 총장 원년(668년)에 지엄이 죽자 함형 2년(671년)에 신라로 돌아와서 장안 2년 임인년(702년)에 죽으니 그때가 일흔여덟 살이었다." 그러므로 (의상이) 지엄과 함께 선율사가 있는 곳에서 재를 올리며 하늘나라에 부처님의 어금니를 청하던

---

11) 『삼국유사』권4, 「의상전교」 "未幾西圖觀化 遂與元曉道出遼東 邊戍邏之爲諜者 囚閉者累旬 僅免而還(事在崔侯本傳及曉師行狀等)永徽初 會唐使舡有西還者 寓載入中國 初止楊州 州將劉至仁請留衙內 供養豊贍 尋往終南山至相寺謁智儼"

때는 신유년에서 무진년에 이르는 칠팔 년 동안이 될 것이다.[12]

이 기사에 의하면 1차로 의상과 원효가 입당하려던 시기는 650년이고 요동쪽 육로를 통해 가고자 했으며, 2차로 입당하려던 시기는 661년이고 서해 뱃길을 통해 가고자 했음을 알 수 있다. 이에 따라『송고승전』「의상전」에 나오는 뱃길을 통한 입당은 2차 시도에 해당되고 이때에 원효가 깨달아 발길을 돌렸음을 유추할 수 있는 것이다.

그렇다면 원효가 발길을 돌린 장소, 즉 그의 오도처는 어디인가?

국내외에 현존하는 자료 중 원효의 오도처가 명시된 기록은 2가지이다. 통일신라 890년(진성여왕 4년)에 건립된 충북 제천『월광사 원랑선사 대보선광탑비(月光寺圓朗禪師大寶禪光塔碑)』(이하『월광사 원랑선사탑비』로 약칭)와 988년의『송고승전』「의상전」이다.

원랑(圓朗, 816~883)은 중국 당나라에 유학 다녀온 선사(禪師)인데,『월광사 원랑선사탑비』에 다음과 같이 기록되어 있다.

그윽하고 미묘한 이치를 공부하고자 하여 직산(稷山)에 이르러 (4자 결락)에 거처하였는데 이곳은 신승(神僧) 원효(元曉)가 도를 깨치신 곳이었다.[13]

원랑이 수행하고자 직산(稷山) 어딘가에 머물렀는데 그곳은 원효가 깨달은 장소였다는 것이다. 직산(稷山)이 구체적으로 어디인지 아직 규명되지 못했으나 당시 9세기경 통일신라 내에서는 원효의 오도 장소가 어디인지 알

---

12)『삼국유사』권3「전후소장사리」 "按此錄義湘傳云 永徽初 入唐謁智儼 然據浮石本碑 湘武德八年 生 卅歲出家 永徽元年庚戌 與元曉同伴欲西入 至高麗有難而迴 至龍朔元年辛酉入唐 就學於智儼 總章元[5]年 儼遷化 咸亨二年 湘來還新羅 長安二年壬寅 示滅 年七十八 則疑與儼公齋於宣律師處 請天宮佛牙 在辛酉至戊辰七八年間也 本朝高庙入江都壬辰年 疑天宮七日限滿者誤矣"

13)『월광사 원랑선사탑비』 "欲扣玄微爰抵稷山寅▨▨▨▨▨乃神僧元曉成道之所也"

려져 있었다고 볼 수 있을 것이다.

다음 나머지 하나의 기록, 『송고승전』 「의상전」에서는 다음과 같이 기술하였다.

　　與元曉法師同志西遊 行至本國海門唐州界 計求巨艦 將越滄波 倏於中塗遭其苦雨

　　(의상이) 원효법사와 뜻을 같이 하여 서쪽으로 유행하였다. <u>본국(本國) 해문(海門) 당주계(唐州界)</u>에 이르러, 큰 배를 구해 창파를 건너려 했다. 갑자기 도중에 심한 폭우를 만나…

『송고승전』의 저자 찬녕이 어떤 자료에 의거해 기술한 것인지 정확히 알 수 없으나 「의상전」에 해당하는 만큼 의상의 전기 자료에 의거했다고 볼 수 있을 것이다.

여기서 "본국(本國) 해문(海門) 당주계(唐州界)"가 어디인가에 대해 다양한 견해가 있다. 당주(唐州)가 오늘날 경기도 화성의 당성(唐城) 일대를 가리킨다는 것은 학계의 대다수 의견인데, 당주(唐州) 뒤에 "계(界)"자가 붙어 있어 당주(唐州) 밖의 주변지역을 일컫는 것이라 보고 원효와 의상은 아직 당주(唐州)에 도달한 것이 아니라 가는 도중에 있었다고 해석되기도 한다.

그런데 당주(唐州) 뒤에 계(界)자가 붙어있다고 해서 꼭 당주(唐州)의 주변지역을 가리킨다고 볼 수는 없을 것 같다. 지명 뒤에 '계(界)'가 붙는 경우는 중국찬술의 불교문헌에서 종종 발견된다. 예를 들어, 당나라 승려 지승(智昇)[14]이 730년에 편찬한 『속집고금불도논형(續集古今佛道論衡)』[15]에서는 한 인물의 거주지를 표기할 때, "양주계(楊州界) 예장군(豫章郡) 오구현(吳丘縣) 남악(南嶽)의 도사(道士) 저선신(褚善信)"[16]이라 하였다. 여기서

---

14) 『개원석교록(開元釋敎錄)』 20권을 편찬했던 인물이다.
15) 불교와 도교 사이에 벌어진 논쟁을 모은 글이다.

양주계(楊州界)는 양주(楊州)라는 지역 안을 가리키는 것이다.

또한 의상과 동문이었던 당나라 승려 법장(法藏, 643~712)이 저술한 『화엄경탐현기(華嚴經探玄記)』에서는 "(『화엄경』「보살주처품」에서) '나라연산'은 이곳 중국말로 '견뢰산'이니, 곧 청주계(靑州界) 동쪽에 있는 뇌산(牢山)이 바로 이에 해당한다"[17]라고 하였다. 여기서 청주계(靑州界)라는 용례도 청주(靑州)라는 지역 안을 가리키는 것이라 보인다. 뇌산이 청주(靑州) 밖에 있지 않고 청주(靑州) 안에 있기 때문이다.[18] 청주(靑州)와 뇌산과 관련해 중국 양나라 시기의 승려 혜교(慧皎, 496~554)가 522년경에 찬술한 『고승전』「법현전」을 보면 다음과 같은 문구가 있다. "법현이 이곳이 어디인가 묻자, 사냥꾼이 대답하길 여기는 청주(靑州) 장광군(長廣郡) 뇌산(牢山)의 남쪽 해안이라 하였다"[19]는 기록이다.

이러한 중국찬술 문헌들의 용례로 미루어 보면 『송고승전』에 나오는 당주계(靑州界)라는 용어 또한 당주(靑州) 지역 안을 의미하는 것으로 볼 수 있고, 의상과 원효는 당주(靑州) 지역에 도착했다는 의미로 볼 수 있다. 중국 찬술의 『송고승전』에서 찬녕은 의상과 원효가 당주(靑州) 지역에 도착하여 당으로 가는 배편을 알아보고자 했다는 의미로 적은 것이라 생각된다. 그렇지만 이것은 『송고승전』에만 의거하여 추정한 것일 뿐이고 구체적인 장소는 앞으로 새로운 자료가 발견될 때까지 유보시켜 둘 수밖에 없을 것이다.

이상으로 원효의 깨달음에 대한 과정과 내용 그리고 시기와 장소를 현존 자료에 의거하여 검토해 보았다. 특이한 점은 원효의 오도에 대한 기록은 중국과 일본의 자료에만 나오고 있다는 점이다. 국내 자료에서는 원효가 스스로 깨달음을 얻었다는 간단한 기록만 발견된다. 한국측 자료에서는 원효

---

16) 『續集古今佛道論衡』卷1 "楊州界豫章郡吳丘縣南嶽道士褚善信"

17) 『華嚴經探玄記』卷15 「菩薩住處品27」 "那羅延山此云堅牢山 則靑州界有東牢山 應是也"

18) 청주와 뇌산은 오늘날 중국 산동성 청도에 있는 노산을 가리킨다.

19) 『高僧傳』권3 "顯問此是何地耶 獵人曰 此是靑州長廣郡牢山南岸"

의 무애행에 초점이 맞추어져 있다는 느낌이 드는데 다음 절에서 계속 보도록 하겠다.

2. 깨달음 이후의 행적

원효는 깨달음을 얻은 후 어떤 삶을 살았는가. 『고선사 서당화상비』와 『송고승전』 「원효전」과 『삼국유사』 「원효불기」를 중심으로 검토해 보겠다. 첫째, 『고선사 서당화상비』에서는 다음과 같이 기록하였다.

> 대사의 덕은 전생에 심은 것이고 도는 실로 나면서부터 알았다. 마음을 인해 스스로 깨달았으며, 배움에 일정한 스승을 좇지 않았다. 성품은 고고하면서 크게 자애로웠으며, 정(情)은 (마멸) 어두운 거리를 (마멸) 괴로움을 뽑고 재난에서 구제하고자 이미 서원을 발하였으며, 미세한 이치를 연구하고 분석하고자 일체의 지혜로운 자의 마음을 ▨▨하였다.[20]

마음을 인해 스스로 깨달았다고 한 것은 앞 절에서 본 것과 같고, 이어서 원효의 성품을 묘사하고 있다. 고고하면서 크게 자애로운 성품을 지니고서 중생을 괴로움과 재난에서 구제하고자 서원을 세웠고, 불법을 연구하고자 지혜로운 마음을 세웠다는 것이다. 문장이 끊어지는 부분이 많아 자세히 알 수는 없지만 그가 깨달은 후의 행적을 자비심과 지혜, 즉 중생구제와 저술 활동으로 특징짓고 있었다는 것을 보여준다.

이후 판독할 수 있는 내용에서는 원효의 저술 『십문화쟁론』과 『화엄종요』에 대한 소개가 상당히 길게 나오고 또한 원효의 신이한 행적이 나온다. 신

---

20) 『고선사 서당화상비』 "大師德惟宿植道實生知 因心自悟學▨▨從師 性復孤誕滋 情(마멸)昏衢拔苦 濟厄旣發僧那之願 硏微析理▨▨薩云之心矣." (『한국금석문 종합영상시스템』 판독 및 번역자: 남동신)

이한 행적 가운데 다음과 같은 내용이 있다. 원효가 강의를 하다가 문득 물병을 찾아서 서쪽을 보며 '당나라 성선사(聖善寺)에 화재가 났다' 고 하면서 물을 부었고 이로부터 못이 생겼는데 고선사의 대사가 있던 방 앞의 작은 못이 바로 이것이라는 내용이다. 신라에 있는 원효가 당나라에 있는 성선사(聖善寺)라는 절에 불이 난 것을 알고 물을 부어 화재를 진압했다는 내용으로 보인다.

둘째, 『송고승전』「원효전」에서는 입당유학을 그만 두고 난 이후의 행적을 기술하고 있다.

얼마 아니 되어 말을 미친 듯이 하고 상식에 어긋나는 행위를 보였는데 거사와 함께 술집이나 기생집에도 드나들고 지공과 같이 금칼과 쇠지팡이를 가졌는가 하면 혹은 소를 지어 『화엄경』을 강의하기도 하였고, 혹은 사당에서 거문고를 뜯기도 하며 혹은 여염집에서 잠자며 혹은 산수에서 좌선하는 등 계기를 따라 마음대로 하되 도무지 일정한 규범이 없었다.[21]

이 뒤에 이어서 지눌이 『금강삼매경론』을 저술하게 된 경위를 서술하고 있다. 전체 3분의 2에 해당되는데 다음과 같다.

이때 국왕이 백좌인왕대회를 설치하고 두루 덕이 높은 승려들을 찾았다. 본주에서 명망이 높아 그를 천거했는데 여러 승려들이 그 사람됨을 미워하여 왕에게 나쁘게 말하매 받아들여지지 않았다. 얼마 안 되어 왕의 부인이 머리에 악성의 종창을 앓았는데 의원의 치료가 효험이 없었다. 왕과 왕자 그리고 신하들이 산천영사에 기도하여 이르지 않는 곳이 없었다. 무당이 말하기를 "타국으로 사람을 보내 약을 구해야만 이 병이 곧 나을 것

---

21) 『송고승전』「원효전」"無何發言狂悖示跡乖疎 同居士入酒肆倡家 若誌公持金刀鐵錫 或製疏以講雜華 或撫琴以樂祠宇 或閭閻寓宿 或山水坐禪 任意隨機都無定檢"

입니다"라고 했다. 이에 왕이 사신을 당나라에 보내어 의술을 찾도록 했다. 파도 높은 바다 가운데에 이르렀을 때 한 노인이 홀연히 나타나 파도로부터 배 위로 뛰어올라 사신을 맞아 바다로 들어갔다. 바라보니 궁전이 장엄하고 화려했다. 검해(鈐海)라는 용왕이 있어서 사신에게 말했다. "그대 나라의 부인은 청제의 셋째 딸이다. 우리 궁중에는 전부터 『금강삼매경』이 있는데 이각(二覺)이 두루 통하여 보살행을 보여준다. 지금 부인의 병을 의탁해 좋은 인연으로 삼아 이 경을 부촉하여 그 나라에 내어놓아 유포하고자 한다." 이에 30장 정도의 순서가 뒤섞인 흩어진 경을 가져다가 사신에게 주면서 "이 경이 바다를 건너는 중에 좋지 못한 일이 있을까 두렵다"고 하였다. 용왕은 사람을 시켜 사신의 장딴지를 찢고 그 속에 경을 넣어 봉하고 약을 바르도록 하니 전과 다름없이 되었다. 용왕이 말했다. "대안성자(大安聖者)로 하여금 경을 차례로 엮어서 꿰매게 하고 원효법사에게 소(疏)를 지어 강석하기를 청하면 부인의 병은 틀림없이 나을 것이다. 가령 설산 아가타약의 효력도 이보다 더하지는 못할 것이다." 그리고는 용왕이 바다 표면으로 보내어 주어 마침내 배를 타고 귀국했다. 그때 왕이 이 소식을 듣고 환희하였다. 이에 대안성자를 불러 그 차례를 맞추게 하라고 했다. 대안은 헤아리기 어려운 사람으로서 모습도 복장도 특이하여 항상 거리에 있으면서 구리로 된 바루를 두드리면서 '대안 대안' 하고 노래를 했기에 그렇게 불렀던 것이다. 왕이 대안에게 명하니 대안이 말하기를 "그 경을 가지고만 오시오. 왕의 궁전에 들어가기를 원하지 않소"라고 했다. 대안이 경을 받아 배열하여 8품으로 만들자 모두 불의(佛意)에 계합하였다. 대안이 말했다. "속히 원효에게 강의하게 하시오. 다른 사람은 안 됩니다." 원효가 이 경을 받은 것이 바로 그 고향인 상주에서다. 그는 사신에게 말했다. "이 경은 본시 이각(二覺)을 종지로 삼습니다. 나를 위해 각승(角乘) 즉 소가 끄는 수레를 준비하고 책상을 두 뿔 사이에 두고 필연도 준비하시오." 그리고 그는 소가 끄는 수레에서 시종 소를 지어 5권을 이루었다. 왕이 날짜를 택하여 황룡사에서 강연하도록 했다. 그때 박덕한 무리가 새로 지은 소를 훔쳐갔다. 이 사실을 왕에게 아뢰어 3일을 연기하고 다시 3권을 쓰니 이를 약소(略疏)라고 한다. 강경하는 날이 되어 왕과 신하 그리고 도속 등 많은 사람이 구름처럼 법당을 가득 에워싼 속에서 원효의 강론이 시작되었다. 그의 강론에는 위풍이 있었고 논쟁이 모두 해결될 수 있었다. 그를 찬양하는 박수소리가 법당을 가득 메웠다. 원효는 다시 말했다. "지난날 백 개의 서까래를 구할 때에는 내 비록 참여하지 못했지만, 오늘 아침 대들보를 가로지름에 있어서는 오직 나만이 가능하구나." 이때 모든 명성 있는 승려들이 고개를 숙이고 부끄러워하며 가슴 깊이 참회했다.[22]

원효가 『금강삼매경』이라는 경전에 대해 해석한 『소(疏)』를 찬술하게 된 경위와 과정이 매우 상세하게 기록되고 있다. 여기서 원효가 저술한 『소』는 후에 『논』으로 격상되어 『금강삼매경론』이라 불리게 된 것인데, 이에 대한 강연이 이루어진 장소가 황룡사였기에 『송고승전』에서는 「신라국 황룡사 원효전」이라는 제목을 붙인 것으로 보인다. 『금강삼매경론』이 중국에서 얼마나 대단한 저술로 칭송되었는지 보여주는 대목이라 할 수 있다.

이와 같이 『송고승전』에서는 뛰어난 논서를 저술했던 모습으로써 원효의 깨달음 이후를 보여주고 있다 할 것이다. 이는 원효를 '의해편'으로 분류한 이유이기도 하다.

셋째, 『삼국유사』 「원효불기」에서는 원효의 『행장』에 실린 내용을 생략하거나 간략히 서술하였고 대신 『행장』에 실리지 않은 내용을 『향전』에 전하는 내용으로 보충하려 한 성격이 강하다.

태어날 때부터 스승을 따라 배우지 않았다. 그가 사방으로 다닌 시말(始

---

22) 『송고승전』 「원효전」

末)과 널리 펼쳤던 큰 업적은 『당전』과 『행장』에 자세히 실려 있다. 여기서는 자세히 기록하지 않고 다만 『향전』에 실린 한두 가지 특이한 사적을 쓴다.[23]

일연은 이렇게 자신의 의도를 밝히고 다음과 같이 원효의 행적을 2가지 추가하여 기록하였는데 그의 혼인과 무애행이다.

(원효가) 어느 날 상례에서 벗어나 거리에서 노래를 불렀다. "누가 자루 빠진 도끼를 허락하려는가. 나는 하늘 받칠 기둥을 다듬고자 한다." 사람들이 모두 그 뜻을 알지 못했는데, 태종이 그것을 듣고서 말했다. "이 스님께서 아마도 귀부인을 얻어 훌륭한 아들을 낳고 싶어하는구나. 나라에 큰 현인이 있으면 그보다 더한 이로움이 없을 것이다." 그때 요석궁에 홀로 사는 공주가 있었다. 궁중의 관리를 시켜 원효를 찾아 궁중으로 맞아들이게 했다. 궁리가 칙명을 받들어 원효를 찾으려 하는데 벌써 남산으로부터 내려와 문천교(蚊川橋)〈협주: 작은 천인데 민간에서는 모천(牟川) 또는 충천(蚊川)이라 한다. 또 다리이름은 유교(楡橋)라고 한다〉를 지나가다가 만났다. (원효는) 일부러 물에 떨어져 옷을 적셨다. 궁리는 스님을 요석궁으로 인도하여 옷을 말리게 하니 그곳에서 유숙하게 되었고 공주가 태기가 있어 설총을 낳았다. 설총은 나면서부터 명민하여 경서와 역사서에 두루 통달했다. 그는 신라십현 중 한 분이다. 우리나라 말로써 중국과 외이의 각 지방 풍속과 물건이름 등에 통달하고 육경문학(六經文學)을 훈해(訓解)하였으므로 지금까지 우리나라에서 경학을 공부하는 이들이 전수하여 끊이지 않는다.[24]

---

23) 『삼국유사』, 「원효불기」 "生而穎異 學不從師 其遊方始末 弘通茂跡具載 『唐傳』 與 『行狀』 不可具載 唯鄕傳所記有一二段異事"

이 요석궁에 사는 공주와 혼인하여 아들 설총을 낳은 일화는 『삼국유사』에만 실려 있다. 일연 당시 민간에 전해져 내려오는 이야기를 기록한 것이라 할 수 있다.

원효가 이미 실계(失戒)하여 설총을 낳은 이후로는 세속의 옷으로 바꾸어 입고 스스로 소성거사(小姓居士)라 했다. 우연히 광대들이 놀리는 큰 박을 얻었는데 그 모양이 괴이했다. 원효는 그 모양대로 도구를 만들어 『화엄경』의 "일체 무애인은 한 길로 생사를 벗어난다"라는 문구에서 따서 이름지어 '무애(無碍)'라 하였고 노래를 지어 세상에 퍼뜨렸다. 일찍이 이것을 가지고 천촌만락에서 노래하고 춤추며 교화하고 음영하여 돌아왔으므로 가난하고 무지몽매한 무리들까지도 모두 부처의 호를 알게 되었고 모두 나무(아미타불)를 칭하게 되었으니 원효의 법화가 컸던 것이다.[25]

원효가 중생구제하는 방법으로 나라 곳곳을 다니며 '무애(無碍)'라는 노래를 불렀고 '나무아미타불'을 모든 이들이 알게 되었다는 내용 또한 『삼국유사』에만 실려 있다. 그런데 여기서 눈에 띄는 구절이 있다. 원효 스스로 '소성거사(小姓居士)'라 칭했다는 것이다. 이것은 그가 아마도 환속했다는 사실을 보여주는 것이라 생각된다.

원효가 신분을 승려에서 거사로 바꾸었다는 정황은 『고선사 서당화상비』에서도 볼 수 있다. "대사의 居士 형상을 조성했다.[造大師居士之形]"는 기

---

24) 『삼국유사』, 「원효불기」 "師嘗一日風顚唱街云 誰許沒柯斧 我斫支天柱 人皆未喩 時太宗聞之曰 此師殆欲得貴婦産賢子之謂爾 國有大賢 利莫大焉 時瑤石宮(今學院是也)有寡公主 勅宮吏覓曉引入 宮吏奉勅將求之 已自南山來過蚊川橋(沙川 俗云牟川 又蚊川 又橋名楡橋也)遇之 佯墮水中濕衣袴 吏引師於宮 褫衣曬晾 因留宿焉 公主果有娠 生薛聰 聰生而睿敏 博通經史 新羅十賢中一也 以方音通會華夷方俗物名 訓解六經文學 至今海東業明經者 傳受不絶"

25) 『삼국유사』, 「원효불기」 "曉旣失戒生聰 已後易俗服 自號[2]小姓居士 偶得優人舞弄大瓠 其狀瑰奇 因其形製爲道具 以華嚴經一切無礙人一道出生死命名曰無礙 仍作歌流于世 嘗持此 千村萬落且歌且舞 化詠而歸 使桑樞瓮牖玃獶猴之輩 皆識佛陀之號 咸作南無之稱 曉之化大矣哉"

록처럼 원효가 입적한 후에는 원효를 승려가 아닌 거사로 인식하고 있었던 것 같다.

거사는 오늘날 재가불자를 의미하는데, 신라와 고려시대에서 거사는 단순한 재가불자만 의미하던 것은 아니었던 것 같다. 『삼국유사』를 보더라도 문수보살이 거사의 모습으로 몸을 바꾸어 어떤 명성있는 승려의 교만함을 꾸짖었다는 설화가 나온다. 이런 예로 보면 원효는 단순한 재가불자로 인식된 것이 아니라 거사의 모습을 띤 보살로서 인식되었던 것이 아닐까 싶다. 그가 보인 신이한 행적들, 중생을 교화하려 성(聖)과 속(俗)을 가리지 않았던 행위들도 대승불교의 보살행으로 볼 수 있을 것이다. 고려시대 초에 원효가 "원효보살"[26]로 칭해지게 된 것도 이러한 영향이 있었으리라 생각된다. 고려시대 말 일연도 『삼국유사』에서 제목을 '원효는 얽매이지 않는다'라 붙이고 "聖師元曉"로 글을 시작한 것도 이러한 원효의 특성을 강조한 것이 아닐까?

이상으로 원효가 깨달음을 얻은 이후의 행적에 대해 여러 문헌을 통해 검토해 보았다. 중국찬술의 『송고승전』에서는 원효의 뛰어난 저술활동에 초점이 맞추어져 있었다면, 국내찬술의 『서당화상비』에서는 저술활동과 중생구제를 균형있게 다룬 것 같고, 또한 『삼국유사』에서는 원효의 무애행에 중점을 두었던 것으로 해석된다.

---

26) 『普願寺 法印國師寶乘塔碑』

Ⅳ. 마치는 말

원효의 깨달음과 그 후 삶의 모습에 대해 현존하는 전기 자료를 검토해 보았다. 원효의 『행장』과 『탑비』 자료가 거의 일실되어 아쉽게도 체계적인 기록은 없다고 하겠지만 중국과 국내에 단편적으로 전해지는 기록들이 있어 매우 소중한 정보를 우리에게 남겼다고 할 수 있다.

중국과 한국에 남아있는 전기 자료 검토를 통해 후대인들에게 인식된 원효의 모습에 약간 차이가 있음을 볼 수 있다. 중국측 자료에서는 원효가 무엇을 깨달았는가, 그의 뛰어난 저서는 어떻게 저술되었는가에 중점을 둔 것 같고, 한국측 자료에서는 원효는 스스로 깨달았고, 뛰어난 저서를 남겼으며, 대중교화를 위한 무애행을 했다는 것에 중점을 두었던 것 같다. 무엇보다 원효가 대중과 함께 호흡하며 성(聖)과 속(俗)을 드나들던 모습은 조선시대에 이르러 더욱 다양한 설화를 파생시키는 양상을 보인다. 이는 대승불교의 기본 정신인 보살행의 구현과 다름 아니기에 후대인들의 많은 관심을 받았던 것이라 생각된다.

참고문헌

강건기, 1986.08, 「元曉의 生涯와 思想」, 『考試研究』13-8(149)

고익진, 1981, 「元曉思想의 史的 意義」, 『동국사상』14

권기종, 1996, 「원효전기 연구에 나타난 문제점에 대하여」, 『원효학연구』1

김상현, 2000, 『元曉研究』, 민족사

김상현, 1988.06, 「신라 서당화상비의 재검토」, 『황수영박사고희기념미술사
　　　　학논총』

김상현, 1988.12, 「元曉行蹟에 관한 몇 가지 新資料의 檢討」, 『신라문화』5

김상현, 1993.12, 「삼국유사 원효관계 기록의 검토」, 『신라문화제학술발표
　　　　회논문집』14

김영태, 1980, 「傳記와 說話를 通한 元曉研究」, 『佛敎學報』17

김영태, 1992, 「元曉의 小名誓幢에 대하여」, 『韓國佛敎學』5

김영태, 1987, 「現傳說話를 통해 본 元曉大師」, 『元曉研究論叢』, 國土統一院

김영태, 1992, 「慶州高仙寺元曉大師碑」, 『韓國佛敎金石文考證』1

김종인, 2001, 「원효 전기의 재구성: 신화적 해석의 극복」, 대각사상4

김지견, 1987, 「海東沙門 元曉像 素描」, 『元曉研究論叢』, 國土統一院

김태준, 1988, 「元曉傳의 전승에 대하여」, 『韓國佛敎文學硏究』下, 東國大學
　　　　校 出版部

석길암, 2010, 「불교의 동아시아적 전개양상으로서의 佛傳再現: 『三國遺事』
　　　　「元曉不羈」조를 중심으로」, 『불교학리뷰』8

이종익, 1960, 「元曉의 生涯와 思想」, 『韓國思想』3

이지관, 1993, 「慶州高仙寺誓幢和尙塔碑文」, 『譯註 歷代高僧碑文: 新羅篇』

조익현, 1993, 「원효의 행적에 관한 재검토」, 사학지26

최유진, 2009, 「신라에 있어서 불교와 국가: 원효를 중심으로」, 『한국불교학』

최화정, 2013, 「元曉傳記類에 대한 比較神話學的 硏究」, 동국대학교 석사학위 논문

홍재덕, 2014, 「원효대사의 오도설화에 대한 연구: 『종경록』과 『송고승전』과 『임간록』의 기사를 중심으로」, 대동문화68

황수영, 1970, 「新羅誓幢和上碑의 新片－建立年代와 名稱에 대하여－」, 『考古美術』108

葛城末治, 1931, 「新羅誓幢和上塔碑に取いて」, 『靑丘學叢』5

福士慈稔, 2001, 「元曉著述이 韓·中·日 三國佛敎에 미친 影響」, 원광대학교 박사학위논문

本井信雄, 1961, 「新羅元曉の傳記について」, 『大谷學報』41-1

小田幹治郎, 1920, 「新羅の名僧元曉の碑」, 『朝鮮彙報』

Robert E. Buswell, 1987, 「The Chronology of Wonhyo's Life and Works: Some Preliminary Considerations」, 『元曉硏究論叢』

부록 2

화성 백사지(白寺址)의 조사성과의 성격 검토

황보경

※ 본고는 2018년 12월 31일 화성시에서 지원하여 비매품으로 발행한 [학술총서 · 6] 『삼국통일과 화성지역 사람들 삶의 변화』에 게재된 연구논문으로서 원효의 오도처 규명에 귀중한 자료가 되기에 재수록함.

I. 머리말

　화성시(華城市)는 경기도의 서남쪽에 치우쳐 있으면서 서해안과 맞닿아 있어 선사시대로부터 많은 사람들이 살기에 적합한 자연적 · 지리적 조건을 갖추고 있는 곳이다.

　삼국시대에는 화성지역을 점령하기 위해 백제와 고구려, 백제와 신라가 치열한 공방전을 벌이던 곳이었는데, 그 이유 중에 하나가 바로 중국과의 교류를 위한 항구가 일찍부터 발달했기 때문이다.

　6세기 중반경에는 신라가 백제를 물리치고 한강 유역을 포함한 화성지역을 점령하게 됨으로써 독자적인 대중국 외교가 가능하게 되었다. 신라는 당항성을 발판으로 삼아 중국과의 외교를 통한 경제 · 물질 · 종교분야에서 획기적인 발전의 계기를 마련하게 되었다.

　신라인들은 당항성을 점령한 후 이 일대에 성곽이나 고분, 취락, 생산시설 등을 건설하면서 많은 문화유산을 남겼는데, 필자는 그중에서도 불교사원에 주목해 보고자 한다.

신라의 불교수용은 고구려, 백제에 이어 가장 늦게 받아들여졌지만, 경주(慶州)를 중심으로 많은 사찰을 창건해 나갔다. 그리고 이와 관련된 조사와 연구가 활발하게 이루어져왔지만, 지방 불교유적에 대한 조사와 연구는 상대적으로 부족한 상태였다. 마침 화성시 마도면 백곡리(白谷里)에서 신라 불교문화에 대해 단면을 살필 수 있는 유구와 유물이 발굴되었기에 이를 중심으로 고찰해 보고자 한다.

　이 글에서는 화성지역에 분포하고 있는 불교유적의 현황을 정리해 보고, 그중에서 백곡리에서 조사된 백곡리 유적(한국문화재보호재단 2008)과 백사지白寺址에 대하여 살펴보고자 한다. 백곡리 유적은 백사지와 같은 구릉에 위치하고 있어 주목되며, 당성(唐城, 사적 제217호)과도 인접해 있다.

　이 유적에서는 남북국시대(南北國時代)에 해당하는 신라 건물지 1동이 조사되었고, 조성시기를 알 수 있는 토기와 기와, 소조불상(塑造佛像) 등의 유물이 출토되었다. 그리고 백사지에서는 지표조사를 통해 '白寺' · '白寺下家' · '白下' 자가 새겨진 명문기와가 수습되어 현재까지 화성지역에서 가장 오래된 사찰의 이름을 알려주고 있다.

　뿐만 아니라, 백사지가 위치한 백곡리에는 삼국~고려시대 고분군과 백곡리 산성, 유물산포지, 상안리 건물지 등의 많은 유적이 인접해 있어 상호 관련성이 있어 보인다.

　따라서, II장에서는 화성지역의 불교유적 현황을 정리하고, 백곡리 유적과 백사지에 대한 조사현황도 정리해 보고자 한다.

　III장에서는 유구와 유물을 통하여 백곡리 유적과 백사지의 조성시기를 추정하고, 이를 바탕으로 백사지의 성격에 대하여 고찰해 보고자 한다.

II. 화성의 불교유적과 백사지의 조사현황

1. 불교유적 현황

　화성지역에는 적지 않은 수의 사찰과 사지가 있는 것으로 조사되고 있는데, 『신증동국여지승람(新增東國輿地勝覽)』에는 사나사를 비롯하여 봉림사, 홍법사, 장생사만 기록되어[1] 있어 많은 사찰이 조선 전기 이전에 폐사된 것으로 여겨진다. 현재까지 법등이 이어지거나 그 터를 알 수 있는 곳은 사나사와 봉림사, 홍법사 정도이고, 장생사는 그 위치를 확인하지 못하고 있다. 이 밖에도 사지만 남아 있는 곳은 세곡리 사지를 비롯하여 9곳이고, 유물산포지로 조사되었지만 사지로 볼 수 있는 곳도 2곳이다.

　이 밖에도 관화사(貫華寺), 만봉암(萬峰庵), 비봉사(飛鳳寺), 오동사(梧桐寺) 등이 각종 자료에 전해지고 있다.

---

1) 『新增東國輿地勝覽』 卷9, 南陽都護府 佛宇條.

<표 1> 화성지역 사찰 및 사지 현황

번호	유적명(참고자료)	위치	시대	창건설 및 수습유물
1	세곡리사지(불교문화재연구소 2010, 737~739)	봉담읍 세곡리 223-23	고려 -조선	청자, 분청
2	유리사지(불교문화재연구소 2010, 744~748)	봉담읍 유리 산60-4	고려 -조선	석축, 기와, 청자, 백자
3	홍법사 (한국토지공사토지박물관 2006, 161~162)	봉담읍 수기리 산4-22	고려(?) -조선	1376년(우왕2)에 정남면 탑상골 개창설, 1841년(헌종7) 봉담읍으로 이전 중건
4	화운사 (경기도박물관 1999, 634 ~635; 한국토지공사토지박물관 2006, 212)	우정읍 멱우리 516	조선	1873년 창건
5	보덕사(한국토지공사토지박물관 2006, 215)	우정읍 이화리 산129-1	조선	1750년 중수, 1920년 중창
6	칠보암지(불교문화재연구소 2010, 753~757)	매송면 천천리 1-8	조선	백자, 수파문 등 기와조각
7	백사지	마도면 백곡리 산103	삼국 -고려	'白寺'·'白寺下家'·'白下' 명문기와, 연화문 수막새, 당초문 암막새 등
8	슬항리 유물산포지 (한국토지공사토지박물관 2006, 274)	마도면 슬항리 580	고려 -조선	기와, 분청 '절골' 지명 유래
9	장외리사지(불교문화재연구소 2010, 749~752)	서신면 장외리 산35-7	조선	백자, 기와
10	용주사(한국토지공사토지박물관 2006, 129~130)	송산동 188번지	남북국 -조선	傳 갈양사-문성왕 16년(854) 창건설(경기도박물관 1999) 정조 14년(1790) 용주사로 창건
11	송산동 유물산포지3(한국토지공사토지박물관 2006, 127)	송산동 192-67	삼국 -고려	'加智寺' 명문기와, 당초문 암막새, 백제 토기편

번호	유적명(참고자료)	위치	시대	창건설 및 수습유물
12	봉림사 (한국토지공사토지박물관 2006, 504)	북양동 642	삼국(?) -조선	진덕여왕(647~654년) 창건설, 1621년 개건, 1708년 중건, 목조아미타여래좌상(보물 제980호, 고려)
13	사나사지(한국토지공사토지박물관 2006, 343~345; 불교문화재연구소 2010, 732~736)	팔탄면 기천리 820	고려 -조선	'加智寺造天棟' 명문기와, 기와
14	어은리 절골사지(경기도박물관 2000, 176~180; 불교문화재연구소 2010, 740~743)	장안명 어은리 산77-1	조선	'O堂' '丙' '月 日' '海主(?)' 명문기와, 청자, 백자
15	만의사지(한국토지공사토지박물관 2006, 466; 화성시사편찬위원회 2005, 142~144)	동탄면 신리 산39	남북국 (?) -조선	현 원각사, 선화대사부도 및 석비
16	관항리사지(불교문화재연구소 2010, 720~723)	정남면 관항리 333-2	고려 -조선	관항리 삼층석탑, 기와, 청자, 백자
17	괘량리 남산골사지(불교문화재연구소 2010, 724~727)	정남면 괘량리 616	고려 -조선	연화문 수막새, 기와, 청자, 분청, 백자
18	신남리유적[2]	남양읍 신남리 37-17	고려 (?)	금동여래입상, 기와, 청자

위의 〈표 1〉을 통해 알 수 있듯이 18곳의 사찰 및 사지 중 13곳이 고려시대나 조선시대에 창건된 것으로 알려져 있고, 5곳 정도가 삼국이나 남북국시대에 창건된 것으로 추정된다. 따라서, 이 글에서는 삼국~남북국시대에 창건된 것으로 전해지는 3곳의 유적에 대해서 간략히 알아보고,[3] 다음 절에서

---

2) 이 유적은 최근 조사되었는데, 건물지에서 금동여래입상 1점이 양호한 상태로 출토되어 주목된다 (한성문화재연구원 2018).

백곡리 유적과 백사지에 대하여 보다 자세히 살펴보고자 한다.

먼저, 용주사는 조선시대 정조대에 창건된 사찰로 유명한데, 그 이전에는 신라 문성왕(文聖王) 16년(854)대 창건된 '갈양사지(葛陽寺址)'가 있었다고 전한다. 경내에는 대웅보전(보물 제1942호), 천보루(문화재…자료 제36호) 등의 건물이 있으며, 고려 말~조선 초기에 제작된 것으로 보이는 석물도 여러 점 있다(한국토지공사 토지박물관 2006, 129~131).

그리고 용주사 범종(국보 제120호)이 고려시대에 제작된 것으로 전해지는데, 명문에는 문성왕 16년(854)에 주조되었다고 하였지만, 명문 표기법과 범종 양식상 고려 초기에 주조된 것으로 추정되고 있다(경기도 박물관 1999, 632). 이 사찰은 9세기 중반에 창건되었다는 설과 혜거국사(899~974년)가 '갈양사'에서 입적한 것으로 전해지고 있다는 점으로 보아 창건시기에 대해서는 신빙성이 높다고 볼 수 있다.

다음으로 '송산동 유물산포지3'은 화성 융릉과 건릉(사적 제206호)이 있는 화산의 북동쪽 능선 아래 경작지 일대로 일부 구간은 도로가 신설되었고, 나머지 부분은 유물산포지로 남아 있다. 여기에서는 백제 토기편이 주로 수습되는데, 당초문 암막새와 선문, 격자문이 시문된 기와류 그리고 방곽 안에 '加智寺'라고 양각된 명문와 1점이 수습되어 절터일 가능성이 있다.

그러나 사나사지(舍那寺址)에서 '加智寺造天棟'자 명문기와가 수습되었고, 문헌자료에 의해 사나사지가 고려시대에 가지사였다가 조선시대에 사나사로 변경되었을 가능성이 높으므로 이 유물산포지에는 다른 이름의 사찰이 신라 때부터 있었을 가능성이 있다고 생각된다. 그리고 이곳의 남쪽에서는 안녕동 유적과 안녕촌 유적에서 신라 주거지 등이 조사되기도 하였다.

끝으로 봉림사는 비봉산의 서쪽 경사면 중턱에 자리하고 있으며, 진덕여왕(眞德女王) 때 고구려와 백제의 침략을 부처의 힘으로 막아 보려는 원력

---

3) 문헌이나 지명을 조사하는 과정에서 파악된 사찰에 대한 현황 〈표 1〉은 한국문화유산연구원 (2015, 309~313)의 보고서를 참조바란다.

으로 창건되었다고 전한다(화성시사편찬위원회 2005, 145). 대웅전에는 고려 말에 조성된 목조아미타여래좌상(보물 제980호)과 이 불상에서 나온 복장품인 목조아미타불좌상복장전적일괄(보물 제1095호)이 있고, 대웅전 후불탱, 지장탱 등의 문화재가 있다.

한 가지 흥미로운 것은 이 사찰이 고구려와 백제의 침략을 막기 위해 창건되었다는 점인데, 실제로는 진덕여왕 재위 기간 동안 백제가 3회 침략하였고 고구려는 당과 전쟁을 치르고 있었다. 따라서, 실제로 고구려의 침략은 없었지만, 642년 당항성이 백제와 고구려에 의해 공격당한 적이 있고,[4] 648년 김춘추가 당나라에서 귀국하는 길에 고구려 순라병을 만나 죽을 뻔 한 적이 있었다.[5]

이때, 김춘추는 작은 배를 타고 겨우 목숨을 부지할 수 있었기 때문에 온군해를 비롯한 적지 않은 사람들이 희생되었을 것이다. 이로 인해 신라 입장에선 고구려에 대한 원한이 더욱 커졌을 것이기 때문에 이러한 설화가 생겨났을 개연성도 있다고 본다. 그러나 아직까지 봉림사에서는 신라와 관련된 유구나 유물이 확인되지 않아 창건시기를 가늠하기가 어려운 실정이다.

2. 백곡리 유적과 백사지 조사현황

1) 백곡리 유적

이 유적은 지표조사를(한국미술사연구소 2004) 거쳐 2005년에 시굴과 발굴조사가 이루어졌으며, 행정적 위치는 조사 당시 마도면 백곡리 산 103번

---

4) 『三國史記』卷5, 新羅本紀5, 善德王 11年條 "秋七月 百濟王義慈大擧兵 攻取國西四十餘城 八月 又與高句麗謀 欲取党項城 以絶歸唐之路 王遣使 告急於太宗 是月 百濟將軍允忠 領兵 攻拔大耶城 都督伊湌品釋 · 舍知竹竹 · 龍石等死之."

5) 『三國史記』卷5, 新羅本紀5, 眞德王 2年條 "春秋還至海上 遇高句麗邏兵 春秋從者溫君解 高冠大衣 坐於船上 邏兵見以爲春秋 捉殺之 春秋乘小船至國 王聞之 嗟痛 追贈君解爲大阿湌 優賞其子孫."

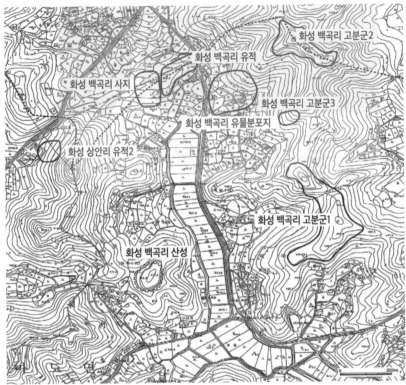

〈그림 1〉 백곡리 유적과 백사지 위치도

지 일원이다.[6] 조사지역의 지리적 위치는 지방도 305호선을 타고 수원방면
에서 송산면 사강리의 사강교차로를 지나 약 1.6㎞ 오면 삼거리가 나온다.
여기에서 남동쪽으로 좌회전한 후 약 400m 진행하면 도로 오른편인 동쪽
안으로 원룸건물이 보이는데, 이 일대가 백곡리 유적이며 최근에도 새로운
건물이 신축되었다.

　조사지역의 지형은 동북-서남쪽의 긴 부정형의 얕은 구릉지대로 해발 45
~60m이고, 구릉의 남쪽 사면에 해당된다. 발굴조사된 부분은 구릉 전체의

6) 현재 주소는 백곡리 142-3번지 일원이다.

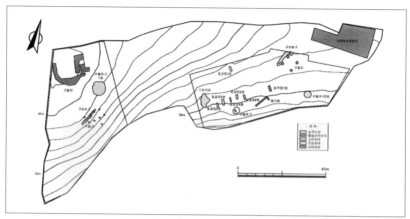

〈그림 2〉 백곡리 유적 유구 배치도

약 1/4이다. 시굴조사 면적은 8,238㎡(약 2,496평)이고, 발굴조사 면적은 3,967㎡(약 1,200평)이다.

조사지역 주변 유적으로는 서쪽으로 당성이 약 700m 거리에 있고, 동쪽과 동남쪽 맞은편 산에는 백곡리 고분군이 있으며, 남쪽 약 900m 거리에 백곡리 산성이 입지해 있다. 그리고 현재의 당성터널이(탄도-송산간 도로확·포장공사) 건설된 상안리에서도 신라 건물지 1동과 수혈 5기 등이 발굴되었다(한국문화재보호재단 2007). 이 밖에도 백곡리 유물산포지(한국토지공사 토지박물관 2006, 274~276)와 상안리 유물산포지(한국토지공사 토지박물관 2006, 310~311)가 있지만, 건물이 들어서거나 현상이 변경된 상태이다.

백곡리 유적에 대한 조사결과, 백제 수혈유구 2기를 비롯하여 신라 건물지 1동, 고려시대 기와가마 1기, 구상유구 1기, 폐기장 1기, 조선시대 수혈유구 1기 등이 발굴되었는데, 여기에서는 신라 건물지와 출토유물에 대하여 살펴보고자 한다.

신라 건물지는 조사지역의 가장 서쪽 평탄면에 위치하고 있어 '백사지'로 명명된 곳과 맞붙어 있다. 건물지는 내부에 평면 방형의 주 건물이 있으며, 외곽으로 담장이 존재했던 것으로 추정된다. 건물지 내부에는 초석으로 보이는 석재 1개가 남아 있고, 남쪽인 전면(前面)에는 2단의 계단이 확인되었다. 건물지 규모는 동－서 220㎝, 남－북 220㎝, 담장의 남은 길이는 동-서 380㎝, 남－북 400㎝이다.

유물은 소조불상의 인면상과 토기류, 기와류, 토제 방추차, 토제 장식품, 원뿔모양의 토제품 14점 등이 출토되었다.

토기류를 보면, 뚜껑 1점, 대부완 1점, 완 3점, 편병 1점, 시루 1점 등이 있고, 기와류는 모두 40점이 출토되었는데, 선문

〈그림 3〉 신라 건물지 평면도

(수키와 6점, 암키와 18점)이 가장 많고, 어골문(수키와 1점, 암키와 8점), 격자문(수키와 4점, 암키와 1점), 승문(암키와 1점), 복합문(수키와 1점)의 순이다.

뚜껑은 '凸'자형으로 갈색을 띠고 경질이며, 드림턱은 밖으로 넓게 벌어져 있다. 개신부에는 2단으로 점열문이 겹쳐서 지그재그형으로 시문되어 있고, 복원구경은 13.4㎝, 잔존높이 3.7㎝이다. 대부 완도 경질로 기벽은 대각에서 둥글게 올라가다가 구연부로 직립한다. 구연 아래에 횡선이 음각되어 있고, 그 아래 기면 전체에 종장점 열문이 시문되어 있다. 내외면은 검게 그을린 흔적이 있고, 구경은 12.3㎝, 저경 7.2㎝, 높이 4.7㎝이다.

완은 3점인데, 연질 1점, 경질이 2점이다. 〈그림 4〉의 완은 회색의 경질이며, 기벽이 바닥에서 완만하게 경사져 올라가고, 구연이 살짝 외반되어 있다. 복원구경은 15.8㎝, 높이 5.7㎝이다. 편병은 회색의 경질이며, 동체부 단

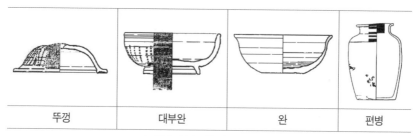

| 뚜껑 | 대부완 | 완 | 편병 |

〈그림 4〉 신라 건물지 출토 토기류

면이 말각방형, 저부는 원형이다. 이 병은 동체 네 면이 눌려진 사각편병으로 점열문이 시문되어 있으나 물손질로 인해 부분적으로 지워지거나 흔적만 남아 있다. 경부는 곧게 올라가고, 구연은 밖으로 벌어졌으며, 구순 끝은 둥글게 처리되었다. 구경은 10.9㎝, 저경 11.1㎝, 높이 23.1㎝이다.

　기와류는 다양한 문양이 시문된 평기와가 출토되었는데, 선문류의 기와는 2/3이상 연질로 소성되었고, 선문 굵기가 세선과 태선이 섞여 있으며, 선의 방향도 직선과 사선이 있다.

　〈그림 5〉의 선문 수키와는 회청색의 경질로 소성되었으며, 외면에 종방향으로 선문이 타날되어 있고, 내면에는 조밀한 포흔이 있다. 기와 분할은 안쪽에서 외면쪽으로 와도로 잘라 떼어냈으며, 잔존길이 30.2㎝, 두께 1.5~1.7㎝이다. 승문 암키와는 1점만 출토되었는데, 황갈색의 연질이고, 외면에 승문이 거칠게 타날되어 있으며 내면에는 포흔이 부분적으로 관찰된다. 잔존길이 17.9㎝, 잔존두께 0.9~1.8㎝이다.

　격자문 수키와는 회백색의 연질로 문양이 중복되어 타날되었는데, 아래에서 위로 타날된 것으로 보인다. 내면에는 조밀한 포흔이 있고, 와변은 안쪽에서 외면쪽으로 와도를 사용하여 거의 전면을 그어 깨끗하게 분할되었다. 잔존길이 30.3㎝, 두께 1.2~1.9㎝이다.

　어골문 암키와들도 연질과 경질이 섞여 있고, 색깔도 회청색과 회백색, 흑갈색 등 다양하다. 어골문 암키와는 종방향으로 정연하게 타날되어 있으며,

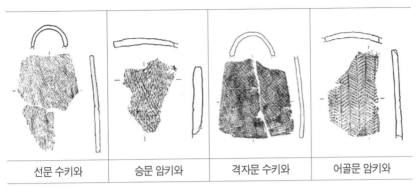

| 선문 수키와 | 승문 암키와 | 격자문 수키와 | 어골문 암키와 |

〈그림 5〉 신라 건물지 출토 기와류

문양이 중복된 방향으로 보아 우측에서 좌측으로 오면서 타날된 것으로 보인다. 와변은 대부분 안쪽에서 그어 분할되었다.

소조불상은 고운 찰흙을 불상범(佛像笵)에 넣어 찍어낸 후 눈과 코, 입술, 귀 등을 다듬어 소성된 것이다. 색깔은 적갈색을 띠고, 경질이며, 얼굴 형태는 전체적으로 달걀형으로 온화한 미소를 띠면서 후덕한 인상을 주고 있다. 머리 모양은 결실되어 알 수 없고, 눈썹은 반달형으로 코부분까지 매끄럽게 연결되어 입체감이 있다.

눈은 날카로운 나무나 철제 도구로 홈을 파서 가늘고 길게 표현했으며, 코는 오똑하게 세워 콧구멍까지 묘사하였다. 입술은 코 넓이보다 약간 더 넓고, 살짝 입을 벌린 모양이며, 전체적으로 양감있게 보인다.

턱은 약간의 홈을 파고 약간 돌출되도록 하여 입체감 있게 보인다. 귀는 오른쪽 측면이 남아 있는데, 귓불이 길게 늘어져 있다. 소성한 뒤에는 전체적으로 물손질하여 표면을 매끄럽게 한 것으로 보이고, 코부

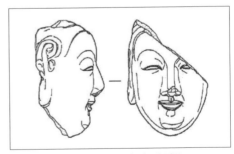

〈그림 6〉 소조불상 전 · 측면도

분을 다듬은 흔적도 있다. 소조불상의 남은 길이는 9.4cm, 너비 7.2cm, 두께 5.7cm이다. 이 밖에도 시굴조사 중에 점열문이 시문된 대 부완과 고배 대각, 뚜껑, 반, 편병, 귀면와편 등이 출토되었다.

2) 백사지

백사지는 마도면 백곡리 산104번지 일원이며, 백곡리 유적과 맞붙어 있는 서쪽 구릉지대로 같은 지역이다. 이곳은 2006년 지표조사를 통해 '白寺下家'(한신대학교박물관 2006, 85~88)와 '白寺' 자가 새겨진 명문기와가 수습되어 '백곡리 사지'로 명명되었다(한국토지공사 토지박물관 2006, 281~283). 지형의 전체적인 특징은 백곡리 유적과 같은데, 북쪽 지대가 높고 남쪽으로 갈수록 경사져 있다.

현재도 절터로 추정되는 곳은 묘역과 밭으로 경작되고 있는데, 지표조사 당시의 자료를 참고해 보면 전체적으로 3단 정도의 단차를 주고 장방형의 범위 안에 사역이 조성된 것으로 보인다. 경작지 하단부인 남쪽 부분에는 건축부재로 보이는 돌들과 함께 다량의 기와와 토기가 쌓여 있는데, 수지문 계열과 선조문, 사선문류, 복합문, 어골문, 사격자문 등 다양한 문양의 기와

〈그림 7〉 백곡리유적 및 사지 전경(동 → 서)

〈그림 8〉 백사지 근경(남 → 북)

조각이 확인되고 있다. 토기 중에는 격자문이 타날된 백제 토기편과 파상문이 시문된 직구호류, 세격자타날문이 시문된 호 등 주로 남북국시대 토기들이 많다. 유물의 산포범위는 밭경작지와 묘소의 배수로 주위에 드러나 있으며, 북쪽이나 서쪽 과수원, 남쪽 밭경작지 주위에서도 기와와 토기가 확인되고 있다.

2010년 지표조사된 바에 의하면, 백곡리 유적인 142-1번지는 복토되어 경작지로 활용되고 있으며, 142-3번지는 원룸이 지어져 있다. 그 주변도 삭토되거나 건물이 들어서 있어 원래의 지형을 파악하기 어려우며 유물도 확인하기 어려운 상태인데(불교문화재연구소 2010, 728∼730), 필자가 답사한 최근에도 새로운 공동주택이 완공되어 있어서 이 일대에 대한 현상변경이 가속화 될 것으로 우려된다.

수습된 유물 중 대표적인 몇 점에 대하여 설명해 보면, 아래와 같다. 명문기와는 크게 네 종류가 수습되었다. 먼저 '白寺'자 Ⅰ형(그림 9)[7] 명문기와

---

7) 한국토지공사 토지박물관(2006) 칼라화보 인용.

〈그림 9〉 '白寺' 자 명문기와(I 형)

〈그림 10〉 '白寺' 자 명문기와(II형)

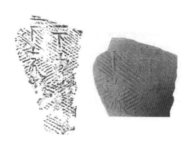

〈그림 11〉 '下家' 자 명문기와(III형)

〈그림 12〉 '白下' 자 명문기와(IV형)

는 회색의 경질 암키와로 외면에 얇은 사선문이 시문되어 있는데, 윗부분은 오른쪽에서 왼쪽방향으로 그 아래부터는 왼쪽에서 오른쪽방향으로 타날되어 있다. 그리고 명문이 있는 부분에서 다시 반대방향으로 바뀐다. 명문은 세로방향으로 '白' 자와 '寺' 자가 반복적으로 7회 이상 양각되어 있으며, 기와 상단과 명문 바로 아래로 두 줄의 가로선이 양각되어 있다.

'白寺' 자 II형(그림 10)[8] 명문기와는 회색의 경질 암키와(14×10×2.2cm)로 외면에 얇은 사선문이 왼쪽에서 오른쪽으로, 다시 오른쪽에서 왼쪽으로 교차되며, 그 위에 '白' 자와 '寺' 자가 세로방향으로 양각되어 있다. 명문은 I 형과 마찬가지로 반복적으로 타날되어 있지만, 글씨 크기가 1.5×1.7cm로

---

8) 이 기와는 필자가 2018년 10월 3일 답사하는 과정에서 확인한 것이다.

작은 편이다.

'白寺下家' 자 Ⅲ형(그림 11)(한신대학교박물관 2006, 86) 명문기와도 경질의 암키와인데, 윗부분에 '白寺' 자가 있었지만 결실되었고, 두 줄의 가로선 아래에 '下家' 자만 남아 있다. 바탕이 되는 문양은 '白寺' 자 Ⅰ형 명문와와 같은 사선문이다. '下家'의 의미에 대해서는 '사원 내 건물의 배치와 관련된 것이거나 일종의 寺下村과 같은 집단에서 기와를 제작하였다는 의미'로 해석될 수 있겠다(한신대학교박물관 2006, 85).

또한, 이천 설봉산성에서 출토된 '咸通'명 벼루에도 '寺下家'라는 명문이 음각되어 있는데, '下家'의 의미를 관청에 부속된 기관으로 보기도 한다(이희선 2002, 34~35). 따라서 '下家'에 대한 의미가 관청이나 사찰에 부속된 부서나 집단, 건물 등을 의미하는 것으로 추정된다.

'白下' 자 Ⅳ형(그림 12)[9] 명문기와는 회색의 경질 암키와(10.5×19×1.7cm)로 외면에 사선문이 있고, 중간에 가로선이 한 줄 있는데 그 위와 아래에 '白' 자와 '下' 자가 양각으로 뚜렷하게 시문되어 있다. 명문은 '白寺' 자 Ⅰ형과 같이 반복적으로 타날되어 있고, 글씨의 형태도 비슷하다. 와변 처리는 내면에서 외면쪽으로 3/4 정도 자른 후에 분할했고, 포흔은 조밀한 편이다. 이 기와의 명문은 '白寺下家'를 줄인 것으로 여겨진다.

---

9) 이 기와는 2006년 한신대학교박물관에서도 수습하였는데, 필자도 2018년 5월 1일에 답사하는 과정에서 확인하였다.

Ⅲ. 백곡리 유적 및 백사지의 시기와 성격

1. 조성 및 경영 시기

백곡리 유적에서 조사된 신라 건물지의 남은 상태는 좋지 못하지만, 건물지 규모가 동-서 220㎝, 남-북 220㎝로[10] 밝혀져 평면 방형에 정면과 측면이 각 1칸인 것으로 조사되었다. 그리고 건물지를 둘러싼 담장이 서쪽과 북쪽에 일부 남아 있는데, 원래는 더 길었던 것으로 추정된다.[11] 건물지 서쪽과 남쪽 기단석렬은 바깥면을 맞춰서 돌을 정연하게 놓았고, 건물지 서남 모서리 안쪽에 초석 1기가 놓여 있으며 작은 할석과 기와조각이 출토되었다.

초석과 관련된 적심석은 없는 것으로 파악되었고, 건물 남쪽에는 2단의

---

10) 보고서 〈도면 12〉를 참고해 보면, 건물지 기단석렬이 서쪽과 남쪽에 남아 있는데 서쪽 석렬 길이가 중간에 끊긴 부분까지 포함하면 360㎝ 정도이고, 남쪽 기단석렬도 작은 할석렬이 더 남아 있어 원래는 400㎝ 정도일 가능성이 있다.

11) 북쪽 담장석렬은 2열로 돌을 놓아 담장으로 보는데 무리가 없지만, 방향이 건물지와 나란하게 동-서쪽으로 뻗어 있지 않고 약간 비스듬하게 동쪽으로 갈수록 간격이 넓어진다. 그리고 서쪽 담장석렬은 1열만 남아 있으면서 돌을 동쪽면에 맞춰 쌓아 북쪽 담장석렬과 축조방법이 다르다. 이로보아 서쪽 담장석렬은 다른 건물의 기단석렬일 가능성도 있다고 생각된다.

계단시설이 갖추어져 있다. 따라서, 이 건물지는 정면이 남쪽이고, 평면은 방형이면서 기단석렬의 정면과 측면이 각 1칸 규모이다. 건물 북쪽 뒤로 담장이 있어 공간이 분리되어 있고, 남쪽에 계단시설이 있어 지면과 건물이 약간의 높이 차이가 있었던 것으로 보인다. 또한, 건물지가 백사지로 추정되는 지역과 맞붙어 있어서 사역寺域의 본 건물이 서쪽의 묘역과 밭경작지에 집중되어 있을 것으로 여겨진다.

다음으로 이 건물지에서는 조성 및 경영시기와 성격을 추정해 볼 수 있는 유물인 토기와 기와, 소조불상조각이 출토되었으므로 이에 대하여 살펴보고자 한다. 먼저, 백곡리 유적에서 출토된 신라 토기들 중 종장점열문이 시문된 뚜껑과 대부완은 삼국 통일 이후에 등장하는 것으로 알려져 있으며, 사각편병은 그보다 더 늦은 시기인 청계리 유적과 안성 망이 산성 등에서 출토된 바 있다.

종장점열문이 시문된 토기편은 당성 2차성의 북문지에서 망해루지로 이어지는 III-2지구에서 거의 같은 종류의 뚜껑이 출토되었고(한양대학교박물관 2001, 174~175), 성벽 1지점과 I 지구 건물지에서도(한양대학교박물관 1998) 조각으로 수습되었다. III-2 지구 출토 뚜껑은 흑회색의 경질로 단추형 꼭지가 달려 있고, 어깨에서 한 번 꺾이며 내려오다 넓게 퍼지면서 드림부를 이룬다. 입술은 수직으로 깎아서 처리되었고, 안턱과 입술이 홈을 이룬다.

이와 비슷한 뚜껑이 상안리 2호 건물지에서도 출토되었는데, 뚜껑 상면에 음각선이 있고, 세로방향으로 단사선문과 점열문이 교대로 시문되어 있다. 구연부는 약간 직각으로 꺾여 있으며 드림은 짧게 내경한 점이 특징이다. 이 밖에도 청계리 나지구 A지점 2구역 7호 굴립주 건물지(한백문화재연구원 2013)와 남양동 5지점 신라건물지(경기문화재연구원 2009)에서도 점열문이 시문된 뚜껑조각이 출토되었는데, 백곡리 유적 출토품보다는 조금 늦은 시기의 것들로 판단된다.

| 백곡리 유적 출토품 | 당성 III-2지구 출토품 | 상안리 2호 건물지 출토품 |

〈그림 13〉 백곡리 유적과 주변 유적 출토 신라 뚜껑

편병은 구연이 외반되었고, 저부가 평저이며, 경질인 점이 특징인데, 이와 비슷한 기형의 편병이 청계리 유적의 나지구 A지점 1구역 1~7호 가마와(한 백문화재연구원 2013) 안성 망이산성에서 출토되었으며, 8세기 후반~9세기 경에 제작된 것으로 여겨진다.

다음으로 기와류를 살펴보면, 일반적으로 삼국시대에는 격자문이나 승문 및 선문계의 문양을 가장 널리 사용했던 것으로 알려져 있다(최맹식 2006, 170). 백곡리 유적에서는 선문이 가장 많은 비율을 차지하고, 백사지에도 선문류가 많으며, 격자문과 승문, 어골문 등도 수습되었다. 선문은 수키와와 암키와 모두에 시문되었는데, 상안리 2호 건물지에서도 선문 수키와가 출토되었다. 이 출토품은 회청색에 경질 수키와로 선문이 타날되어 있으며, 내

〈그림 14〉
백곡리 유적 출토품

〈그림 15〉
상안리 2호 건물지 출토품

〈그림 16〉
당성 망해루지 출토품

면에는 포혼과 쓸림혼이 있다.

와변은 내면에서 외면으로 1/3 정도 자른 후 분리했고, 기와 길이는 33.8㎝, 두께 1.1~1.4㎝로 백곡리 유적 출토 선문 수키와 보다 약간 더 길고 얇은 편이다. 당성 망해루지에서 출토된 선문 수키와는 앞의 기와들보다 선이 굵은 태선문이며, 선의 두께가 일정치 않고 거칠게 시문된 점이 다르다. 또한 와변처리도 분할 후 깎기 조정을 하여 내면에서 외면으로 분할하는 방법보다는 고식(古式)으로 처리되었다(한양대학교 문화재연구소 2018, 95).

따라서, 기와의 제작시기는 당성 망해루지 출토품이 가장 앞선 삼국시대이고, 백곡리와 상안리 2호 건물지 출토품이 원통와통에서 제작된 점, 토수기와에 중판 타날판을 사용한 점 등으로 보아 7세기 말~8세기 전엽에 제작된 것으로 판단된다.

다음으로 〈그림 9〉의 백사지에서 수습된 '白寺' 자 명문기와의 바탕이 되는 사선문이 시문된 암키와는 당성 2차성 북문지에서 망해루지로 이어지는 성벽2-1과 Ⅲ-2지구에서도 출토된 바 있다. 그리고 백곡리 산성에서도 이와 비슷한 사선문 기와가 수습되고 있으며, 백곡리 유적에서 발굴된 기와가마에서도[12] 확인되어 생산과 유통 관계를 파악하는데 도움이 될 것으로 보인다.

끝으로 백곡리 유적에서 출토된 유물 중 가장 주목되는 것은 소조불상(이하 '백사지 소조불상')이라고 할 수 있다. 이 불상은 비록 소조불상의 얼굴 부분만 남아 있는 것이지만, 화성지역은 물론 경기도에서도 처음 확인된 신라 소조불상이라는 점에서 학술적으로나 미술사적으로 그 의미가 적지 않다.[13] 소조불상은 삼국에서 모두 제작되었으며, 6~7세기에 만들어진 적지 않은 수의 작품이 전해져 오고 있다. 신라에서는 고구려와 백제에[14] 비해 늦

---

12) 백곡리 유적의 기와가마를 보고자는 고려시대로 추정하였지만, 선문류 기와와 승문, 격자문, 어골문 등이 섞여 있는 것으로 보아 백사지에 공급하기 위해 조성된 가마로 여겨지며, 운영시기도 남북국시대 후기부터 운용되었을 가능성이 있다고 생각된다.

13) 이천 설봉산성에서 소조로 된 신장상(神將像)의 머리와 손, 발조각이 출토된 바 있다(단국대학교 매장문화재연구소 2001).

게 제작된 것으로 추정되고 있다. 신라 소조불상에 관한 기록은 진평왕 36년(614)에 영흥사의 소불이 저절로 무너졌다는 것과[15] 흥륜사에 진흙〔泥塑〕으로 만들어진 신라 승려의 상이 있었다는[16] 것으로 보아 신라에서도 활발하게 소조불상이나 승려상이 소조로 만들어졌음을 알 수 있겠다.

신라 소조불상의 예로는 경주 오류리 출토 보살입상, 경주 황룡사지 출토

〈그림 17〉 백사지 출토 소조불상

〈그림 18〉 평남 원오리사지 출토 소조불상

〈그림 19〉 황룡사지 출토 소조불상

〈그림 20〉 익산 제석사지 폐기장 출토 천부상

14) 최성은(2013)은 익산 제석사지(사적 제405호) 폐기장에서 출토된 소조상을 통해 볼 때, 7세기 전반이 되면 중·대형 소조상이 많이 제작되었다고 보았다.

15) 『三國史記』卷4, 新羅本紀4, 眞平王 36年條 "永興寺塑佛自壞 未幾 眞興王妃比丘尼死."
『三國遺事』卷3, 興法3, 原宗興法 猒髑滅身 "建福三十一年 永興寺塑像自壞 未幾 眞興王妃比丘尼卒."

16) 『三國遺事』卷3, 興法3, 東京興輪寺金堂十聖 "東壁 坐庚向泥塑 我道, 猒髑, 惠宿, 安含, 義湘, 西壁 坐甲向泥塑 表訓, 蛇巴, 元曉, 惠空, 慈藏."

소조좌상편, 황룡사지 외곽 발견 역사상, 경주 석장사지 출토 소조불상편, 경주 능지탑지 소조상이 있고, 보령 성주사지 소조삼천불상 정도로 많지 않은 편이어서 백사지 소조불상은 희소가치가 있을 뿐 아니라 미술사적으로도 중요도가 있다고 하겠다.

소조불상의 제작방법은 대체로 성형한 후 그대로 말리는 건조식과 가마에서 굽는 소성식이 있으며, 표면에 채색을 하거나 시유하기도 한다. 삼국시대에 소조불상을 많이 제작했던 이유는 석조불상이나 금속제 불상보다 경제적 비용이 적게 들고(문명대 1982, 36), 표현이 자유로우며, 불상범을 제작할 경우 수량에 제한이 없는 장점이 있다.

이밖에도 불교 전래 초기에 금속제 불상의 주조기법상 어려움이 있었고, 석조불상도 철제 공구의 한계 때문에 흙이나 나무로 불상을 많이 만들었을 것이다. 백사지 소조불상은 부여 정림사지나 능산리 사지 출토품처럼 머리와 신체가 별도로 제작된 후 결구된 것으로 보이며, 일반적으로 소형의 소조불이 한꺼번에 많이 제작되는 것으로 보아 백사지 인근 가마에서 생산되었을 가능성이 높다고 판단된다.

백사지 소조불상을 6세기 대 제작된 평남 원오리사지나(문명대 1981) 황룡사지, 정림사지 출토품, 7세기 초에 제작된 제석사지 출토품(원광대학교 박물관 2006, 89~90)과 비교해 보았을 때, 눈썹의 형태나 눈을 가늘고 길게 뜬 점은 유사하다. 그러나 원오리사지나 정림사지, 제석사지 출토품의 코가 작고 낮은 편인데 반해, 황룡사지 소조불상은 코 양옆과 입 주위를 깊게 눌러 입체감이 돋보이게 만든 점이 특징이다.

반면, 백사지 소조불상의 코는 마치 반가사유상들처럼 콧대가 높고 큰 편이어서 다소 차이가 있다. 불상의 입은 백사지와 황룡사지 소조불상이 약간 두툼한 편이지만, 원오리사지와 정림사지, 제석사지 출토품은 입 크기가 코 너비와 비슷할 정도로 작고 입 가장 자리가 살짝 올라가 잔잔한 미소를 띠고 있다. 머리형태는 원오리사지 출토품은 소발 즉 민머리칼이고, 제석사지 출토품은 머리카락을 위로 모아 정수리에서 띠로 묶어 놓은 모습인데, 백사지 소조불상은 머리부분이 깨져 그 형태를 추정하기가 어려운 상태이다. 제작기 법을 보면, 원오리사지, 정림사지 출토품은 불상범으로 제작되었고, 제석사지 출토품은 상 내부에 각목을 사용하여 골조를 만들어 성형한 후, 환원염에 의해 소성된 것으로 표면은 회색조를 띠고 경질이다.

이상의 내용을 정리해 보자면, 백사지 소조불상은 불상범을 사용하여 제작된 것으로 보이고,[17] 얼굴 형태를 찍어낸 뒤에는 나무나 철제 도구를 사용하여 눈 안쪽을 긁어서 표현하고, 입술과 코, 인중부분도 다듬은 흔적이 관찰된다. 소성한 뒤에는 물손질하여 표면을 비교적 매끄럽게 마무리하려고 했던 것으로 보이지만, 이마와 코 일부분에 백색 가루가 묻은 것처럼 밝아 보여 제작 당시에는 채색되었을 가능성도 있다.[18] 그리고 불상 표면이나 속이 모두 적색을 띠는 것으로 보아 산화염으로 저화도에서 소성된 것으로 보인다. 산화염으로 저화도에서 생산된 예는 원오리사지, 정림사지, 능산리사지, 부소산사지 등 여러 군데에서 출토된 작품들이 있다.

따라서 백사지 소조불상을 황룡사지나 백제 소조불상과 비교해 보았을 때 전체적인 제작기법이나 채색여부는 상호 관련성이 있지만, 이목구비의 형태나 세밀한 표현기법은 독특하여 당의 영향도 배제할 수 없기 때문에 현재로선 지방양식의 한 형태로 보는 것이 어떨까 한다.

이상으로 백곡리 유적 및 주변 유적에서 출토된 유물들과 비교해 본 결과, 유적의 상한 시기는 토기와 기와로 볼 때 상안리 2호 건물지와 그 시기가 비

---

17) 불상범은 평양 토성리 출토 도제소조불범(陶製塑造佛范)과 전북 김제시 성덕면 출토 동제판불, 전남 구례 화엄사 서오층석탑 출토 청동여래좌상 틀(보물 제1348호–화엄사서오층석탑사리장엄구)이 있다(국립문화재연구소, 1997). 화엄사 서오층석탑 출토 청동여래좌상틀의 제작 시기를 김리나(2001, 22~23)는 7세기 후반으로 보고 있고, 최성은(2000, 39)은 9세기 후 반으로 보고 있어 제작 시기에 대한 견해 차이가 있다.

18) 황룡사지의 중문지 부근에서 일괄 출토된 14점의 소조편에도 흰색으로 채색된 흔적이 확인되었고, 제석사지나 정림사지 출토품에서도 관찰되어 국적에 상관없이 당시에는 소조편에 채색을 적지 않게 했던 것으로 보인다(국립경주문화재연구소 2012).

〈그림 21〉
부여 능산리사지 출토 소조불상편

〈그림 22〉 화엄사 서오층석탑 출토
청동여래좌상틀(7×8×0.4㎝)

슷한 것으로 판단된다. 소조불상도 고구려 및 백제 출토품과 비교해 보았지만, 얼굴 부분만 남아 제작시기를 추정하는데 어려움이 있다. 다만, 공반 출토된 토기는 7세기 후반 이후(강진주 2007) 기와류는 7세기 말부터 9세기 대에 제작된 수량이 많은 편이다. 그리고 명문기와는 네 개의 유형이 확인되었고, '슘○' 자 명문기와 등도 있어 다양한 종류의 명문기와가 여러 차례 생산되었던 것으로 여겨진다.

또한 소조불상도 고구려와 백제 소조불상들과 제작기 법이나 생김새가 비슷한 점도 있고, 다른 점도 보이므로 특정시기로 추정하기에는 아직 무리가 있지만, 공반 출토된 유물로 보아 7세기 후반에서 8세기에 제작되었을 가능성이 높다고 판단된다. 다만, 지방에서 발견된 예가 매우 적으므로 앞으로의 조사와 연구를 기대해 봐야 하겠다.

한편, 백곡리 유적의 하한시기는 신라 건물지에서 출토된 어골문기와와 기와가마, 폐기장에서 출토된 연화문 수막새를 참고해야 한다. 어골문 기와는 일반적인 종주어골문이 시문되어 있는데, 이러한 문양은 고려시대에 가장 많이 생산되었던 것이다. 또한 폐기장에서 출토된 연화문 수막새는 11세기, 당초문 암막새는 이보다 늦은 12세기로 판단되므로 백곡리 유적의 하한은 12세기까지로 볼 수 있겠다.[19] 참고로 청계리 유적의 라지구 A지점에서 발굴된 2기의 고려시대 기와가마 생산 어골문기와도 이와 비슷한데, 1호 가마의 연대가 1080~1200년으로 편년되었다(한백문화재연구원 2013).

2. 백사지의 성격

백곡리 유적과 백사지는 한 구릉에 조성된 유적이지만, 일부분만 발굴되어 사지의 전모를 파악하지 못한 상태이다. 다만, 사찰과 관련있는 건물지 1동이 조사되었고, 조성시기를 알 수 있는 토기와 기와 그리고 소조불상이 출토되었다. 이러한 자료를 바탕으로 볼 때, 백곡리 유적에서 조사된 신라 건물지는 사찰의 건물로 보는데 무리가 없을 것으로 판단되므로 여기에서는 백사지의 성격에 대하여 서술해 보고자 한다.

먼저, 입지적 특징을 살펴보고자 한다. 백사지가 입지한 곳은 동북-서남쪽의 긴 구릉지대로 당성이 있는 서쪽 옆으로는 굴고개길이 있었는데, 지금은 터널이 개통되어 지방도 305호선이 지난다. 도로 구간에서는 상안리 건물지가 발굴되었고, 유물산포지도 있다. 그리고 백사지의 남쪽 아래는 계단식 논이 백곡2리 마을회관 앞 삼거리까지 있어 해발이 점차 낮아진다. 또한, 조사지역 주변 유적으로는 당성이 서쪽으로 약 700m 거리에 있고, 동쪽과 동남쪽 맞은편 산에는 백곡리 고분군이 있으며, 남쪽 약 900m 거리에 백곡리 산성, 그 아래 청명산에도 청명산성이 위치해 있다. 따라서, 백사지는 서쪽과 남쪽 가까이에 산성이 둘러싸고 있는 형국으로 동·서쪽 산에서 내려오는 하천이 남쪽으로 흘러가고, 청명산 인근 고모리 바닷가와 가까워 취락이 형성되기에 적합한 지형적 조건을 갖추고 있다. 이와 관련된 유적인 백곡리와 상안리 유물산포지 그리고 백곡리 고분군이 형성되어 있다는 점도 그러한 가능성을 높여주고 있다. 특히 백곡리 유물산포지에서는 청동기시대 민

---

19) 연화문 수막새는 부여 정림사지와 여주 원향사지 출토품을 참고하였으며, 막새에 대해서 고재용 (기호문화재연구원)의 조언이 있었음을 밝혀둔다.

무늬토기〔無文土器〕와 마제석촉 등이 채집되고, 하단부의 저평한 지역에서는 집선문이 시문된 백제 토기편이 수습되었다(한국토지공사 토지박물관 2006, 274~276). 또한 백곡리 유적에서도 백제 수혈유구가 확인되어 주변에서 더 많은 수의 집터나 수혈이 발견될 가능성이 높다고 하겠다.

현재까지의 조사성과로 볼 때, 백곡리 일원은 당성과 백곡리 산성이 둘러싼 대단위 취락이 형성되었던 곳으로 보이며, 백사지가 구릉 위에 입지한 점으로 볼 때 주위에서 바라보기 좋은 구릉에 입지했음을 알 수 있다. 무엇보다 이곳은 해안가로부터 가깝다는 장점도 있어서 내륙쪽에서 당항성으로 왔을 때, 항구를 통해 출항하기 전에 머물면서 여행의 안녕을 기원하기에 적합한 조건을 갖추고 있다고 하겠다. 한편, 백곡리의 남쪽에는 고모리 개죽포가 있고, 동북쪽 방향에 해문리(海門里)가[20] 있어 이 일대가 오래전부터 당항성과 관련된 관문 역할을 했던 곳임을 짐작케 해 주고 있다.

백사지의 가람배치는 현재로선 정밀조사가 이루어져야 그 면모를 알 수 있겠지만, 구릉의 평면형태가 동-서방향으로 길고, 남-북방향으로 3단 정도의 단이져 있어서 주요 건물들이 평탄지를 따라 남쪽을 정면으로 하면서 배치되어 있었을 것이다. 백곡리 유적에서 발굴된 건물은 사역의 서쪽 끝부분에 있던 건물로 생각되며, 사역의 중심은 기와와 석재가 많이 산재해 있는 동쪽의 묘역과 과수원, 밭경작지 일대인 것으로 판단된다.

다음으로 사찰 이름에 대해 검토해 볼 필요가 있다. '白寺' 자가 시문된 명문기와가 적어도 네 종류에 여러 점이 확인된 것으로 보아 이 사찰의 이름은 '白寺'가 분명해 보이는데, 과연 '백곡리' 라는 지명과 무슨 관련이 있을까? 백곡리라는 지명은 "마을을 둘러싼 청룡산 줄기에 크고 작은 골짜기가 99개가 되어 1백 개에서 1개가 모자라 백百에서 한 획을 뺀 흰백(白)자를 써서 백곡리로 불렀다"고 한다(화성시사편찬위원회 2005, 762). 그러나 그보

---

20) 해문리는 약 500여 년 전 조수를 이용하여 동리입구 산간저지대를 배편으로 출입하였다고 하여 해문동으로 불렀다고 한다(화성시사편찬위원회 2005, 766).

다는 '백사'가 있었기 때문에 백곡리의 마을 이름이 유래되었다고 보는 견해가 보다 설득력이 있다고 생각된다.[21] 그리고 한편으론 이 지역을 먼저 경영했던 백제와도 관련이 있지 않을까 한다. 백곡리에 고분을 처음 축조하고, 당항성을 개발한 국가는 백제였고, 당성 1차 성, 청명산성, 백곡리 유적에서 백제 유구와 유물이 확인된 점, 백사지에서도 백제 토기가 수습되고 있다는 점으로 보아 이 일대 유적의 형성과 백제는 직접적인 관련이 있다. 따라서 백곡리에 백제인들이 거주했던 유구와 유물이 남겨져 있고, 고분이 장기간 축조되면서 자연스레 이 일대는 백제인들의 생활 및 묘역으로 이용되던 곳이었으며, 사찰명을 두 자로 지은 것도 하나의 특징이라고 하겠다.[22] 그러나 현재로선 백사지를 백제와 연관시키기에는 무리가 있으며, 오히려 의상 · 원효와 더 관련성이 깊은 것이 아닐까 한다.

백사지는 앞에서 살펴본 바와 같이 토기와 기와 등의 유물을 참고해 볼 때, 삼국 통일 이후에 창건된 사찰로 보인다. 그렇다면, 화성지역에 신라 사찰이 창건된 것은 언제쯤일까? 신라가 화성지역을 점령한 시기는 진흥왕 14년(553) 이후로 추정되고 있으며, 지금의 경기도 하남시 지역에 신주(新州)를 설치하였다.[23] 이후 신라는 고구려 · 백제와 많은 전투를 벌이면서 한강 유역과 화성 일대를 사수하였고, 많은 수의 성곽과 고분, 취락이 조성되었

---

21) 권오영(2006, 85; 2007, 22)은 '백곡리'의 지명 유래가 '白寺'로부터 시작되었을 가능성이 높다고 보았다.

22) 몇 가지 예를 들어보면, 서울 암사지는 일명 '암사'로 부르기도 하고, 하남 '동사(桐寺)', 부여 능산리 사지도 '능사(陵寺)', 계룡산의 '갑사(甲寺)' 등이 있다. 이들 사찰 중에 '암사'나 '능사', '갑사'는 백제가 창건한 사찰로 알려져 있다. 그렇다면, 비록 '백사'명 기와가 백제 기와는 아니지만, '白'자가 후대에까지 내려온 점은 백제와의 관련성을 짐작케 하는데 도움이 되지 않을까 한다. 물론 고구려에도 평양 동사(東寺)가 있었다고 전해지고 있어 사찰명이 두 자로 되었다고 반드시 백제 사찰의 특징이라고 단정짓기는 어려울 것 같다. 다만, 두 자로 지어진 사찰명은 주변의 유적과 직접적으로 결부되어 창건된 경우도 있고, 도성이나 왕성을 중심으로 그 방향에 따라 단순하게 결정된 경우도 있는 것 같다.

23) 『三國史記』卷4, 新羅本紀4, 眞興王 14年條 "秋七月 取百濟東北鄙 置新興 以阿湌武力爲軍主."
『三國史記』卷26, 百濟本紀4, 聖王 31年條 "秋七月 新羅取東北鄙置新州."

으며 사찰도 창건한 것으로 전해진다. 서울·경기지역에는 많은 수의 사찰이 있지만, 창건시기와 당시의 사찰명이 밝혀진 경우가 드물다. 삼국~남북국시대 사찰로 밝혀진 대표적인 곳으로는 서울 장의사지(莊義寺址), 암사지(巖寺址), 청담사지(靑潭寺址), 하남 동사(桐寺), 천왕사(天王寺), 약정사지(藥井寺址), 용인 마북리사지,[24] 여주 고달사지(高達寺址), 안양 중초사지(中初寺址) 등이 있다. 화성지역에는 앞에서 살펴본바와 같이 5곳 정도가 삼국~남북국시대에 창건되었거나 그럴 가능성이 있다. 이들 사찰은 신라가 화성지역을 점령한 이후에 창건된 것으로 추정되는데, 현재로선 구체적으로 알기 어렵지만『삼국사기(三國史記)』를 통해 볼 때 대략적인 시기를 가늠해 볼 수 있지 않을까 한다.

신라는 무열왕 6년(650) 서울 신영동에 장의사를 창건하였는데, 이 사찰은 백제와 전투 중에 전사한 장춘랑과 파랑의 명복을 빌기 위해 세웠다고 전한다.[25] 장의사지가 위치한 종로구 신영동은 북한산 비봉의 남쪽 아래로 '북한산 진흥왕 순수비유지(사적 제228호)' 가 있는 곳에서 가까운 곳에 위치해 있다. 이곳에 사찰이 창건된 목적은 무열왕이 국가를 위해 전사한 장수들의 명복을 빌기 위한 것과 동시에 백제와 고구려의 침략을 불력(佛力)의 힘을 빌어 막고자 했던 것이다. 이와 관련하여 봉림사도 고구려와 백제의 침략을 막기 위해 창건했다는 이야기가 전해오고 있다는 점이 주목된다. 이는 7세기 중반 백제와 고구려가 신라의 많은 성들을 지속적으로 공략하여 함락한 것에 대하여 선덕여왕이나 진덕여왕, 무열왕대 심각한 위기감을 갖고 있었던 것을 의미한다. 이러한 국가적 위기상황은 지배층과 지역사회의

---

24) 이 사찰터는『寺塔古蹟攷』에 전하는 '劃珠寺' 일 가능성이 있다(한신대학교박물관 2003).

25)『三國史記』卷5, 新羅本紀5, 武烈王 6年條 "冬十月 王坐朝 以請兵於唐 不報 憂形於色 忽有人於王 前 若先臣長春 罷郎者 言曰:"臣雖枯骨 猶有報國之心 昨到大唐 認得皇帝命大將軍蘇定方等 領兵 以來年五月 來伐百濟 以大王 勤佇如此 故玆控告." 言畢而滅 王大驚異之 厚賞兩家子孫 仍命所司 創漢山 州莊義寺 以資冥福.(이와 같은 내용인『三國遺事』卷2, 長春郎 罷郎傳에도 기록되어 있고, 장의사지에는 현재 세검정초등학교가 자리해 있고, 운동장에 당간지주(보물 제235호)가 남아 있으며, 교내에서 기와조각이 수습되고 있다).

민심을 동요시키고, 경제적으로도 큰 타격을 주었을 것이다. 이와 관련하여 선덕여왕은 황룡사에서 백고좌를 베풀기도 하고,[26] 분황사와 영묘사 등의 많은 사찰을 재위 기간에 창건하였다.

또한 645년에는 황룡사 9층 목탑을 준공하기도 하였다.[27] 이렇게 경주를 중심으로 사찰과 목탑이 조영됨에 따라 지방 즉 한강 유역과 당항성이 있는 화성 지역에도 사찰이 창건되었을 것으로 추정된다. 그러나 문헌에 의하면 한강 유역에 창건된 사찰은 장의사 외에 전해지는 사찰이 없어 기존에 있던 사찰 즉 백제나 고구려인들이 창건하고 법등이 이어진 사찰을 신라인들이 지속적으로 유지하거나 중건하여 경영했을 것으로 생각된다.

그렇다면 7세기 중반경에 당항성을 중심으로 일어났던 주요 사건 중 몇 가지를 살펴보면, 642년 백제와 고구려군이 당나라로 가는 바닷길을 막고자 공격해온 적이 있었고,[28] 648년 김춘추가 아들과 함께 당나라를 방문하고, 귀국하던 중에 김춘추 대신 온군해가 고구려 군에게 희생당한 일도 있었다. 그리고 660년에는 소정방(蘇定方)이 이끄는 당나라군이 덕적도에서 머물다 사비로 향했으며, 661년에는 의상과 원효가 당으로 유학을 떠나기 위해 당항성으로 온 일화가 전해진다. 두 사람은 유학길에 비를 만나 길 옆의 흙굴〔土龕〕에서 하룻밤을 지냈는데, 다음날 보니 해골이 있는 옛 무덤이었다는 것과[29] 이를 통해 깨달음을 얻었다고 전한다(고영섭 2017, 56~57). 이로 인해 원효는 당으로 유학을 떠나지 않고 돌아간 반면, 의상만 당으로 떠나게 되었으며, 671년에 돌아왔다.

이러한 일련의 사건을 중심으로 고려해 본다면, 7세기 초부터 중반 사이

---

26) 『三國史記』 卷5, 新羅本紀5, 善德王 4年條.

27) 『三國史記』 卷5, 新羅本紀5, 善德王 14年條.

28) 『三國史記』 卷5, 新羅本紀5, 善德王 11年條 "秋七月 百濟王義慈大擧兵攻取 國西四十餘城 八月 又與高句麗謀 欲取党項城 以絶歸唐之路 王遣使 告急於 太宗 是月 百濟將軍允忠 領兵 攻拔大耶城 都督伊湌品釋 · 舍知竹竹 · 龍石等 死之."

29) 의상과 원효가 비를 피했던 무덤에 대해서는 윤명철은 고구려 봉토석실분으로, 김성태는 신라 횡혈식 석실분으로 추정하고 있다(윤명철 2018, 39; 김성태 2018, 43).

여제의 맹공에 시달리던 신라는 불력의 힘을 기원하게 되고, 경주를 비롯한 지방에도 사찰을 창건하게 된다. 그중에 장의사와 같이 기념적인 곳을 비롯하여 주요 치소성이 있는 곳과 국경과 가까운 곳 등에 불사(佛寺)를 세웠는데, 당항성도 중국과의 외교를 위한 거점성이었기 때문에 사찰 창건은 자연스럽게 이루어졌을 것이다. 다만, 의상과 원효가 당항성에 온 일화를 염두에 두고 생각해 본다면, 백곡리나 해문리에 사찰이 있었을 가능성 또한 있다. 그렇지만, 이와 관련된 내용이 설화로 전해지지 않는 점으로 보아 '白寺'는 의상이 유학에서 돌아오는 671년 이후 창건되었을 것으로 추정된다. 그리고 백사는 당성과 인접해 있기 때문에 치소성과 관계있는 사찰로 보아야 하지 않을까 한다. 즉 치소성을 중심으로 주변 취락이 구획됨에 있어 사찰이 중심축을 이루는 역할을 할 수 있기 때문이다. 특히 평지나 구릉에 위치한 사찰은 도시구조 및 교통로와 관련이 있기 때문이다.[30] 성곽과 사찰이 관련있는 예로는 하남 이성산성과 천왕

사지 또는 동사지, 안성 죽주산성과 봉업사지, 이천 설봉산성과 관고동사지1 등이 치소성 인근에 위치한 사찰들이다.[31] 따라서, 당성일대가 국제적인 항구로 발전하게 됨으로써 '白寺'의 기능도 단순히 신앙을 위한 목적 외에 대중적인 장소로 번창했을 것이다. 또한, 의상과 원효가 겪었던 무덤에서의 경험 및 유학의 출발지 등과 연원이 되어 '白寺'라는 사명이 지어졌을 개연성도 있으며, 사찰이 구릉지에 세워진 점으로 보아 바다나 주변지역에서 당항성을 찾아오기 쉽도록 입지를 선정하였기 때문에 목탑이 건립되었을 가능성도 있다고 본다.

---

30) 필자는 하남시의 불교유적을 정리하면서 사찰의 입지와 도시구조 및 교통로, 풍수사상의 영향을 언급한 적이 있다(황보경 2004).
31) 신라는 6세기 중엽에 신주를 설치한 하남을 중심으로 불교사원이 창건되었을 것으로 보이며, 7세기 중엽부터 8세기 중엽 사이에는 신라의 불교문화가 뿌리내리기 시작한 것으로 이해된다. 특히 김대문이 한산주 도독으로 부임해 온 이후부터는 불교문화가 정착되기 시작한 것으로 생각된다(황보경 2009, 318~319).

IV. 맺음말

화성지역에는 적지 않은 수의 사찰이 있지만, 창건시기를 정확하게 알 수 있는 곳은 드물다. 마침 백사지로 추정되는 곳에서 명문기와는 물론 건물지 1동과 신라 토기, 기와, 소조불상조각이 출토되어 신라가 화성 지역을 점령한 이후에 경영했던 사찰임이 밝혀졌다. 여기에서는 백사지의 조사성과와 의미에 대하여 요약하는 것으로 맺음말을 대신하고자 한다.

백사지에서 출토된 네 가지 유형의 '白寺'·'白下'·'白寺下家' 명 기와는 화성지역에서 처음으로 확인된 신라 사찰의 명칭이자 관련 자료이며, 삼국 통일 이후부터 고려시대까지 적어도 400년간 법등이 이어졌다는 점을 알게 되었다. 특히 창건시기나 사찰명의 기원을 보아 의상과 원효대사가 당항성을 통해 당으로 유학을 떠나려고 했던 일화 및 의상이 돌아왔던 때와 관련이 있을 것으로 추정된다. 그리고 당성과 인접해 있고, 구릉지대에 입지한 점, 귀면와편이 수습된 점으로 보아 사격(寺格)이 낮지 않았음을 알 수 있겠다. 다만, 출토유물의 중심시기가 8세기 대이므로 앞으로의 조사를 통해 창건 및 폐사 시기에 대해서는 보다 구체적으로 밝혀져야 하겠다.

백사지에서 출토된 소조불상은 경기지역에서 처음 확인된 신라 소조작품이라는 점에서 불교미술사적으로 의의가 있고, 동시에 신라의 지방 사찰에서 소조불상이 제작되어 봉안되었다는 점도 그 의미가 적지 않다.[32] 그리고 소조불상은 천불(千佛)이나 삼천불(三千佛) 등 많은 수가 제작되는 경우가 많으므로 지방세력의 경제적 도움 없이는 어려웠을 것이다. 따라서, 향후 이 지역의 지방세력에 대한 연구도 진행되어야 하겠다. 아울러 기와가마의 운영으로 보아 기와장은 물론 조각장도 있었음을 짐작케 해 준다. 그리고 백사지가 당항성과 인접한 지역이라는 점에서 취락의 공간구성 및 교통로와 밀접한 관련이 있을 가능성이 있다. 또한 사찰이라는 특성상 중국과의 교류과정에서 종교는 물론 문화적인 영향도 받았을 가능성도 있기 때문에 앞으로 면밀한 검토가 필요해 보인다. 아울러 소조불상과 함께 출토된 토제 장식품, 원뿔모양의 토제품은 장식을 위한 용도로 추정되는데, 건물 내부 등을 장식하기 하기 위해 제작된 유물이 아닌가 한다. 다만, 소조불상이 1점만 출토되어 건물지의 성격을 추정하기에는 무리가 있어 추가적인 조사성과를 기대해 보고자 한다.

백사지는 현재까지 확보된 자료로 보아 '白寺'라는 사찰명이 분명해 보이므로 앞으로는 '白寺址'로 명칭을 수정해야 될 필요가 있으며, 화성에서 가장 오래된 사찰이라는 점 그리고 당항성과 밀접한 관련이 있는 사찰인 만큼 이제라도 적절한 보호조치와 정밀조사가 이루어져야 하겠다.

---

32) 최성은(2013, 7)은 소조상들이 목탑이나 불당 내부를 장엄하는 천불벽(千佛壁)을 구성하기 위해 다량 제작된 것으로 생각된다고 하였다. 만약, 이 소조불상이 천불전이나 목탑에 모셔졌던 것이라면 신라 지방사회의 불교 확산과 지방 귀족층의 영향력 등을 연구하는데 큰 도움이 될 것으로 기대된다.

참고문헌

『삼국사기(三國史記)』

『삼국유사(三國遺事)』

『신증동국여지승람(新增東國輿地勝覽)』

姜眞周, 2007, 「漢江流域 新羅 土器의 性格」, 『先史와 古代』 26, 韓國古代學會.

경기도박물관, 1999, 『京畿道佛蹟資料集』.

京畿道博物館, 2000, 『도서해안지역 종합학술조사 I 』.

京畿文化財研究院, 2009, 『華城 南陽洞 遺蹟』.

고영섭, 2017, 「원효의 오도처와 화성 당항성」, 『新羅文化』 50, 동국대학교
신라문화연구소.

국립경주문화재연구소, 2012, 『사천왕사 녹유신장벽전』.

國立文化財研究所, 1997, 「구례 화엄사 서오층석탑(보물 제133호) 출토 유
물의 보존처리」, 『保存科學研究』 18.

권오영, 2006, 「始華湖一帶 關防遺蹟에 관한 새로운 知見」, 『시화호의 역사
와 문화』, 한신大學校博物館.

권오영, 2007, 「당성 주변 고대유적의 분포양상과 그 의미」, 『당성의 어제,
오늘, 그리고 내일』, 화성시.

金理那, 2001, 「통일신라시대 미술의 국제적 성격」, 『統一新羅 美術의 對外
交涉』, 예경,

김성태, 2018, 「'元曉의 悟道處 화성 당성, 삼국시대 지정학적 및 사상적 위

상' 에 대한 논평문」,『제2회 화성불교문화유적 학술발표회』, 화성
문화원.

단국대학교 매장문화재연구소, 2001,『이천 설봉산성 2차 발굴조사 보고서』.

文明大, 1981,「元五里寺址 塑佛像의 硏究」,『美術史學硏究』150, 한국미술
사학회.

文明大, 1982,「統一新羅 塑佛像의 硏究」,『美術史學硏究』154·155, 한국미
술사학회.

佛敎文化財硏究所, 2010,『韓國의 寺址下』.

圓光大學校 博物館, 2006,『益山王宮里傳瓦窯址(帝釋寺廢棄場) 試掘調査報
告書』.

尹明喆, 2018,「元曉의 悟道處 화성 당성, 삼국시대 지정학적 및 사상적 위
상」,『제2회 화성불교문화유적 학술발표회』, 화성문화원.

李姬善, 2002,「利川 雪峰山城 出土 咸通銘벼루 硏究」,『文化史學』18, 韓國文
化史學會.

최맹식, 2006,『삼국시대 평기와 연구』, 주류성출판사.

崔聖銀, 2000,「華嚴寺 西五層石塔出土 靑銅製 佛像틀(范)에 대한 考察」,
『講座美術史』15, 한국불교미술사학회.

최성은, 2013,「百濟 7세기 塑造像의 樣相과 傳播」,『百濟文化』49, 공주대
학교 백제문화연구소.

韓國文化遺産硏究院, 2015,『화성 당성 주변 학술조사 보고서』.

韓國文化財保護財團, 2007,『華城 尙安里遺蹟II』.

韓國文化財保護財團, 2008,『華城 白谷里 遺蹟』.

한국미술사연구소, 2004,『화성시 마도면 백곡리 산 103번지 문화재 지표
조사 보고서』.

한국토지공사 토지박물관, 2006,『화성시의 역사와 문화유적』.

한백문화재연구원, 2013,『화성 청계리 유적II』.

한백문화재연구원, 2013, 『화성 청계리 유적Ⅲ』.

한백문화재연구원, 2013, 『화성 청계리 유적Ⅷ』.

한 성문화재연구원, 2018, 「화성 신남리 지역주택조합 공동사업 단지조성부
　　　　지 내 유적 발굴조사 약식보고서」.

한신大學校博物館, 2003, 『龍仁 麻北里 寺址』.

한신大學校博物館, 2006, 『시화호의 역사와 문화』.

한양대학교 문화재연구소, 2018, 『唐城-3차발굴조사보고서-』.

漢陽大學校博物館, 1998, 『唐城-1次發掘調查報告書-』.

漢陽大學校博物館, 2001, 『唐城-2次發掘調查報告書-』.

화성시사편찬위원회, 2005, 『華城市史Ⅱ-충·효·예의 고장(坤)』.

황보경, 2004, 「河南地域 羅末麗初 遺蹟 研究」, 『先史와 古代』 21, 韓國古代
　　　　學會.

황보경, 2009, 『신라 문화 연구』, 주류성출판사.

화성지역학연구소 위원 약력 (2023.5.20)

번호	직책	성명	소속 및 직책
1	소장	정찬모	국사편찬위원회 사료조사위원, 화성시 주소정보위원, 저서:《화성마을 땅이름의 뿌리》
2	상임연구위원	김민흡	화성문화원 부원장 역임, 화성실버무지개극단장 역임
3	상인연구위원	이경렬	시인, 스토리텔링 전문가, 시집《저 강물의 거주지를 위하여》외 저서 4권
4	운영위원장	류순자	시인, 스마트해법영어학원장, 화성문화원 이사
5	연구위원	김재엽	정치학박사, 화성문화원 이사, 한국불교문인협회 회장
6	연구위원	김운겸	경제학박사, 성결대 겸임교수
7	연구위원	김용원	시인, 소설가, 저서 2권
8	연구위원	김희태	문화재 강사, 협동조합강사, 이야기가 있는 역사문화연구소 소장
9	연구위원	이기선	웰다잉교육 강사
10	연구위원	민세홍	화성문화원 이사 역임, 우리춤연구회 회원
11	연구위원	최미금	명지대 객원교수 역임, 국가발전정책연구원 상임위원
12	연구위원	고광준	화성시 공무원 역임, 조암노인대학장 역임
13	연구위원	서석붕	화성문협 부지부장, 화성문화원 이사
14	연구위원	연도흠	한국사진작가협회 서울지회 회원, 대한민국사진대전 입상, 국방전우신문 기자
15	연구위원	강윤구	바르게살기운동 화성시협의회장, 바이오밸리 기업인협의회 수석부회장
16	연구위원	박충순	중국문학박사, 남양향교 논어강사, 백석대 명예교수, 성균관 유도회 남양지부장
17	연구위원	조춘숙	국사편찬위원회 사료조사위원, 국가인권위원회 전문상담위원, 저서 9권
18	연구위원	임종삼	오산문화원 오산학연구위원, 기전향토문화연구회 상임위원
19	연구위원	한승돈	QR코드 홍보교육 전문위원
20	연구위원	최은성	재)미래산업경제조사연구원 원장, 한국크리스토퍼남양반도 8대 총동문회장
21	연구위원	허용구	법무사, 조계사불교대학 졸업

화성지역학연구소

소장 정찬모   편집위원장 이경렬
주 소 : 경기도 화성시 봉담읍 유리마을길 29
E-mail : ykl571221@hanmail.net
       cafe.daum.net/hsculture

화성지역학 연구 제4집

지은이 / 정찬모 외
발행인 / 김영란
발행처 / **한누리미디어**
디자인 / 지선숙

•

08303, 서울시 구로구 구로중앙로18길 40, 2층(구로동)
전화 / (02)379-4514, 379-4519
Fax / (02)379-4516
E-mail/hannury2003@hanmail.net

•

신고번호 / 제 25100-2016-000025호
신고연월일 / 2016. 4. 11
등록일 / 1993. 11. 4

•

초판발행일 / 2023년 5월 25일

•

ⓒ 2023 정찬모 외 Printed in KOREA

•

값 **25,000**원